本项目由深圳市宣传文化事业发展专项基金资助

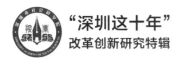

"深圳这十年"
改革创新研究特辑

陈民◎主编

陈家喜

付汀汀◎副主编

新时代深圳先行示范区综合改革探索

中国社会科学出版社

图书在版编目（CIP）数据

新时代深圳先行示范区综合改革探索／陈民主编.—北京：
中国社会科学出版社，2022.11

（"深圳这十年"改革创新研究特辑）

ISBN 978 - 7 - 5227 - 0951 - 2

Ⅰ.①新…　Ⅱ.①陈…　Ⅲ.①体制改革—研究—深圳
Ⅳ.①D676.53

中国版本图书馆 CIP 数据核字（2022）第 195310 号

出 版 人	赵剑英	
责任编辑	李凯凯　彭　丽	
责任校对	朱妍洁	
责任印制	王　超	

出　　　版	中国社会科学出版社	
社　　　址	北京鼓楼西大街甲 158 号	
邮　　　编	100720	
网　　　址	http://www.csspw.cn	
发 行 部	010 - 84083685	
门 市 部	010 - 84029450	
经　　　销	新华书店及其他书店	

印　　　刷	北京明恒达印务有限公司	
装　　　订	廊坊市广阳区广增装订厂	
版　　　次	2022 年 11 月第 1 版	
印　　　次	2022 年 11 月第 1 次印刷	

开　　　本	710×1000　1/16	
印　　　张	19.5	
字　　　数	290 千字	
定　　　价	128.00 元	

编者简介

　　陈　民　深圳改革开放干部学院党委书记、院长。兼任第七届深圳市政协委员，深圳市政协人口资源环境委副主任，深圳经济特区研究会特约研究员。具有30余年的教育行业管理和经验，研究领域为高等教育学、干部教育培训、改革开放史以及改革创新精神等。在《特区经济》《南方》等刊物公开发表理论文章多篇，主持完成市级重点科研课题多项。

　　陈家喜　深圳改革开放干部学院党委委员、副院长、教授。

　　付汀汀　深圳改革开放干部学院科学研究部负责人。

内容简介

　　本书以习近平新时代中国特色社会主义思想为指引，深入梳理党的十八大以来深圳全面深化改革的战略布局和重大举措；从深圳肩负的战略使命出发，系统总结深圳建设中国特色社会主义先行示范区的实践进展与实施路径；从中央与地方的互动关系出发，展现深圳综合改革试点的实践创新与制度推广；从"全面深化改革"的视域出发，探寻深圳建设先行示范区的深层逻辑，探讨深圳综合改革试点的运行机理，阐释中国式现代化城市样本的理论意义。

《深圳这十年》
编 委 会

顾　　问：王京生　李小甘　王　强

主　　任：张　玲　张　华

执行主任：陈金海　吴定海

主　　编：吴定海

突出改革创新的时代精神

在人类历史长河中，改革创新是社会发展和历史前进的一种基本方式，是一个国家和民族兴旺发达的决定性因素。古今中外，国运的兴衰、地域的起落，莫不与改革创新息息相关。无论是中国历史上的商鞅变法、王安石变法，还是西方历史上的文艺复兴、宗教改革，这些改革和创新都对当时的政治、经济、社会甚至人类文明产生了深远的影响。但在实际推进中，世界上各个国家和地区的改革创新都不是一帆风顺的，力量的博弈、利益的冲突、思想的碰撞往往伴随着改革创新的始终。就当事者而言，对改革创新的正误判断并不像后人在历史分析中提出的因果关系那样确定无疑。因此，透过复杂的枝蔓，洞察必然的主流，坚定必胜的信念，对一个国家和民族的改革创新来说就显得极其重要和难能可贵。

改革创新，是深圳的城市标识，是深圳的生命动力，是深圳迎接挑战、突破困局、实现飞跃的基本途径。不改革创新就无路可走、就无以召唤。作为中国特色社会主义先行示范区，深圳肩负着为改革开放探索道路的使命。改革开放以来，历届市委、市政府以挺立潮头、敢为人先的勇气，进行了一系列大胆的探索、改革和创新，不仅使深圳占得了发展先机，而且获得了强大的发展后劲，为今后的发展奠定了坚实的基础。深圳的每一步发展都源于改革创新的推动；改革创新不仅创造了深圳经济社会和文化发展的奇迹，而且使深圳成为"全国改革开放的一面旗帜"和引领全国社会主义现代化建设的"排头兵"。

从另一个角度来看，改革创新又是深圳矢志不渝、坚定不移的命运抉择。为什么一个最初基本以加工别人产品为生计的特区，变成了一个以高新技术产业安身立命的先锋城市？为什么一个最初大学稀缺、研究院所数量几乎是零的地方，因自主创新而名扬天下？原因很多，但极为重要的是深圳拥有以移民文化为基础，以制度文化为保障的优良文化生态，拥有崇尚改革创新的城市优良基因。来到这里的很多人，都有对过去的不满和对未来的梦想，他们骨子里流着创新的血液。许多个体汇聚起来，就会形成巨大的创新力量。可以说，深圳是一座以创新为灵魂的城市，正是移民文化造就了这座城市的创新基因。因此，在经济特区发展历史上，创新无所不在，打破陈规司空见惯。例如，特区初建时缺乏建设资金，就通过改革开放引来了大量外资；发展中遇到瓶颈压力，就向改革创新要空间、要资源、要动力。再比如，深圳作为改革开放的探索者、先行者，向前迈出的每一步都面临着处于十字路口的选择，不创新不突破就会迷失方向。从特区酝酿时的"建"与"不建"，到特区快速发展中的姓"社"姓"资"，从特区跨越中的"存"与"废"，到新世纪初的"特"与"不特"，每一次挑战都考验着深圳改革开放的成败进退，每一次挑战都把深圳改革创新的招牌擦得更亮。因此，多元包容的现代移民文化和敢闯敢试的城市创新氛围，成就了深圳改革开放以来最为独特的发展优势。

40多年来，深圳正是凭着坚持改革创新的赤胆忠心，在汹涌澎湃的历史潮头劈波斩浪、勇往向前，经受住了各种风浪的袭扰和摔打，闯过了一个又一个关口，成为锲而不舍的走向社会主义市场经济和中国特色社会主义的"闯将"。从这个意义上说，深圳的价值和生命就是改革创新，改革创新是深圳的根、深圳的魂，铸造了经济特区的品格秉性、价值内涵和运动程式，成为深圳成长和发展的常态。深圳特色的"创新型文化"，让创新成为城市生命力和活力的源泉。

我们党始终坚持深化改革、不断创新，对推动中国特色社会主义事业发展、实现中华民族伟大复兴的中国梦产生了重大而深远的影响。新时代，我国迈入高质量发展阶段，要求我们不断解放思想，坚持改革创新。深圳面临着改革创新的新使命和新征程，市委市政府推出全面深化改革、全面扩大开放综合措施，肩负起创建社会主义现代化强国的城市范例的历史重任。

如果说深圳前40年的创新，主要立足于"破"，可以视为打破旧规矩、挣脱旧藩篱，以破为先、破多于立，"摸着石头过河"，勇于冲破计划经济体制等束缚；那么今后深圳的改革创新，更应当着眼于"立"，"立"字为先、立法立规、守法守规，弘扬法治理念，发挥制度优势，通过立规矩、建制度，不断完善社会主义市场经济制度，推动全面深化改革、全面扩大开放，创造新的竞争优势。在"两个一百年"历史交汇点上，深圳充分发挥粤港澳大湾区、深圳先行示范区"双区"驱动优势和深圳经济特区、深圳先行示范区"双区"叠加效应，明确了"1＋10＋10"工作部署，瞄准高质量发展高地、法治城市示范、城市文明典范、民生幸福标杆、可持续发展先锋的战略定位持续奋斗，建成现代化国际化创新型城市，基本实现社会主义现代化。

如今，新时代的改革创新既展示了我们的理论自信、制度自信、道路自信，又要求我们承担起巨大的改革勇气、智慧和决心。在新的形势下，深圳如何通过改革创新实现更好更快的发展，继续当好全面深化改革的排头兵，为全国提供更多更有意义的示范和借鉴，为中国特色社会主义事业和实现民族伟大复兴的中国梦做出更大贡献，这是深圳当前和今后一段时期面临的重大理论和现实问题，需要各行业、各领域着眼于深圳改革创新的探索和实践，加大理论研究，强化改革思考，总结实践经验，作出科学回答，以进一步加强创新文化建设，唤起全社会推进改革的勇气、弘扬创新的精神和实现梦想的激情，形成深圳率先改革、主动改革的强大理论共识。比如，近些年深圳各行业、各领域应有什么重要的战略调整？各区、各单位在改革创新上取得什么样的成就？这些成就如何在理论上加以总结？形成怎样的制度成果？如何为未来提供一个更为明晰的思路和路径指引？等等，这些颇具现实意义的问题都需要在实践基础上进一步梳理和概括。

为了总结和推广深圳的重要改革创新探索成果，深圳社科理论界组织出版《深圳改革创新丛书》，通过汇集深圳各领域推动改革创新探索的最新总结成果，希冀助力推动形成深圳全面深化改革、全面扩大开放的新格局。其编撰要求主要包括：

首先，立足于创新实践。丛书的内容主要着眼于新近的改革思维与创新实践，既突出时代色彩，侧重于眼前的实践、当下的总结，同时也兼顾基于实践的推广性以及对未来的展望与构想。那些已经产生重要影响并广为人知的经验，不再作为深入研究的对象。这并不是说那些历史经验不值得再提，而是说那些经验已经沉淀，已经得到文化形态和实践成果的转化。比如说，某些观念已经转化成某种习惯和城市文化常识，成为深圳城市气质的内容，这些内容就可不必重复阐述。因此，这套丛书更注重的是目前行业一线的创新探索，或者过去未被发现、未充分发掘但有价值的创新实践。

其次，专注于前沿探讨。丛书的选题应当来自改革实践最前沿，不是纯粹的学理探讨。作者并不限于从事社科理论研究的专家学者，还包括各行业、各领域的实际工作者。撰文要求以事实为基础，以改革创新成果为主要内容，以平实说理为叙述风格。丛书的视野甚至还包括那些为改革创新做出了重要贡献的一些个人，集中展示和汇集他们对于前沿探索的思想创新和理念创新成果。

第三，着眼于解决问题。这套丛书虽然以实践为基础，但应当注重经验的总结和理论的提炼。入选的书稿要有基本的学术要求和深入的理论思考，而非一般性的工作总结、经验汇编和材料汇集。学术研究需强调问题意识。这套丛书的选择要求针对当前面临的较为急迫的现实问题，着眼于那些来自经济社会发展第一线的群众关心关注的瓶颈问题的有效解决。

事实上，古今中外有不少来源于实践的著作，为后世提供着持久的思想能量。撰著《旧时代与大革命》的法国思想家托克维尔，正是基于其深入考察美国的民主制度的实践之后，写成名著《论美国的民主》，这可视为从实践到学术的一个范例。托克维尔不是美国民主制度设计的参与者，而是旁观者，但就是这样一位旁观者，为西方政治思想留下了一份经典文献。马克思的《法兰西内战》，也是一部来源于革命实践的作品，它基于巴黎公社革命的经验，既是那个时代的见证，也是马克思主义的重要文献。这些经典著作都是我们总结和提升实践经验的可资参照的榜样。

那些关注实践的大时代的大著作，至少可以给我们这样的启示：哪怕面对的是具体的问题，也不妨拥有大视野，从具体而微的实践探索中展现宏阔远大的社会背景，并形成进一步推进实践发展的真知灼见。《深圳改革创新丛书》虽然主要还是探讨深圳的政治、经济、社会、文化、生态文明建设和党的建设各个方面的实际问题，但其所体现的创新性、先进性与理论性，也能够充分反映深圳的主流价值观和城市文化精神，从而促进形成一种创新的时代气质。

王京生

写于 2016 年 3 月

改于 2021 年 12 月

总 序 二

中国式现代化道路的深圳探索

党的十八大以来，中国特色社会主义进入新时代。面对世界经济复苏乏力、局部冲突和动荡频发、新冠肺炎病毒世纪疫情肆虐、全球性问题加剧、我国经济发展进入新常态等一系列深刻变化，全国人民在中国共产党的坚强领导下，团结一心，迎难而上，踔厉奋发，取得了改革开放和社会主义现代化建设的历史性新成就。作为改革开放的先锋城市，深圳也迎来了建设粤港澳大湾区和中国特色社会主义先行示范区"双区驱动"的重大历史机遇，踏上了中国特色社会主义伟大实践的新征程。

面对新机遇和新挑战，深圳明确画出奋进的路线图——到2025年，建成现代化国际化创新型城市；到2035年，建成具有全球影响力的创新创业创意之都，成为我国建设社会主义现代化强国的城市范例；到21世纪中叶，成为竞争力、创新力、影响力卓著的全球标杆城市——吹响了新时代的冲锋号。

改革创新，是深圳的城市标识，是深圳的生命动力，是深圳迎接挑战、突破困局、实现飞跃的基本途径；而先行示范，是深圳在新发展阶段贯彻新发展理念、构建新发展格局的新使命、新任务，是深圳在中国式现代化道路上不懈探索的宏伟目标和强大动力。

在党的二十大胜利召开这个重要历史节点，在我国进入全面建设社会主义现代化国家新征程的关键时刻，深圳社科理论界围绕贯彻落实习近平新时代中国特色社会主义思想，植根于深圳经济特区的伟大实践，致力于在"全球视野、国家战略、广东大局、深圳担当"四维空间中找准工作定位，着力打造新时代研究阐释和学习宣传习近平新时代中国特色社会主义思想的典范、打造新时代国际传播典范、打造新时代"两个文明"全面协调发展典范、打造新时代文化高质量发展典范、打造新时代意识形态安全典范。为此，中共深圳市委宣传部与深圳市社会科学联合会（社会科学院）联合编纂《深圳这十年》，作为《深圳改革创新丛书》的特辑出版，这是深圳社科理论界努力以学术回答中国之问、世界之问、人民之问、时代之问，着力传播好中国理论，讲好中国故事，讲好深圳故事，为不断开辟马克思主义中国化时代化新境界做出的新的理论尝试。

伴随着新时代改革开放事业的深入推进，伴随着深圳经济特区学术建设的渐进发展，《深圳改革创新丛书》也走到了第十个年头，此前已经出版了九个专辑，在国内引起了一定的关注，被誉为迈出了"深圳学派"从理想走向现实的坚实一步。这套《深圳这十年》特辑由十本综合性、理论性著作构成，聚焦十年来深圳在中国式现代化道路上的探索和实践。《新时代深圳先行示范区综合改革探索》系统总结十年来深圳经济、文化、环境、法治、民生、党建等领域改革模式和治理思路，探寻先行示范区的中国式现代化深圳路径；《新时代深圳经济高质量发展研究》论述深圳始终坚持中国特色社会主义经济制度推动经济高质量发展的历程；《新时代数字经济高质量发展与深圳经验》构建深圳数字经济高质量发展的衡量指标体系并进行实证案例分析；《新时代深圳全过程创新生态链构建理念与实践》论证全过程创新生态链的构建如何赋能深圳新时代高质量发展；《新时代深圳法治先行示范城市建设的理念与实践》论述习近平法治思想在深圳法治先行示范城市建设过程中的具体实践；《新时代环境治理现代化的理论建构与深圳经验》从深圳环境治理的案例出发探索科技赋能下可复制推广的环境治理新模式和新路径；《新时代生态文明思想的深圳实践与经验》研究新时代生态文明思想指导下实现生态与增长协同发展的深圳模式与路径；《新时代深圳民生幸福标杆城市建设研究》提出深圳民生幸福政策体系的分析框架，论述深圳"以人民幸福为中心"的理论构建与政策实践；《新时代深圳城市文明建设的理念与实践》阐述深圳"以文运城"的成效与经验，以期为未来建设全球标杆城市充分发挥文明伟力；《飞地经济实践论——新时代深汕特别合作区发展模式研究》以深汕合作区为研究样本在国内首次系统研究飞地经济发展。该特辑涵盖众多领域，鲜明地突出了时代特点和深圳特色，丰富了中国式现代化道路的理论建构和历史经验。

《深圳这十年》从社会科学研究者的视角观察社会、关注实践，既体现了把城市发展主动融入国家发展大局的大视野、大格局，也体现了把学问做在祖国大地上、实现继承与创新相结合的扎实努力。"十年磨一剑，霜刃未曾试"，这些成果，既是对深圳过去十年的总结与传承，更是对今天的推动和对明天的引领，希望这些成果为未来更深入的理论思考和实践探索，提供新的思想启示，开辟更广阔的理论视野和学术天地。

栉风沐雨砥砺行，春华秋实满庭芳，谨以此丛书，献给伟大的新时代！

2022 年 10 月

目　　录

图表目录

引言　先行示范区建设：探索
　　中国式现代化的深圳样本

2019 年 8 月，中共中央、国务院印发《关于支持深圳建设中国特色社会主义先行示范区的意见》，明确提出进入新时代中央支持深圳建设中国特色社会主义先行示范区，有利于率先探索全面建设社会主义现代化强国新路径，为实现中华民族伟大复兴的中国梦提供有力支撑①。习近平总书记在党的二十大报告中指出，要以中国式现代化全面推进中华民族伟大复兴，同时明确中国式现代化的领导力量、基本特色、本质要求和战略安排。从中国式现代化审视深圳建设中国特色社会主义先行示范区（以下简称先行示范区），可以看出深圳先行示范区建设是中国式现代化的区域探索与城市实践，是在更高标准和更快速率上推进中国式现代化。同时，在第二个百年征程中，深圳建设先行示范区仍然需要在中国式现代化的总体布局中坚持党的领导，持续深化改革开放，永葆闯创干的精神，努力续写更多"春天的故事"。

一　深圳特区建设成就是中国式现代化的精彩注脚

扎根于中国历史、中国国情和中国经验基础之上的中国式现代化，形成其特定的内涵和模式。习近平总书记在党的二十大报告中提出，中国式现代化是人口规模巨大的现代化，是全体人民共同富裕的现代化，是物质文明和精神文明相协调的现代化，是人与自然和谐共生的现代化，是走和平发展道路的现代化。这一现代化模式显然有别于近代以来西方国家工业化驱动下的现代化，也有别于被

---

① 《中共中央国务院关于支持深圳建设中国特色社会主义先行示范区的意见》，《人民日报》2019 年 8 月 19 日第 1 版。

西方列强殖民裹挟的一些发展中国家的依附性现代化。

从历史维度看，中国式现代化是中国共产党领导的社会主义现代化，是党领导人民从站起来到富起来再到强起来的过程。中国式现代化进程自从中国共产党成立即已开启，历经新民主主义革命、社会主义革命与建设、改革开放与社会主义现代化以及新时代中国特色社会主义四个阶段。作为改革开放的肇始地和排头兵，深圳经济特区的成就成为中国式现代化的精彩注脚。习近平总书记指出，"深圳是改革开放后党和人民一手缔造的崭新城市，是中国特色社会主义在一张白纸上的精彩演绎"①。过去40多年的深圳探索实现跨越式发展，创造了世界城市化发展史上的奇迹，成为中国式现代化的城市典范。

推动人口规模的现代化。深圳特区事业的蓬勃发展，吸引全国乃至全球的人才齐聚深圳，从1980年的30万人到2021年约2000万人，实现从边陲小镇到国际化大都市的快速转变。推进实施人才强市战略，2016年以来出台实施"81条"人才新政、"十大人才工程"和《深圳经济特区人才工作条例》等，营造人才政策、服务、环境等优越政策。人口素质显著提升，人才总量663万人，其中全职院士77位，高层次人才2.2万人，海外归国人员19万人，为深圳建设国际化创新型城市和粤港澳大湾区人才高地提供了源源不断的人才支撑。

推动人民共同富裕的现代化。作为最先改革开放的城市，深圳坚持发展是硬道理，长期以来形成了鼓励创新、公平竞争、崇尚法治的优越营商环境。深圳GDP总量从1980年的2.7亿到2021年的3.07万亿，亚洲城市排名第五；人均GDP从835元到17.37万元。2022年，深圳商事主体总量381.35万户，其中含512家上市公司，122家中国500强上榜企业。同时，深圳胸怀"两个大局"，坚持在"全国一盘棋"中发挥经济特区辐射带动作用。从1990年到2020年，深圳先后与全国17个省份105个县（区）开展帮扶合作，帮助194万人脱贫。从2012年到2021年的十年间，深圳投入帮扶资

---

① 习近平：《在深圳经济特区建立40周年庆祝大会上的讲话》，《人民日报》2020年10月15日第2版。

金超 305 亿元，对口帮扶 42 个贫困县全部摘帽，充分彰显了"感恩改革开放，回报全国人民"的深圳担当①。

推动物质文明和精神文明相协调的现代化。在推进经济快速发展和科技持续创新的同时，深圳有着坚定的文化追求和文化担当，持续推进文化立市、文化强市建设，努力打造城市文明典范。从特区初期建设者们提出的"空谈误国、实干兴邦""时间就是金钱、效率就是生命"等时代强音，以思想破冰引领改革开放突围。持续推动文化立市、文化强市、文化创新发展等城市文化发展战略，培育文博会、读书月、市民文化大讲堂、深圳创意周、外来青工文化节、"一带一路"国际音乐季、观澜国际版画双年展等城市文化品牌，获得"设计之都""钢琴之都""全球全民阅读典范城市"等荣誉称号。

推动人与自然和谐共生的现代化。深圳践行绿水青山就是金山银山的理念，实现经济社会和生态环境全面协调可持续发展。率先构建生态环境法治体系，1994 年起先后出台环境保护、噪声防治条例、饮用水源保护条例等 20 余部生态环保类法规。率先推进生态环境治理体系建设，2007 年即开始实行党政领导班子和领导干部环保实绩考核制度，2013 年升级为"生态文明建设考核"，考核范围扩展到全市 10 个区、18 个市直部门和 12 家重点企业。率先启动全市层面生态系统服务价值（GEP）核算研究工作，得到全国推广。率先提出基本生态控制线概念，划定生态保护红线 404.6 平方公里，占全市陆域面积的 20.26%，用法律手段维护生态资源保护安全网。打好打赢污染防治攻坚战，把治水作为"一号民生工程"，截至 2020 年，深圳全市 159 个黑臭水体、1467 个小微黑臭水体全部实现不黑不臭。森林覆盖率达到 39.78%，是"国家森林城市"，建成公园 1090 个，成为名副其实的"千园之城"②。

---

① 戴晓晓等：《从倾情帮扶到合作共赢：深圳以先行示范标准推动乡村振兴与协作交流走在前列》，《南方日报》2022 年 10 月 21 日第 A12 版。

② 杨阳腾、温济聪：《可持续发展的"深圳样本"》，《经济日报》2020 年 8 月 27 日；窦延文：《绿水青山就是金山银山——从敢闯敢试到先行示范的深圳实践》，《深圳特区报》2020 年 8 月 21 日第 1 版。

深圳特区 40 多年的发展证明，我们必须坚持改革开放，不能走封闭僵化的老路；必须坚持党对经济特区的领导，不走改旗易帜的邪路；坚持以人民为中心，发展成果与人民共享，走共同富裕的道路，坚持"空谈误国、实干兴邦"，以拓荒牛的精神持续推进中国式现代化的跨域式发展，创造了让世界刮目相看的城市发展奇迹。

二　深圳先行示范区是探索中国式现代化的开路先锋

中国式现代化既有顶层设计，也有区域探索。习近平总书记指出，"改革开放在认识和实践上的每一次突破和发展，无不来自人民群众的实践和智慧。要鼓励地方、基层、群众解放思想、积极探索，鼓励不同区域进行差别化试点。"① 基于中国式现代化的宏观性，以及地方发展的不平衡性，党围绕中国式现代化战略的重点领域和关键环节，依据难易程度和轻重缓急进行分步骤推进，不断累积现代化成果；同时会选择一部分省市或地区作为政策试点，先行先试，率先探索，待经过检验经验成熟后再局部推广，直到全面实施，推动中国式现代化的全面实现，从而体现出渐进性的特点②。中央先后印发文件，支持海南在社会主义现代化建设上走在全国前列，支持上海浦东新区打造社会主义现代化建设引领区，支持浙江高质量发展建设共同富裕示范区，支持河北雄安新区打造贯彻落实新发展理念的创新发展示范区，等等。

进入新时代，深圳作为中国式现代化的先行试点角色日趋明显。中央先后赋予深圳自由贸易区、粤港澳大湾区中心城市、先行示范区、综合改革试点等改革试点头衔，深圳担当进一步深化改革开放的艰巨使命。特别是 2019 年 8 月，中央印发文件支持深圳建设中国特色社会主义先行示范区意见，明确深圳不仅要率全国之先继续先行先试，同时要担当典型示范，为全国各地提供借鉴经验。

通过五个"先行示范"，以更高标准推进中国式现代化。习近

---

① 《习近平主持召开中央全面深化改革委员会第七次会议强调　把稳方向突出实效全力攻坚　坚定不移推动落实重大改革举措》，《人民日报》2019 年 3 月 20 日第 1 版。

② 陈家喜、邱佛梅：《主动式、递阶式、渐进式：政党引领中国式现代化的展开逻辑》，《科学社会主义》2022 年第 2 期。

平总书记指出，"我们坚持和发展中国特色社会主义，推动物质文明、政治文明、精神文明、社会文明、生态文明协调发展，创造了中国式现代化新道路，创造了人类文明新形态。"①建设中国特色社会主义事业，实现中国式现代化需要统筹推进"经济建设、政治建设、文化建设、社会建设、生态文明建设""五位一体"总体布局，实现"五个文明"协调发展。深圳建设先行示范区的战略目标是打造高质量发展高地、法治城市示范、城市文明典范、民生幸福标杆、可持续发展先锋，大体上与"五位一体"总体布局相对应。同时，在具体内涵和标准上有着更高要求，如率先建设体现高质量发展要求的现代化经济体系，率先营造彰显公平正义的民主法治环境，率先塑造展现社会主义文化繁荣兴盛的现代城市文明，率先形成共建共治共享共同富裕的民生发展格局。

通过"三步走"战略规划，以更快步伐推进中国式现代化。党的二十大报告中明确提出实现中国式现代化的"两步走"路线图：从二〇二〇年到二〇三五年基本实现社会主义现代化；从二〇三五年到本世纪中叶把我国建成富强民主文明和谐美丽的社会主义现代化强国。深圳立足先行示范的战略使命，提出建设先行示范区的"三步走"路线图。即到 2025 年，深圳经济实力、发展质量跻身全球城市前列，研发投入强度、产业创新能力世界一流，文化软实力大幅提升，公共服务水平和生态环境质量达到国际先进水平，基本实现社会主义现代化；到 2035 年，深圳高质量发展成为全国典范，城市综合经济竞争力世界领先，建成具有全球影响力的创新创业创意之都，成为我国建设社会主义现代化强国的城市范例。到本世纪中叶，深圳成为竞争力、创新力、影响力卓著的全球标杆城市②。不难看出，在深圳已明确提出较全国其他地方提前 10 年完成中国式现代化的第一阶段目标（即基本实现现代化），提前 15 年实现中国式现代化的第二阶段目标（即建成社会主义现代化强国）。

---

① 习近平：《在庆祝中国共产党成立 100 周年大会上的讲话》，《人民日报》2021年 7 月 1 日第 1 版。

② 王伟中：《牢记嘱托　勇担使命　奋力建设好中国特色社会主义先行示范区》，《深圳特区报》2021 年 5 月 6 日第 1 版。

三 在中国式现代化道路上持续推进深圳先行示范区建设

习近平总书记指出，"我们推进的现代化，是中国共产党领导的社会主义现代化，必须坚持以中国式现代化推进中华民族伟大复兴"①。面向第二个百年征程，深圳肩负率先探索中国式现代化的艰巨使命，必须在新征程中持续深入推进先行示范区建设。

坚持中国共产党的领导。坚持中国共产党领导是中国式现代化的本质要求，也是顺利实现中国式现代化的根本保证。习近平总书记在庆祝深圳经济特区 40 周年讲话中明确提出，深圳要"以改革创新精神在加强党的全面领导和党的建设方面率先示范，扩大基层党的组织覆盖和工作覆盖。"要在加强党的全面领导和党的建设方面先行示范，这一先行示范具有两个方面的重要意义：其一是要在党建引领现代化建设上先行示范。建设先行示范区实质上是率先探索社会主义现代化，因此其内涵的要求之一就是探索出党如何更好地引领率先实现社会主义现代化的具体机制、路径和模式。其二是要在现代化进程中党的建设上先行示范。在建设先行示范区的进程中，不仅党要引领先行示范区建设，而且更为重要的是党也率先进行自我革新，与时俱进，超前于先行示范区所涵盖的经济、社会、文化、法治、环境等领域的建设进度，也唯如此才能发挥引领作用②。

持续深化改革开放。改革开放是推进中国式现代化的重要动力。习近平总书记指出，"改革开放是当代中国发展进步的活力之源，是我们党和人民大踏步赶上时代前进步伐的重要法宝，是坚持和发展中国特色社会主义的必由之路。"③ 深圳要充分利用国家战略布局红利，充分发挥粤港澳大湾区、深圳先行示范区"双区"驱动，深圳经济特区、深圳先行示范区"双区"叠加，深圳综合改革试点与

① 《高举中国特色社会主义伟大旗帜 奋力谱写全面建设社会主义现代化国家崭新篇章》，《人民日报》2022 年 7 月 28 日第 1 版。

② 陈家喜、徐艺芳：《深圳建设"中国特色社会主义先行示范区"的基础、定位与路径》，《理论视野》2020 年第 10 期。

③ 《改革不停顿 开放不止步——习近平总书记考察广东纪实》，《南方日报》2012 年 12 月 13 日第 1 版。

前海改革开放"双改"示范，以及社会主义法治城市先行示范和粤港澳大湾区人才高地等政策效应，不断推进战略性改革与战役性改革，形成更多可复制可推广的制度创新成果。充分利用粤港澳大湾区枢纽城市和"一带一路"桥头堡的地缘优势，实行全方位开放与重点领域开放。

永葆"闯""创""干"的精神。党的二十大绘就了以中国式现代化推进中华民族伟大复兴的宏伟蓝图。深圳要撸起袖子加油干，勇担使命，踔厉奋发，努力续写更多"春天的故事"。深入学习习近平新时代中国特色社会主义思想和党的二十精神，用党的创新理论铸就广大干部艰苦奋斗的坚定信念，教育引导广大党员干部继续发扬敢闯敢试、敢为人先、埋头苦干的特区精神。树立正确政绩观，引导干部树立重实干、重实绩、重实效的工作导向；大力选拔敢于负责、勇于担当、善于作为、实绩突出的干部，真正把推动发展有作为、深化改革有担当、服务群众有情怀、狠抓落实有办法、从严律己有境界的干部选出来、用起来，激励广大干部争当改革攻坚的促进派、干事创业的实干家。科学考核评价，健全识别担当的工作机制，探索开发"干部工作台账电子管理系统"，结合"百名干部破百题"和"知事识人"体系，实时记录干部在完成急难险重任务和大胆改革创新中的突出表现和业绩。加大对干部先进事迹的宣传，细化"优者奖"表彰奖励，完善表彰对象管理服务，将获得荣誉称号量化计入考核加分项，积极开展创先争优等活动，强化功成不必在我的精神境界和功成必定有我的历史担当，发扬钉钉子精神，脚踏实地干好工作的爱岗敬业精神。

第一章 把脉定航：新思想引领下的深圳改革开放新格局

党的十八大以来，在以习近平同志为核心的党中央坚强领导下，坚持以习近平新时代中国特色社会主义思想为指导，党和国家事业取得历史性成就、发生历史性变革。为了打造改革开放新格局，新时代以来习近平总书记对我国改革开放事业的发展提出了一系列富有见地的新观点新见解，这些论述为全国以及各地改革开放工作的推进提供了思想引领，深圳改革开放新格局的打造同样离不开这些新思想的引领。为此，要全面理解新时代深圳改革开放工作的新进展，不仅要梳理党的十八大以来习近平总书记关于深圳工作所作出的重要讲话和指示批示，还要全面梳理习近平总书记关于对内改革和对外开放的谋篇布局，这些新论述新思想是深圳坚定不移推进改革开放，做到改革不停顿、开放不止步的重要精神动力。

第一节 习近平总书记关于深圳工作重要讲话的精神脉络

党的十八大以来，习近平总书记高度关注深圳的改革开放工作，先后三次莅临深圳视察，出席深圳经济特区建立40周年庆祝大会并发表重要讲话，对深圳工作作出一系列重要指示批示，为深圳掌舵领航、把脉定向。这些重要讲话和指示批示是推动新时代深圳改革开放的重要遵循和方向指引。不难发现党中央对于深圳的发展定位经历了从继续改革开放到走在全国前列，再到先行示范的阶段性变化过程。

一　2012 年 12 月—2017 年 4 月：鼓励深圳继续坚持改革开放

2012 年 12 月 7—11 日，习近平总书记在党的十八大之后离京视察调研第一站就来到深圳。他先后到前海、光启高等理工研究院、腾讯、渔民村、莲花山公园等地进行视察，并发表了系列重要讲话。习近平总书记指出："这次调研之所以到广东来，就是要到在我国改革开放中得风气之先的地方，现场回顾我国改革开放的历史进程，将改革开放继续推向前进。"① 在前海视察时，习近平总书记指出，前海如今的开发开放，让我们重新看到了深圳特区初创时的景象：一张白纸，从零开始。但也正因为是一张白纸，可以画出最美、最好的图画。② 怎么画好？习近平总书记强调，必须把握住中央给予前海的定位。首先要依托香港。香港的优势在于服务业，尤其是高端服务业，而这恰恰是我们的短板。要学习借鉴香港发展服务业的经验，从这个切入点上入手，进一步推进深港合作，从而既推动深圳的发展，也支持香港的繁荣稳定。同时，要服务内地。当前全国正在着力调结构、促转型，需要通过扩大内需来推动服务业的发展，而前海恰恰既是粤港合作区，又是服务业创新区。因此，可以通过前海的创新来促进内地服务业的发展。再者，要面向世界。以国际的视野和胸怀，吸取国际上先进的管理、科技等方面的经验，把前海合作区建设好，以此作为我们创新的动力，作为改革的一块试验田，继续在这里获得经验向全国推广。同时，通过香港这个窗口，达到既引进来，又走出去的目的。③ 习近平总书记指出，开发建设前海意义重大、内涵丰厚。一定要把握住前海的平台定位，充分挖掘潜力。在开发建设过程中，要充分发挥特区人"敢为天下先"的精神，敢于"吃螃蟹"，还要落实好国家给予的"比特区还要特"的先行先试政策。前海深港合作区将是深圳发展的新契

---

① 《习近平在广东考察时强调　增强改革的系统性整体性协同性　做到改革不停顿开放不止步》，《人民日报》2012 年 12 月 12 日第 1 版。

② 《前海石：见证深圳改革开放再出发》，《深圳特区报》2017 年 6 月 20 日第 A05 版。

③ 《习近平考察前海鼓励探索新机制：授权给你们大胆走》，中国新闻网，https://www.chinanews.com.cn/gn/2012/12－15/4411129.shtml，2012 年 12 月 15 日。

机和新的推动力，也是经济特区继续不断创造新经验的新起点，以及粤港合作、深港合作的新平台。

2015 年 1 月，习近平总书记对深圳工作作出重要批示，充分肯定党的十八大以来，深圳各项事业发展取得新的成绩，要求深圳要牢记使命、勇于担当，开动脑筋、解放思想，大胆探索、勇于创新，在"四个全面"中创造新业绩，努力使经济特区建设不断增创新优势、迈上新台阶。① 习近平总书记在党的十八大之后离京考察的首站选择深圳以及随后关于深圳作出的批示，均希望深圳继续高举改革开放的旗帜，发挥好全国改革开放的窗口作用。

二　2017 年 4 月—2018 年 3 月：要求深圳走在全国前列

2017 年 4 月，习近平总书记对广东作出批示："坚持党的领导、坚持中国特色社会主义、坚持新发展理念、坚持改革开放，为全国推进供给侧结构性改革、实施创新驱动发展战略、构建开放型经济新体制提供支撑，努力在全面建成小康社会、加快建设社会主义现代化新征程上走在前列。"②

2018 年 3 月 7 日，习近平总书记在参加全国人大十三届一次会议广东代表团审议时，对广东提出"四个走在全国前列"的明确要求和当好"两个重要窗口"的重要定位。③

上述两个指示批示精神均突出强调了广东和深圳在改革开放、创新驱动发展等方面要"走在全国前列"，第二个批示还突出强调了要在营造共建共治共享社会治理格局上走在全国前列。这两次指示批示对于广东和深圳的定位出现变化，从继续改革开放到突出走在全国前列。

---

① 肖意：《习近平总书记对深圳工作作出重要批示》，《深圳特区报》2015 年 1 月 8 日第 1 版。

② 《奋力书写走在前列的广东答卷》，中国共产党新闻网，http://cpc.people.com.cn/19th/n1/2017/1017/c414305-29591996.html，2017 年 10 月 17 日。

③ 即在构建推动经济高质量发展的体制机制，建设现代化经济体系，形成全面开放新格局，以及营造共建共治共享社会治理格局方面走在全国前列；同时要担当好"既是向世界展示我国改革开放成就的重要窗口，也是国际社会观察我国改革开放的重要窗口"。

三　2018 年 3 月至今：强调深圳要先行示范并担当城市范例

2018 年 10 月 24 日，习近平总书记再次视察深圳并考察调研前海，深入龙华区民治街道北站社区党群服务中心。① 习近平总书记强调："党的十八大后我考察调研的第一站就是深圳，改革开放 40 周年之际再来这里，就是要向世界宣示中国改革不停顿、开放不止步，中国一定会有让世界刮目相看的新的更大奇迹。广东要弘扬敢闯敢试、敢为人先的改革精神，立足自身优势，创造更多经验，把改革开放的旗帜举得更高更稳。"②

同时，习近平总书记在考察前海时提出，实践证明，改革开放道路是正确的，必须一以贯之、锲而不舍、再接再厉。深圳要扎实推进前海建设，拿出更多务实创新的改革举措，探索更多可复制可推广的经验，深化深港合作，相互借助、相得益彰，在共建"一带一路"、推进粤港澳大湾区建设、高水平参与国际合作方面发挥更大作用。③

2018 年 12 月 26 日，习总书记再次对深圳工作作出重要批示，强调深圳要建设好"中国特色社会主义先行示范区"和"创建社会主义现代化强国的城市范例"。④

2020 年 10 月 14 日，习近平总书记在深圳经济特区建立 40 周年庆祝大会上指出："深圳是改革开放后党和人民一手缔造的崭新城市，是中国特色社会主义在一张白纸上的精彩演绎。""深圳要建设好中国特色社会主义先行示范区，创建社会主义现代化强国的城市范例。""要永葆'闯'的精神、'创'的劲头、'干'的作风，努力续写更多'春天的故事'，努力创造让世界刮目相看的新的更大

---

① 谢环驰、鞠鹏：《习近平在广东考察时强调　高举新时代改革开放旗帜　把改革开放不断推向深入》，《人民日报》2018 年 10 月 26 日第 1 版。

② 《习近平在广东考察时强调：高举新时代改革开放旗帜　把改革开放不断推向深入》，《人民日报》2018 年 10 月 26 日第 1 版。

③ 《习近平在广东考察时强调：高举新时代改革开放旗帜　把改革开放不断推向深入》，《人民日报》2018 年 10 月 26 日第 1 版。

④ 《党的十八大以来深圳经济特区改革开放发展纪实》，《深圳特区报》2020 年 10 月 14 日第 A01 版。

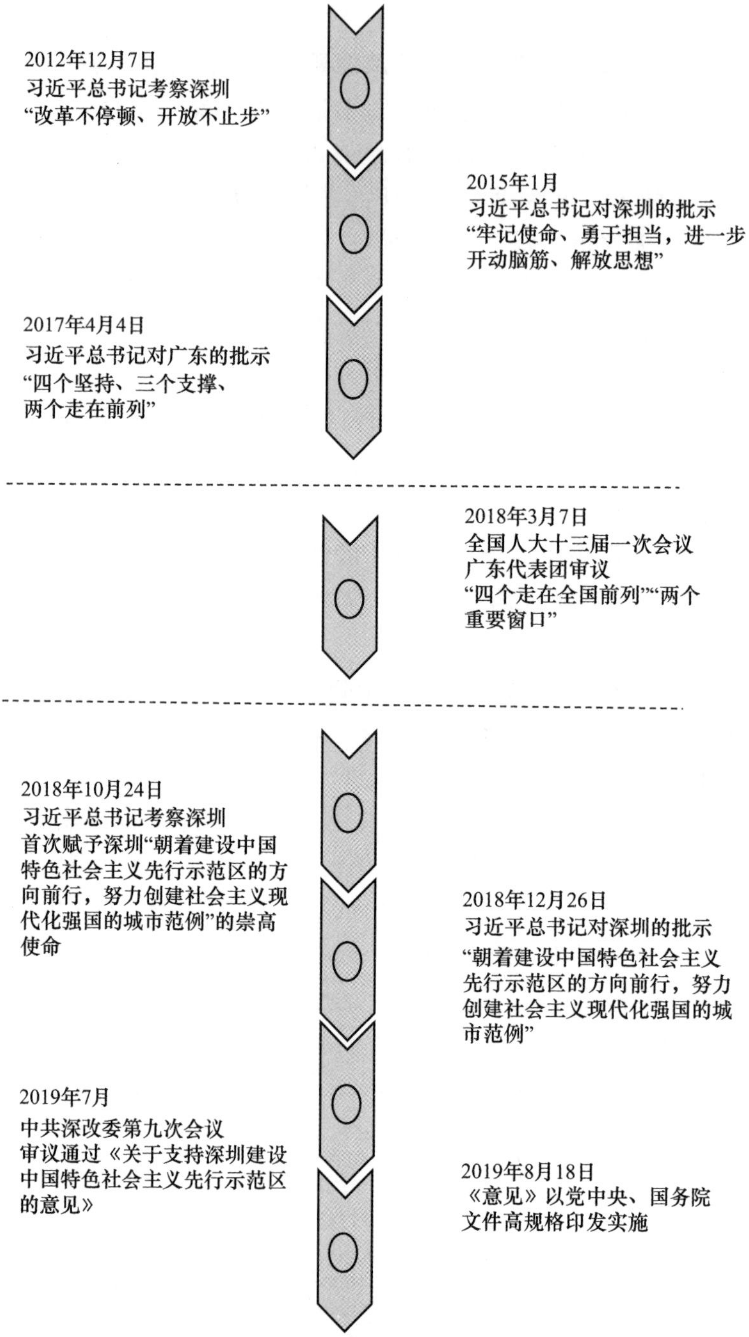

2012年12月7日
习近平总书记考察深圳
"改革不停顿、开放不止步"

2015年1月
习近平总书记对深圳的批示
"牢记使命、勇于担当,进一步
开动脑筋、解放思想"

2017年4月4日
习近平总书记对广东的批示
"四个坚持、三个支撑、
两个走在前列"

2018年3月7日
全国人大十三届一次会议
广东代表团审议
"四个走在全国前列""两个
重要窗口"

2018年10月24日
习近平总书记考察深圳
首次赋予深圳"朝着建设中国
特色社会主义先行示范区的方
向前行,努力创建社会主义现
代化强国的城市范例"的崇高
使命

2018年12月26日
习近平总书记对深圳的批示
"朝着建设中国特色社会主义
先行示范区的方向前行,努力
创建社会主义现代化强国的城
市范例"

2019年7月
中共深改委第九次会议
审议通过《关于支持深圳建设
中国特色社会主义先行示范区
的意见》

2019年8月18日
《意见》以党中央、国务院
文件高规格印发实施

图 1 - 1　习近平总书记深圳考察、批示时间流

奇迹。"①

　　回顾习近平总书记对于深圳工作的重要讲话和批示指示精神，可以看出：进入新时代，中央对于深圳的定位也不断发生变化，从继续改革开放到走在全国前列，再到先行示范。更为重要的是，先行示范区意见是"习近平总书记亲自谋划、亲自部署、亲自推动的重大战略决策"②。

第二节　改革不停顿：深圳全面
深化改革的新进展

　　改革开放是决定当代中国命运的关键一招，也是决定实现"两个一百年"奋斗目标、实现中华民族伟大复兴的关键一招。在习近平总书记"将改革进行到底"的精神号召下，深圳深入贯彻落实习近平总书记对广东、深圳工作的重要讲话和指示批示精神，高举新时代改革开放旗帜，大力推进商事登记制度改革、强区放权改革、科技体制改革等举措，坚定不移推进改革向纵深发展。

一　改革不停顿：习近平总书记关于持续推进全面深化改革的重要论述

　　党的十八大以来，以习近平同志为核心的党中央以前所未有的决心和力度推进全面深化改革，习近平总书记亲自谋划、亲自部署、亲自推动全面深化改革工作，准确把握改革规律，科学总结历史经验，提出一系列具有原创性、时代性、指导性的新理念新观点新要求，表明了党中央对改革开放这一历史性国策的坚持和持续推进全面深化改革的决心，是习近平新时代中国特色社会主义思想的重要组成部分。

---

　　①　《习近平在深圳经济特区建立40周年庆祝大会上的讲话》，《人民日报》2020年10月14日第2版。
　　②　徐林、岳宗：《全省动员全力支持深圳建设中国特色社会主义先行示范区》，《南方日报》2019年8月19日第4版。

在党的十八届一中全会上习近平总书记旗帜鲜明地指出："改革开放是党在新的历史条件下领导人民进行的新的伟大革命，是决定当代中国命运的关键抉择。"① 习近平总书记在党的十八届三中全会上指出："中国人民的面貌、社会主义中国的面貌、中国共产党的面貌能发生如此深刻的变化，我国能在国际社会赢得举足轻重的地位，靠的就是坚持不懈推进改革开放。"②

在党的十九大上，习近平总书记强调，只有社会主义才能救中国，只有改革开放才能发展中国、发展社会主义、发展马克思主义。

二　高举改革旗帜，担当改革尖兵和第一艘冲锋舟

2014 年 1 月，深圳市成立全面深化改革领导小组，由市委书记任组长、市长任副组长，出台了《深圳市委关于贯彻落实〈中共中央关于全面深化改革若干重大问题的决定〉的实施意见》。提出了新时期深圳全面深化改革的指导思想、总体目标、基本要求和总体部署，明确深圳全面深化改革涉及 11 个重点领域和 53 项主要任务。在市委全面深化改革小组统筹指导改革的基础上，市委还专门成立了七个改革专责小组，由分管市领导挂帅，负责协调推进各领域专项改革。各区各部门成立了改革领导小组，由单位"一把手"任组长。全市上下形成领导小组、专责小组、改革办、牵头单位、参与单位"上下协调、左右联动"的改革格局。

深圳在全国首创"领导小组—专责小组—部门联合—社会参与"的督查机制，为改革评估量身定制了"度量尺"。在全国率先建立改革项目台账制度，将年度改革任务分到各部门，按改革内容、责任分工、推进措施、改革季度安排及完成推进情况，分季度检查落实。率先探索建立改革第三方评估，对市委、市政府部署的重点改革项目组织独立的第三方评估，参与评估者不仅包括市纪委、市委

---

① 《全面贯彻落实党的十八大精神要突出抓好六个方面工作》（2012 年 11 月 15 日），《求是》2013 年第 1 期。

② 习近平：《关于〈中共中央关于全面深化改革若干重大问题的决定〉的说明》，《人民日报》2013 年 11 月 16 日第 A01 版。

组织部、市委督查室的干部，也有专家学者、资深媒体人、群众代表等社会代表，实现改革推进各方参与，改革成效老百姓"说了算"。

三　蹄疾步稳，在重点领域关键环节深化改革持续发力

（一）推动商事登记制度改革

2013 年 3 月 1 日，深圳市正式实施《深圳经济特区商事登记若干规定》，率先启动了商事制度改革。在具体做法上包括：一是改革以"营业执照"为中心的商事登记制度，实现商事主体资格和许可经营资格相分离，理顺商事主体登记与许可经营项目审批的相互关系，建立审批与监管高度统一的新型商事主体登记审批监管制度；二是改革有限责任公司和股份有限公司注册资本实缴登记制度，实行注册资本认缴登记制度；三是改革企业登记年检制度，实行商事主体年报制度；四是创新信用监管模式，改革商事主体监管方式，实行经营异常名录制度；五是改革商事登记公示制度，建立统一的商事主体登记及许可审批信用信息公示平台，实现信息资源的真正共享；六是改革传统登记方式，全面推行网上注册，建立电子营业执照制度，实现商事登记的电子化和网络化；等等。①

（二）推动强区放权改革

城市更新是公认的改革"硬骨头"，城市更新审批权力下放是深圳探索强区放权改革的一步先手棋。

2015 年深圳改革再出新招——"强区放权"，在此背景下，深圳率先在罗湖区进行了试点，城市更新成为优先下放的职权和事项，原本城市更新审批在市级层面涉及七个职能部门，是一项"系统工程"。2015 年 8 月《关于在罗湖开展城市更新改革试点的决定》颁布以后，罗湖区迅速与七个对口部门衔接，梳理出涉及城市更新工作的事权共计 25 项，其中 22 项事权可以通过授权或委托的方式下放至区行使，只有 3 项因法律规定等无法下放，以绿色通道形式加快审批。与事权下放相配套，深圳市规土委还将涉及城市更

---

① 顾平安主编：《简政放权与行政审批制度改革》，国家行政学院出版社 2016 年版，第 256—257 页。

新的各类基础数据信息向区里开放，包括罗湖辖区国土地理信息、产权信息、地籍、房产档案查询系统。上述《决定》颁布后一个月内，事权全部承接到位。① 2016 年 10 月 15 日，全市推广罗湖区城市更新改革经验，全市当年列入城市更新的项目就达 91 个，为近年之最，在寸土寸金的深圳全面开启土地二次开发的供地新模式。

强区放权，一子落而满盘活。调查显示，实施强区放权以来，光明新区采用优化流程、并联审批，政府工程的审批时限从法定时限 838 天压缩至 217 天，压缩比例达 74%；龙岗区对于产权相对清晰的项目计划规划合并审批，缩短了 60% 的审批时间；宝安区共受理建设工程类、用地管理类等业务 76 项，压缩审批时间 155 个工作日，压缩时限 40% 左右；市公安局人口管理处下放户籍业务审批权限，将夫妻投靠、老人投靠子女、未成年子女投靠父母三项"政策性随迁"审核审批权下放至分局，办理时限从 35 个工作日缩短至 15 个工作日，业务审批提速 60%。②

强区放权，动作不止。2017 年 1 月 7 日，龙华区、坪山区正式揭牌成立，这是深圳推进"强区放权"改革的重大成果。正是通过强区放权，事权、财权等被下放到基层，给予了基层自主权和发展动力，有力地激发了深圳新一轮发展的活力。

（三）推动科技创新改革

习近平总书记指出，"深圳高新技术产业发展成为全国的一面旗帜，要发挥示范带动作用"③。

党的十八大以来，深圳坚持把创新作为城市发展主导战略，建立并不断完善"基础研究 + 技术攻关 + 成果产业化 + 科技金融 + 人才支撑"全过程创新生态链，持之以恒推进科技供给侧结构性改革，坚持"缺什么补什么，哪不行就改哪"，紧扣创新主体反映最强烈、最迫切需要破解的堵点难点，全面发力、多

---

① 张军：《深圳奇迹》，东方出版社 2019 年版，第 171 页。
② 《深圳强区放权改革 已下放 108 项事权》，《深圳晚报》2017 年 6 月 15 日第 A03 版。
③ 《在更高起点上推进改革开放——沿着总书记的足迹之广东篇》，《光明日报》2022 年 6 月 15 日第 1 版。

点突破。

以光明科学城为集中承载区，深圳综合性国家科学中心的建设版图日渐清晰；以深港河套地区为核心的深港科技创新合作区启动建设，将成为科学中心的门户区；西丽湖国际科教城汇聚众多高校和科研机构，聚焦变革性技术关键科学问题，将成为科学中心的突破区。国家超级计算深圳中心、深圳国家基因库、大亚湾中微子实验室等国家重点科研基础设施相继落户。

第三节　开放不止步：推动更高层次
参与全球竞争合作

实行对外开放是总结国内外历史经验的必然结果。历史证明，中国的发展离不开世界；深圳改革开放所取得的成功同样离不开对外开放的国策。进入新时代，面对复杂严峻的国际形势，以习近平同志为核心的党中央坚定不移走对外开放的路子，提出构建人类命运共同体、"一带一路"、自由贸易区建设等重要倡议举措，既坚定了深圳继续对外开放的决心，也为中国继续参与更高层次全球竞争合作提供了理论基础。

一　习近平总书记关于持续扩大开放的重要论述

"对外开放"是中国一项基本国策，是中国经济腾飞的一个秘诀，也是中国实现第一个百年奋斗目标的一件重要法宝。对外开放是中国改革开放历史性国策的重要组成部分。

以共同利益为理念提出构建人类命运共同体的倡议。2013年，习近平主席首次提出构建人类命运共同体的倡议。2013年10月7日，习近平主席在印度尼西亚巴厘岛举行的亚太经合组织工商领导人峰会上的演讲中指出："亚太各经济体利益交融，命运与共，一荣俱荣，一损俱损。在这个动态平衡的链条中，每个经济体的发展都会对其他经济体产生连锁反应。我们要牢固树立亚太命运共同体意识，以自身发展带动他人发展，以协调联动最大限度发挥各自优势，传导正能量，形成各经济体良性互动、协调发展的格局。"①

以建设"一带一路"为平台打造开放型经济新体制。2015年4月21日，习近平主席在巴基斯坦议会发表题为《构建中巴命运共同体　开辟合作共赢新征程》的重要演讲中指出："我们希望同'一带一路'沿线国家加强合作，实现道路联通、贸易畅通、资金融通、政策沟通、民心相通，共同打造开放合作平台，为地区可持续发展提供新动力。"② 2018年9月3日，习近平主席在2018年中非合作论坛北京峰会开幕式上的主旨讲话中强调："面对世界经济增长的不稳定性不确定性，中国坚持走开放融通、合作共赢之路，坚定维护开放型世界经济和多边贸易体制，反对保护主义、单边主义，把自己困于自我封闭的孤岛没有前途！"③

以自由贸易试验区建设为高地构建对外开放新格局。党的十八大以来，习近平总书记亲自谋划、亲自部署、亲自推动自贸试验区建设，作出一系列重要讲话重要指示批示，为深化自贸试验区建设构建对外开放新格局提供了根本遵循。2013年10月在亚太经合组织工商领导人峰会上的演讲中，习近平主席进一步强调："我们将实行更加积极主动的开放战略，完善互利共赢、多元平衡、安全高效的开放型经济体系，促进沿海内陆沿边开放优势互补，形成引领国际经济合作和竞争的开放区域，培育带动区域发展的开放高地。"④ 2018年10月，习近平总书记对自由贸易试验区建设作出重要指示，强调把自由贸易试验区建设成为新时代改革开放的新高地，为实现"两个一百年"奋斗目标、实现中华民族伟大复兴的中国梦贡献更大力量。⑤

---

　　① 《习近平在亚太经合组织工商领导人峰会上的演讲》，《人民日报》2013年10月8日第3版。

　　② 《习近平在巴基斯坦议会的演讲》，《人民日报》2015年4月21日第2版。

　　③ 习近平：《在2018年中非合作论坛北京峰会开幕式上的主旨讲话》，中国政府网，http：//www.gov.cn/xinwen/2018－09/03/content_ 5318979.htm，2018年9月3日。

　　④ 习近平：《在亚太经合组织工商领导人峰会上的演讲》，《人民日报》2013年10月8日第3版。

　　⑤ 习近平：《继续解放思想积极探索　加强统筹谋划改革创新　把自由贸易试验区建设成为新时代改革开放新高地》，《人民日报》2018年10月25日第1版。

二　努力打造对外开放先行区

深圳经济特区 40 多年发展的实践证明，对外开放是深圳发展的强大推动力。开放使深圳人树立起了市场观念、法治观念、竞争观念、人才观念、效益观念；开放使深圳大胆地引进外资，积极参与国际经济技术的合作与竞争，不仅解决了特区发展最为紧缺的资金问题，也推动出口导向的经济模式的建立。在深圳经济特区建立 40 周年庆祝大会上，习近平总书记深刻总结经济特区 40 年改革开放、创新发展积累的宝贵经验，其中重要一条就是"必须坚持全方位对外开放，不断提高'引进来'的吸引力和'走出去'的竞争力"①。

当前，我国正在构建国内国际双循环相互促进的新发展格局。新发展格局不是封闭的国内循环，而是开放的国内国际双循环。站在新的历史起点上，深圳以粤港澳大湾区建设为契机发挥深圳对内开放的核心引擎作用，以前海国家级试验区建设为基础打造深圳对外开放的新平台，以"一带一路"倡议为基础全面提高深圳国际合作水平，坚定不移将开放作为推动先行示范区建设的强大推动力。

以粤港澳大湾区建设为契机发挥深圳对内开放的核心引擎作用。2019 年 2 月 18 日，中共中央、国务院印发的《粤港澳大湾区发展规划纲要》明确将深圳定位为区域合作发展的中心城市和核心引擎。作为粤港澳大湾区核心引擎的深圳，在科技创新、基础设施联通、深港澳合作、重大平台建设等方面先行示范，为粤港澳大湾区建设提供澎湃动力。

以前海国家级试验区建设为基础打造深圳对外开放的新平台。2018 年 10 月 24 日上午，习近平总书记在深圳前海蛇口片区考察调研时强调，"前海模式是可行的，要研究出一批可复制可推广的经验，向全国推广"②。前海传承着深圳"敢闯敢干"的改革开放精神，承载着深圳"改革开放再出发"和"二次拓荒"的时代重任，

---

① 习近平：《在深圳经济特区建立 40 周年庆祝大会上的讲话》，《人民日报》2020年 10 月 15 日第 2 版。

② 《习近平：中国改革开放永不停步！》，中国政府网，http://www.gov.cn/xinwen/2018－10/25/content_ 5334464. htm，2018 年 10 月 15 日。

在投资便利化、贸易便利化、金融开放创新、事中事后监管、法治创新、体制机制创新、人才管理改革等方面大胆试、大胆闯，多项改革创新举措在全省乃至全国得到复制推广。截至 2022 年，在前海，制度创新高地的金字招牌也不断擦亮，累计推出制度创新成果685 项，在全国复制推广 65 项，再领风气之先。①

以"一带一路"倡议为基础全面提高深圳国际合作水平。40 多年的时间，在开放中吸引各方资源，以全球坐标定位自身发展，深圳实现了由一座落后的边陲小镇到具有全球影响力的国际化大都市的历史性跨越。目前，深圳拥有全球第三大集装箱港、亚洲最大陆路口岸，与 50 多个国家的 80 多个城市结为友好城市或友好交流城市。在全方位、多层次、宽领域对外开放的国家战略布局中，深圳正加快构建开放型经济新体制，打造在更高层次上参与全球竞争合作的开放先行区。作为中国第一个经济特区，开放是深圳与生俱来的基因。

---

① 《高举新时代改革开放旗帜，奋力实现总书记赋予的使命任务，在新征程续写更多"春天的故事"》，《南方日报》2022 年 6 月 29 日第 A02 版。

第二章 从试验田到示范区：历史视域下的深圳先行示范区建设

　　为什么深圳能够从一个边陲的小渔村迅速成长为国际化的创新型城市？为什么在诸多的经济特区、政策试验区和改革先行区，深圳能够脱颖而出，一枝独秀？特区建立40多年来，深圳快速发展的奥秘在哪里？

　　相关研究认为，深圳之所以得到快速的发展，源于毗邻香港的独特地缘优势，可以不断学习香港的经济模式和治理经验；中央不断赋予深圳的政策优惠，从经济特区到综合配套改革试验区，再到粤港澳大湾区和中国特色社会主义先行示范区；深圳的改革精神，不断探索、试验和突破，努力在各项改革领域走在全国前列；① 深圳特有的文化观念，如"时间就是金钱，效率就是生命""空谈误国，实干兴邦""敢为天下先"；等等。②

　　看似寻常最奇崛，成如容易却艰辛。改革开放是一条没有参考、没有经验只能一路"摸着石头过河"进行探索的道路，深圳特区发展的每一步都凝集了广大干部群众破土开山的艰辛与努力，纵观深圳特区40多年历史进程，无论是政治经济领域的成就，还是科技创新领域的腾飞，"深圳速度"的背后是对每一次机遇的准确把握，是对制度优势的充分转化。制度形塑着人们在政治、社会或经济领域发生交换的激励结构，确立了社会成员的共同目标，进而调动其积极性与创造性，从而在各个

---

　　① 陈家喜、黄卫平等：《深圳经济特区的政治发展（1980—2010）》，商务印书馆2010年版，第7—8页。

　　② 谢志岿、李卓：《移民文化精神与新兴城市发展：基于深圳经验》，《深圳大学学报》2017年第5期。

领域发生作用产生绩效。①

第一节　从经济特区到综合配套改革试验区

"深圳是改革开放后党和人民一手缔造的崭新城市。"1978 年 10 月，广东省改革委员会向国务院提交了《关于宝安、珠海两县外贸基地和市政规划设想》的报告，提出要在三五年内把宝安、珠海两县建设成为具有相当水平的工农业相结合的出口商品生产基地，并成为吸引港澳游客的旅游区，新兴的边防城市。该报告为广东省成为全国对外开放的重要窗口拉开了序幕。1979 年 1 月，中央和广东省委决定，把当时的宝安县改为深圳市，受惠阳地区和广东省委双重领导，并提出深圳市在若干年内"建设成为具有相当水平的工农业相结合的出口商品生产基地，建设成为吸收港澳游客的游览区，建设成为新型的边境城市"。这"三个建成"指示，为深圳施展拳脚打造了专属舞台，为深圳经济特区的建立与发展提供了重要的依据和条件。

一　经济特区：改革开放的试验田

1978 年 12 月，党的十一届三中全会作出了一项历史性决策，把全党工作重点转移到社会主义现代化建设上来，确定了"解放思想，开动脑筋，实事求是，团结一致向前看"的方针。1980 年 8 月，五届全国人大常委会第十五次会议通过和颁布了《广东省经济特区条例》，明确在广东省深圳、珠海、汕头三市分别划出一定区域，设置经济特区。至此深圳经济特区正式建立，总面积 327.5 平方公里，东临大鹏湾，西连珠江口，南与香港新界接壤，北为宝安县境。特区管辖罗湖、上步、南头、蛇口、沙头角 5 个区，一道被人们称为"二线"的特区管理线将"关内"和"关外"区分开来，在同一座城市内实行分割管理，这是当时的一个创举。

① ［美］道格拉斯·C. 诺思：《制度、制度变迁与经济绩效》，上海三联书店 1994 年版，第 3 页。

对外开放的窗口。20 世纪 70 年代末，中央为了在经济上探索比资本主义更优越的制度模式决定设立经济特区。毗邻香港的深圳被中央纳入首批四个经济特区，也被赋予更大的使命，即"特区是个窗口，是技术的窗口，管理的窗口，知识的窗口，也是对外政策的窗口"①。经济特区是最先对外开放的地区，也成为中央政府各部门和内地省份的"窗口"，后者通过经济特区来了解外部世界。深圳经济特区成立之初即明确了"立足深圳，依托内地，面向海外，走向世界"的"外引内联"方针，来强化对内"窗口"的功能。一方面，深圳通过外引，大力吸收海外资金、技术、设备、材料和初级产品、经济和科技信息、科学管理理论和方法等，经过应用、加工、消化，再对外和对内辐射；另一方面则通过内联，吸收内地的资金、技术、设备、原材料和初级产品等，经过应用、深加工增值出口，再向外和向内辐射。② 统计显示，在深圳经济特区建立之初，20% 的资金实际上是来自内地省份。1987 年，深圳有"内联企业"2000 多家。此外，特区建立之初，中央部门和各省市纷纷在深圳特区设办事机构，派驻干部，拓展业务，收集信息，锻炼人才和收集信息。1985 年年底，深圳 6.3 万名干部中，有近 3 万人是为"内联企业"和单位工作的。③ 1987 年，全国 27 个省份在深圳设立了办事处，另外还有许多城市也设立了办事机构，深圳由此成为收集国外消息的"大集市"。

改革的试验田。深圳经济特区最大的"试验"或许就是在党领导体制下借鉴资本主义的生产方式，率先进行社会主义市场经济探索，以及在供给、分配、雇佣、劳动等相关领域的改革。改革开放之前，被传统社会主义视为圭臬的计划经济、公有制、供给制、"大锅饭"等经济方式、所有制形式和分配结构，在深圳这块社会主义市场经济的"试验田"上被彻底打破。这一"试验田"在特区

---

① 《邓小平文选》第 3 卷，人民出版社 1993 年版，第 51—52 页。

② 深圳市史志办公室编：《中国经济特区的建立与发展：深圳卷》，中共党史出版社 1997 年版，第 93 页。

③ ［美］傅高义：《先行一步：改革中的广东》，凌可丰、宁安华译，广东人民出版社 2008 年版，第 116—117 页。

建设初期主要体现为经济体制上的"四个为主":一是特区建设资金以吸引外资为主;二是在经济结构上,形成了中外合资企业、中外合作企业、外商独资企业为主的"三资企业";三是特区以产品的出口外销作为主要经贸形式;四是特区形成了在国家宏观指导下,以市场调节为主要经济活动的模式。深圳经济特区是"测定何种西方经验最适合于中国的一个大型实验室",① 是"利用资本主义建设社会主义"。② 对于传统社会主义体制的改革,"牵一发而动全身,需要慎重行事",把这些改革放在特区,按照"新事新办,特事特办,立场不变,方法全新"的原则进行试验,既可以将成功的经验向内地推广,又可以把试验中可能的风险限制在小范围内,对国外经验进行筛选和过滤,为我所用。③

深圳改革领全国之先。1983 年 3 月,深圳市成立了改革领导小组,专门负责改革方案的制定和推行。1984 年深圳市颁布了《深圳经济特区管理体制全面改革的试行方案》,展开了各项体制改革的试验,涉及计划管理、企业管理、银行信贷、财政税收、物资管理、商品流通、招商引资、农村经营、交通邮电、劳动工资、政府行政,以及文化、教育、科技、卫生、体育和公、检、法等社会管理体制共 20 多项。④ 改革的范围涵盖工资制度改革、住房制度改革、土地制度改革、股份制改革、人事制度改革、政府机构改革等。深圳特区成立之初即进行人事制度改革,实行民主选举与组织聘用相结合任用国营企业干部,从公司总经理、副总经理、总工程师、总会计师、法律顾问等高级职员,到一般管理干部,一律由企业董事会聘任,干部的任期、职责和工资待遇,按合同办事。⑤ 在

---

① [美]傅高义:《先行一步:改革中的广东》,凌可丰、宁安华译,广大人民出版社 2008 年版,第 124—125 页。

② [俄] B. Я. 波尔佳科夫、C. B. 斯捷帕诺夫:《中国的经济特区》,项国兰编译,《马克思主义与现实》2000 年第 5 期。

③ 《谷牧向六届人大常委会第九次会议报告经济特区建设和沿海十四个城市进一步开放工作情况》,《人民日报》1985 年 1 月 18 日。

④ 李醉吾:《深圳经济特区体制改革的回顾》,《深圳文史》第 2 辑,海天出版社 2000 年版。

⑤ 欧玉阳:《深圳特区现状与经济体制改革》,《中南财经政法大学学报》1985 年第 1 期。

城市建设上，实行土地成片开发实行商品化转让，通过公开招标，自由竞争。深圳特区还对行政体制进行改革，精简行政机构，改设经济实体，提高政府效率。

二　国家综合配套改革试验区：持续推进改革的新动力

自 2005 年 6 月，上海浦东新区成为全国第一个国家综合配套改革试验区之后，国家先后设立天津、成都、重庆、武汉城市群、深圳等多个综合配套改革试验区。国家综合配套改革试验区除了具有"经济开发区""经济特区"以及农村综合改革试验区的内涵，还涉及社会经济生活的方方面面，是一项以全面制度体制建设的方式推进改革的系统过程。

2009 年 5 月深圳被国务院赋予"国家综合配套改革试验区"头衔，《深圳市综合配套改革总体方案》（以下简称《方案》）也随之公布。首当其冲的突破口便是深化行政管理体制改革、建设公共服务型政府。《方案》为深圳进一步深化改革提供了一系列政策红利，体现在以下三个重要方面。

一是在发展定位上提出"六区"建设。《方案》明确深圳继续发挥经济特区的"窗口""试验田""排头兵""示范区"的作用，同时要争当科学发展的示范区、改革开放的先行区、自主创新的领先区、现代产业的集聚区、粤港澳合作的先导区、法治建设的模范区，强化全国经济中心城市和国家创新型城市地位，加快建设国际化城市和中国特色社会主义示范市。

二是在实施路径上要求做到"四个先行先试"：其一是对国家深化改革、扩大开放的重大举措先行先试；其二是对符合国际惯例和通行规则，符合我国未来发展方向，需要试点探索的制度设计先行先试；其三是对深圳经济社会发展有重要影响，对全国具有重大示范带动作用的体制创新先行先试；其四是对国家加强内地与香港经济合作的重要事项先行先试。

三是在改革领域上要求六个方面率先突破。即行政体制、经济体制、社会领域、自主创新体制机制、对外开放和区域合作的体制机制、资源节约环境友好的体制机制；内容涵盖政府职能转变、财税及投融资体制、文化及社会管理体制、深港及区域合作等 30 个具体政策领域。

随后，2010 年 5 月 27 日，国务院作出《关于扩大深圳经济特区范围的批复》，特区内外一体化正式启动，深圳将经济特区范围扩大至全市，延续了 30 年的"二线关"从此消失，总面积扩容为 1997 平方公里，该批复载明了扩大特区范围的原因，即"尽快解决特区内外发展不平衡、特区发展空间局限和'一市两法'等问题"。深圳迎来城市化、现代化、国际化跨越式发展的重大机遇。2013 年 5 月，深圳推出了《深圳市全面深化改革总体方案（2013—2015 年）》，明确了前海开发、商事登记、权力制约、收入分配、基层服务管理 5 项改革重点领域，要以重点领域改革的杠杆示范效应带动深圳的全面改革。全市 47 个部门和单位制定了一系列的改革项目，吹响全面深化改革攻坚的冲锋号。

第二节　自由贸易试验区与粤港澳大湾区：对外开放的新格局

一　自由贸易试验区：探索前海模式

2010 年 8 月，国务院批复《前海深港现代服务业合作区总体发展规划》，前海合作区正式成立，以打造粤港现代服务业创新合作示范区。近年来，随着粤港澳大湾区、建设中国特色社会主义先行示范区等一系列国家重大战略落地，前海作为粤港澳合作重要平台，其地位不断提升。

2021 年 9 月 6 日，中共中央、国务院印发了《全面深化前海深港现代服务业合作区改革开放方案》（以下简称《方案》），以进一步推动前海合作区全面深化改革开放，在粤港澳大湾区建设中更好发挥示范引领作用。与横琴新区作为澳门产业多元化平台的初始定位不同，前海合作区聚焦粤港现代服务业合作，《方案》突出以现代服务业发展为引领，打造全面深化改革创新试验平台，按照习近平总书记视察前海时的指示，要"充分发扬特区敢为天下先的精神，落实比特区还要特的先行先试政策"。

表 2 – 1　　有关前海重大规划的事件（2008—2021 年）

时间	重要事件	发布单位	前海的定位
2008 年	会同广东省编制珠三角规划纲要（2008—2020）	国家发展改革委	首次提出"前海概念"
2010 年 8 月	正式批复《前海深港现代服务业合作区总体发展规划》	国务院	明确把前海建设成深港现代化服务业创新合作示范区
2012 年 7 月	批复《关于支持深圳前海深港现代服务业合作区开发开放有关政策》	国务院	支持前海实行比经济特区更加特殊的先行先试政策
2015 年 4 月	正式批准《中国（广东）自由贸易试验区总体方案》	国务院	前海蛇口自贸片区正式挂牌
2019 年 2 月	《粤港澳大湾区发展规划纲要》提及"前海"14 次	中共中央、国务院	强调要充分发挥前海等重大合作平台作用，优化提升前海深港现代服务业合作区功能
2019 年 8 月	发布《中共中央国务院关于支持深圳建设中国特色社会主义先行示范区的意见》	中共中央、国务院	要求进一步深化前海深港现代服务业合作区改革开放，以制度创新为核心，不断提升对港澳放开水平
2021 年 9 月	发布《全面深化前海深港现代服务业合作区改革开放方案》	中共中央、国务院	打造粤港澳大湾区全面深化改革创新实验平台，建设高水平对外开放门户枢纽

深圳前海蛇口自贸片区于 2015 年 4 月 27 日挂牌成立，是中国（广东）自由贸易试验区的一部分。片区总面积 28.2 平方公里，分

为前海区块（15 平方公里，含前海湾保税港区 3.71 平方公里）和蛇口区块（13.2 平方公里）。根据产业形态分为三个功能区：一是前海金融商务区，即前海区块中除保税港区之外的其他区域。二是以前海湾保税港区为核心的深圳西部港区。三是蛇口商务区。

近年来，前海蛇口自贸片区深入学习贯彻习近平总书记重要讲话和指示批示精神，以制度创新为核心，以风险防控为底线，以可复制可推广为要求，以"先行先试、边行边试、合作共试"为基本路径，以对标高标准国际经贸规则为抓手，努力发挥前海特色，逐步形成以投资便利化、贸易便利化、金融开放、事中事后监管、法治建设、人才管理、体制机制和党的建设等八大板块为核心的制度创新"前海模式"。①

比如搭建社会信用体系，打造信用建设"前海模式"，② 以制度作引领，全面夯实社会信用建设规范依据。从提升社会信用建设法治化规范化水平、优化社会信用基础设施建设、以信用建设推动一流营商环境建设、建设信用经济产业集聚发展高地、打造"信用＋"服务实体经济新模式五个方面全面深化前海社会信用体系建设。对自愿作出告知承诺的企业，以及虚假承诺或违反承诺的失信企业通过信用平台进行公开公示，根据风险状况加强事中事后监管，依法查处虚假承诺、违规经营等行为并记入信用记录，形成信用监管的闭环。以平台为支撑，持续优化信用基础设施。社会信用建设平台已经逐步成长为兼具舆情监测、风险预警、协同监管和联合奖惩多功能的综合信用信息平台，形成了覆盖事前、事中、事后监管全过程的智慧信用监管体系。前海公共信用平台汇集了来自深圳市 70 多个政府部门以及市场机构，涉及自贸片区 16 万家企业的超过 1300 万条信用数据。累计向深圳市发展改革委、市场监管、公安、法院、检察院、廉政监督局、海关、检验检疫等十余个政府部门以及前海管理局内部共开通监管账号 149 个，监管平台访问量

---

① 马培贵、何龙：《前海发布 2019 年标志性制度创新成果》，《深圳特区报》2020 年 5 月 8 日第 3 版。

② 深圳市前海管理局：《搭建社会信用体系，打造信用建设"前海模式"》，http://qh.sz.gov.cn/sygnan/qhzx/dtzx/content/post_8566190.html，2022 年 7 月 18 日。

15177 次，公共信用网访问量 617302 次。以应用为落脚点，深入拓展信用应用场景。为了让守信创业企业享受更优惠的租金折扣，更长久的租赁期限，更便捷的租赁手续办理，基于信用评价与信息共享打造"信易租"产品。主要通过租金月付，随租随还等形式，为初创企业降低启动成本。与金融机构合作打造"信易贷"产品，主要通过共享企业信用数据或者联合建模的方式，为中小企业设计纯信用金融产品，从而让守信企业享受贷款利率优惠，与更便捷的贷款审批通道等。自 2020 年 1 月起，前海蛇口自贸片区正式提供信用托管服务，信用评价为 A 的企业办理住所托管业务时，可免予提交企业实际经营地址证明材料。与前海税务局合作，开展税务数据与信用数据互认互换，从而实现对企业的信用评价结果共享，在着力推动信用服务综合改革方面，根据前海企业信用评价与纳税信用评级，对评价结果均为 A 的"双 A"企业，提供免排队绿色通道、银企融资撮合、发票审批申请"秒批"及"按需供应发票"等税务服务。

二　粤港澳大湾区：粤港澳合作新台阶

2017 年 7 月 1 日，习近平主席在香港亲自见证《深化粤港澳合作　推进大湾区建设框架协议》的签署，标志着粤港澳大湾区建设正式启动。2019 年 2 月，中央发布《粤港澳大湾区发展规划纲要》，大湾区建设进入全面铺开、纵深推进阶段。以香港、澳门、广州、深圳四大中心城市作为区域发展的核心引擎，统筹珠三角九市与粤东西北地区生产力布局，"建设富有活力和国际竞争力的一流湾区和世界级城市群"。

同年 7 月，《广东省推进粤港澳大湾区建设三年行动计划（2018—2020 年）》发布，推出 100 条重点举措以落实《中共广东省委、广东省人民政府关于贯彻落实〈粤港澳大湾区发展规划纲要〉的实施意见》提出的九大重点任务，大湾区建设路线图渐次展开。深圳作为粤港澳大湾区的核心引擎，提出举全市之力推进粤港澳大湾区建设，共建国际一流湾区和世界级城市群。在科技创新、基础设施联通、深港澳合作、重大平台建设等方面发挥好核心引擎作用，为粤港澳大湾区建设提供澎湃动力。

第三节　深圳建设先行示范区：全面先行与典型示范

一　战略定位与目标路径

2019 年 8 月 18 日，《中共中央国务院关于支持深圳建设中国特色社会主义先行示范区的意见》（下简称《意见》）出台，支持深圳在更高起点、更高层次、更高目标上推进改革开放，更好实施粤港澳大湾区战略，率先探索全面建设社会主义现代化强国新路径。《意见》包括如下主要内容：

一是明确提出深圳要"建设中国特色社会主义先行示范区"以及"创建社会主义现代化强国的城市范例"。

二是明确深圳的战略定位，即高质量发展高地、法治城市示范、城市文明典范、民生幸福标杆、可持续发展先锋。

三是明确三个阶段的发展目标：到 2025 年，深圳建成现代化国际化创新型城市；到 2035 年，建成具有全球影响力的创新创业创意之都以及我国建设社会主义现代化强国的城市范例。到 21 世纪中叶，成为竞争力、创新力、影响力卓著的全球标杆城市。

四是明确实现路径：率先建设体现高质量发展要求的现代化经济体系，率先营造彰显公平正义的民主法治环境，率先塑造展现社会主义文化繁荣兴盛的现代城市文明，率先形成共建共治共享共同富裕的民生发展格局，率先打造人与自然和谐共生的美丽中国典范。

二　制度变迁的创新模式

《意见》的提出，可以看成是深圳既往获得改革授权的必然结果，也可以看成中央特别支持深圳的政策提升到新的高度。其一，《意见》由中共中央和国务院联合发文，出台规格之高超过以往。此前的特区条例由广东省人大发文提交全国人大备案，综合配套改革试验区由国家发展改革委发文。其二，《意见》为深圳独享的政策优惠。特区条例覆盖广东的深圳、汕头、珠海三市，综合配套改革试验区是继浦东、滨海、重庆、成都之后出台面向深圳的政策，自贸区方案和大湾区规划也是一项有限普惠性政策，由全国及广东省内多地共享。其三，《意见》对于深圳提出了至关重要的要求和期待，超出了目前中央对于同类城市的定位。《意见》将深圳定位为"社会主义现代化强国的城市范例"和"中国特色社会主义先行示范区"，在高质量发展、法治城市、城市文明、民生幸福、可持续发展等领域率先作出标杆，最终建成"全球标杆城市"。① 这一发展定位是继兴办经济特区后深圳迎来的又一重大历史性机遇。

《意见》的出台再次证明，"先行先试"作为中国社会"渐进式改革"与制度变迁的操作路径，在推动自上而下的强制性制度变迁实现的同时，又促进了先行地区制度创新的自觉尝试与实践，即以中央统一部署下为标志的，正式制度变迁主导下的诱致性制度变迁的自然发生。

表2－2　　有关深圳重大规划的政策文件比较（1980—2021年）

时间	文件名	战略定位
1980年8月26日	《广东省经济特区条例》	对外开放的"窗口"、社会主义市场经济的"试验田"、改革创新的"排头兵"
2009年5月26日	《深圳市综合配套改革总体方案》	争当科学发展的示范区、改革开放的先行区、自主创新的领先区、现代产业的集聚区、粤港澳合作的先导区、法治建设的模范区，强化全国经济中心城市和国家创新型城市地位，加快建设国际化城市和中国特色社会主义示范市

————————

① 本书编委会：《中共中央国务院关于支持深圳建设中国特色社会主义先行示范区的意见》，人民出版社2019年版。

续表

时间	文件名	战略定位
2015 年 4 月 20 日	《中国（广东）自由贸易试验区总体方案》	自贸试验区深圳前海蛇口片区要建设成为粤港澳深度合作示范区、21 世纪海上丝绸之路重要枢纽和全国新一轮改革开放先行地
2019 年 2 月 18 日	《粤港澳大湾区发展规划纲要》	深圳发挥作为经济特区、全国性经济中心城市和国家创新型城市的引领作用，加快建成现代化国际化城市，努力成为具有世界影响力的创新创意之都
2019 年 8 月 18 日	《中共中央国务院关于支持深圳建设中国特色社会主义先行示范区的意见》	到 2025 年，深圳建成现代化国际化创新型城市； 到 2035 年，深圳成为我国建设社会主义现代化强国的城市范例； 到 2050 年，深圳成为竞争力、创新力、影响力卓著的全球标杆城市
2020 年 10 月 11 日	《深圳建设中国特色社会主义先行示范区综合改革试点实施方案（2020—2025 年）》	2020 年，推出一批重大改革措施，制定实施首批综合授权事项清单； 2022 年，各方面制度建设取得重要进展，形成一批可复制、可推广的重大制度成果，试点取得阶段性成效； 2025 年，重要领域和关建环境改革取得标志性成果，基本完成试点改革任务，为全国制度建设作出重要示范
2021 年 9 月 6 日	《全面深化前海深港现代服务业合作区改革开放方案》	打造粤港澳大湾区全面深化改革创新实验平台； 建设高水平对外开放门户枢纽

资料来源：根据《广东省经济特区条例》《深圳市综合配套改革总体方案》《中国（广东）自由贸易试验区总体方案》《粤港澳大湾区发展规划纲要》《中共中央国务院关于支持深圳建设中国特色社会主义先行示范区的意见》《深圳建设中国特色社会主义先行示范区综合改革试点实施方案（2020—2025 年）》《全面深化前海深港现代服务业合作区改革开放方案》整理。

第四节　深圳综合改革试点：先行
示范的改革路径

2020年10月，中共中央办公厅和国务院办公厅印发《深圳建设中国特色社会主义先行示范区综合改革试点实施方案（2020—2025年）》（以下称《实施方案》），支持深圳在更高起点、更高层次、更高目标上推进改革开放，努力创建社会主义现代化强国的城市范例。

一　全新方式的授权改革

深圳综合改革试点具有如下几个特点。

一是党中央首次为一座城市量身定制新时代的改革总纲领。它以深圳经济特区建立40周年为契机，在中央改革顶层设计和战略部署下，支持深圳实施综合授权改革试点，是新时代推动深圳改革开放再出发的又一重大举措，是建设中国特色社会主义先行示范区的关键一招，也是创新改革方式方法的全新探索。

二是要以深入实施深圳综合改革试点为牵引，聚焦基础性和具有重大牵引作用的改革举措，在改革突破与法治保障相衔接上下功夫、在重大改革任务落地落实上下功夫，着力解决体制性障碍、打通机制性梗阻、推动政策性创新，提升改革综合效能，形成一批可复制可推广的重大制度成果。

三是采取"实施方案＋授权清单"滚动推进的全新方式授权改革。首次以清单授权方式赋予地方在重要领域和关键改革环节上有更多的自主权。《实施方案》以清单批量授权方式赋予深圳改革上更多自主权，一揽子推出27条改革举措，明确深圳改革发展三个阶段（2020—2022—2025年）的目标，重在明确重点领域、改革方向和构建机制，有别于既往改革试点通常实行的"一时一地一事一议""层层审批、逐项审核"的传统模式，确立了"五年一方案、方案加清单"滚动推进方式。列入清单的事项实施备案管理，除明确要报批的事项，其他不再逐项报批，将大大缩短改革授权过程，使得改革的效能在时效性充分保障的情况下，得到更好发挥。

四是主要目标上突出制度创新。深圳综合改革试点的目标是：2020 年在要素市场化配置、营商环境优化、城市空间统筹利用等重要领域推出一批重大改革措施，制定实施首批综合授权事项清单；2022 年，各方面制度建设取得重要进展，形成一批可复制、可推广的重大制度成果，试点取得阶段性成效；2025 年，重要领域和关键环节改革取得标志性成果，基本完成试点改革任务，为全国制度建设作出重要示范。

五是与时俱进全面深化改革，以综合改革试点全新实践带动全面深化改革纵深推进。建立完善综合改革试点推进机制，一个改革事项形成一个方案、一套操作规范、一个改革应用场景和一套评估体系，倒排工期、挂图作战，推动综合改革试点开好局、起好步，努力在重要领域推出一批重大改革举措，形成一批可复制可推广的重大制度创新成果。

二　制度创新的方法与实践

《实施方案》的出台，得到了广东省委、省政府和深圳市委、市政府高度重视，动员全省全市力量、全域参与、特事特办，把综合改革试点作为重大任务来抓。

在当前进入新发展阶段、贯彻新发展理念、构建新发展格局的三新坐标点上，深圳改革又进入了一个新的历史关头，习近平总书记为新时代经济特区之"特"亲自作出了系统地阐述，进一步为深圳指明方向和路径。一是体现在为加快创新发挥特殊作用。新一轮科技革命和产业变革加速演变，个别国家鼓吹科技"脱钩"，对我国科创企业打压步步升级，加快向创新驱动转变的紧迫性更为凸显。深圳经济发展水平较高，面临的资源要素约束更紧，受到来自国际间技术、人才等领域竞争压力更大。加快构建新发展格局，率先走出一条创新驱动的发展道路，经济特区既有充分条件，更有时代的紧迫性。二是体现在以高水平开放探索与世界互动、推动建设开放型世界经济。新发展格局不是封闭的国内循环，而是开放的国内国际双循环，向世界宣示中国开放大门越开越大的决心。深圳等经济特区将率先建设高水平开放型经济新体制，在制度型开放中吸引全球高端要素集聚，向全球标杆城市迈进，也让世界更多参与中国经济特区的改革开放发展。三是体现在从经济开发到统筹社会主义物质文明、政治文明、精神文明、社会文明、生态文明的全方位发展。不到 2000 平方公里土地、承载着超过 2000 万人口，正在"高位过坎"的深圳，要探索一条符合超大型城市特点和规律的治理新路子，实现要素资源的持续汇聚和流动，推动城市治理体系和治理能力现代化，更好地满足人民对美好生活的向往。①

2020 年 10 月 14 日，习近平总书记出席深圳经济特区建立 40 周年庆祝大会并发表重要讲话指出："党中央经过深入研究，决定以经济特区建立 40 周年为契机，支持深圳实施综合改革试点，以清单批量授权方式赋予深圳在重要领域和关键环节改革上更多自主权，一揽子推出 27 条改革举措和 40 条首批授权事项。"② 经历 40 年发展深圳，依然备受中央政策青睐，绝非偶然，而是待时而动。在中国改革开放 40 年的发展中，深圳在道路上并非一帆风顺，深圳创造着一个又一个历史奇迹，同时也面临着外界不断地冲击和考验。从特区创立之初，各类质问和争议不绝于耳。"修条马路（深南大道）为什么要搞这么宽？""（国贸大厦）难道想要捅破天？"20 世纪 90 年代，经济运行中存在的许多深层次问题尚未解决，"改革开放姓'社'还是姓'资'""企业承包时'瓦解公有制经济'""脱离了社会主义，资本主义化"等各类沸反盈天的舆论干扰，让深圳的经济形势一度严峻；2001 年 11 月，中国加入世界贸易组织，在全球化的背景下，中国全方位开放发展，深圳已不再特殊，甚至在互联网上贴出一篇国内外极具反响的文章"深圳，你被谁抛弃"；2008年，国际金融风暴爆发，深圳等沿海发达地区和大批外向型企业所受冲击最为严重。面对沸沸扬扬的争议和质疑之声，深圳一次又一

---

① 新华社：《新时代的经济特区"特"在哪儿？》，http：//www.xinhuanet.com/politics/leaders/2020 – 10/15/c_1126612204.htm，2022 年 7 月 19 日。

② 习近平：《在深圳经济特区建立 40 周年庆祝大会上的讲话》，《人民日报》2020年 10 月 15 日第 2 版。

次地站在抉择的分岔路口却从未动摇，依然力排众议，披荆斩棘，破旧立新，大胆创新实践，冲破思想禁锢，在关建转折点作出大胆决策、抢占先机。

中央政策的支持是深圳勇立潮头、果敢发展的强心剂，每一项新政策一出台，深圳政府也必将高效迅速作出回应，立足当前解决现实问题，着眼长远解决战略问题。从中国第一个先行先试的经济特区，到第一个中国特色社会主义先行示范区，是深圳改革开放先锋使命基于时代性、系统性、全局性的提升。在最新发布的《前海方案》中也体现了经济特区的新动力、先行示范区的新引擎、粤港澳大湾区的发展极、自贸区的新范例、前海合作区的升级版的"五区叠加效应"，与横琴新区作为产业拓展空间的定位不同，前海合作区的功能更多定位于不断地开放探索，可以预期，前海将成为我国对外开放前沿阵地和风向标，其创新发展将为我国构建全面开放新格局探索出更多具有推广意义的发展经验。在新的历史时期，"五区"政策叠加，让深圳迎来前所未有的重大历史机遇，也给深圳创新发展提出了更高要求。深圳将继续续写中国奇迹。

第三章 从改革先行到全面示范：比较视域下的深圳先行示范区建设

第一节 渐进式现代化：社会主义现代化的地方试点

一 理论视角：渐进式现代化

所谓渐进式现代化就是指基于现代化战略的宏观性和长远性，以及地方发展的不平衡性，党围绕现代化战略的重点领域和关键环节，依据难易程度和轻重缓急进行分步骤推进，不断累积现代化成果；同时会选择一部分省市或地区作为政策试点，先行先试，率先探索，待经过检验经验成熟后再局部推广，直到全面实施，循序渐进推动社会主义现代化的全面实现。这一点在推进改革开放与社会主义现代化，以及新时代中国特色社会主义时期都得到了充分展现。

改革开放与社会主义现代化建设是中国现代化发展的重要阶段，实现了中国人民从站起来到富起来的伟大飞跃。然而，改革开放与社会主义现代化建设是在突破体制机制的束缚下展开，除了明确现代化的宏观目标之外，既无先例可循又无经验参照，只能采取"摸着石头过河"的渐进调适路径。1978 年以来，从安徽小岗村实行家庭联产承包责任制到持续深化农村改革；从农村改革到城市改革，从经济改革到行政改革以及各领域改革；从深圳、珠海等试办经济特区到浦东开发开放以及沿海沿江开放，再到建设自由贸易区，均体现了从分步实施—试点先行—局部推广—全面推行的推进策略。

比如，中国的改革先从农村开展，安徽凤阳小岗村村民开展

"包干到户"的大胆创新探索，保障农民生产自主权并激发了农民的生产主动性，经中央肯定后得到全面推广实施。从对外开放的进程来看，深圳作为首批经济特区和对外开放的"窗口"，进行了一系列政策试验试点，率先打开国门吸引外资，发展出口加工企业，创建保税区，拓展远洋贸易，设立外汇调剂中心等。也正是在经济特区成功试点的基础上，中央于 1984 年开放大连、秦皇岛、天津、烟台、青岛等 14 个海港口城市，随后又设立长江三角洲、珠江三角洲和闽南厦漳泉三角区三个沿海经济开放区，进而形成多层次宽领域的对外开放格局。①

　　率先实行改革开放，深圳在探索社会主义现代化建设上先行一步。深圳是中国改革开放的肇始之地，蛇口"一声炮响"开启中国改革开放和社会主义现代化的伟大进程。这一阶段，中央先后赋予深圳经济特区、综合配套改革试验区的改革头衔，担当对外开放"窗口"、市场经济"试验田"和改革"排头兵"的角色定位，并赋予在深化改革、扩大开放、国际惯例的制度设计等领域先行先试的改革权利。基于这些改革权利，深圳率先进行市场经济和各个领域的改革，试行工程招标承包制、企业结构工资制、开展土地使用权公开拍卖、实行员工劳动合同制等，持续深化对外开放格局。40 多年间，深圳以闪耀夺目的经济社会发展指标，诠释了中国特色社会主义现代化的城市奇迹：GDP 从 1979 年的 1.96 亿元增长到 2020 年的 2.77 万亿元，居亚洲城市第五位，外贸进出口总额连续 28 年居全国城市第一，PCT 国际专利申请量连续 17 年居全国大中城市首位，是 40 多年来世界上 GDP、人口增幅最大的城市。

　　渐进式现代化的推进路径，就是将宏大的现代化目标分解成若干具体领域或具体目标，进行单项推进分步实施；一些重点难点的政策采取先行试点、逐步推开的方式进行。这一分步骤、渐进式策略有助于避免由于"四面出击""全面开花"方式所造成的推进成本过高、社会心理承受力不足、政策学习能力不够，乃至社会政治动荡等风险。而对于一些重点领域和难点政策采取先行试点的方

---

① 　陈坚等：《改革开放的启动与"摸着石头过河"》，《共产党员》2018 年第 19 期。

式，还可以将试错成本控制得更低，试错影响控制在更小范围，进而确保现代化发展在可控范围内稳步持续地推进。

二 历史经验：社会主义现代化的地方试点

"先试点、后推广"是早在土地革命战争时期便被探索的决策逻辑，改革开放以来，随着中央在财政、经济决策（投资授权）、人事任免、国企改革等领域下放权力给地方政府，特别是在1994年分税制改革后，"各领域顶层设计＋地方试点"这种中国特色的渐进式改革理念得到了普遍的运用，逐渐成为中央指导政策推广和治理试验的主要手段，在社会主义现代化建设的进程中起到了举足轻重的作用，有力地推动了经济发展。

一是加强对外开放试点。1980年以来，从建立经济特区，到逐步设立14个沿海开放城市、开辟沿海经济开放带、建设以浦东新区为龙头的长江开放带、逐步开放边境和省会城市，到各种保税区、经开区、高新区、国家级新区、自贸区、现代化先行区的建设，实现了由点到面的全方位开放。从1984年大连经济技术开发区建立开始，有关部委和地方相继开展各类经济园区试点，出台各种优惠政策促进招商引资，以拉动地方经济增长。二是村集体资产产权制度改革试点。从凤阳小岗村家庭联产承包责任制的确立，到"苏南模式""温州模式""珠江模式"等特色乡镇企业模式的推广，到江苏、广东等近郊村、城中村乡镇企业民营化改革和村集体资产产权改革试点的推开，到中央部署全面推进农村集体经营性资产股份合作制改革，实现了集体经济和非公经济的发展。三是国企股份制改革和公司化改革试点。从20世纪80年代初北京、广州、上海的股份制试点，到1986年后深圳、上海开始的国有企业股份制改革和证券交易所试点，到90年代大中型国企现代企业制度试点、企业集团试点和国企"抓大放小"（大型国企实行"公司化"和中小国企实行"民营化"）战略性改组，推动上百万国有、集体企业退出公有制序列，实现了国有经济布局"有进有退"的战略性调整，成功建立和发展资本市场，建立健全社会主义市场经济体制。四是"放管服"改善营商环境试点。党的十八大以来，从深圳率先开展商事登记制度改革，到设立上海、广东、海南等21个自贸试验区并逐步试点推广各项制度创新，到2021年北京、上海、深圳等6市开展营商环境创新试点，实现了政府职能从行政审批到公共服务的转变，推动营商环境大幅改善。

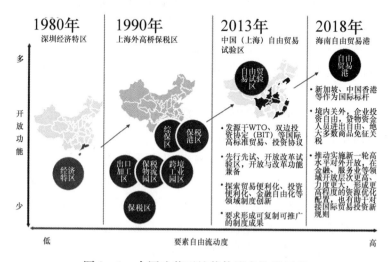

图3-1　中国改革开放载体形态演进历程

资料来源：毕马威咨询根据公开资料整理。

第二节　现代化先行区的地方试点：案例比较

习近平总书记指出："改革开放在认识和实践上的每一次突破和发展，无不来自人民群众的实践和智慧。要鼓励地方、基层、群众解放思想、积极探索，鼓励不同区域进行差别化试点。"① 因此，进入新时代以来，中央选择不同地方政府开展现代化先行的试点，在一些领域率先创新探索，积累进一步深化全面改革开放的成功经

---

① 《习近平主持召开中央全面深化改革委员会第七次会议强调　把稳方向突出实效全力攻坚　坚定不移推动落实重大改革举措》，《人民日报》2019年3月20日第1版。

验。2018 年中央印发文件支持海南全面深化改革开放，围绕全面深化改革开放、国家生态文明、国际旅游消费、国家重大战略服务等给予重点支持，明确到 2035 年在社会主义现代化建设上走在全国前列，到 21 世纪中叶率先实现社会主义现代化。2019 年中央支持深圳建设中国特色社会主义先行示范区，在现代化经济体系、民主法治环境、现代城市文明、民生发展格局、美丽中国典范五个方面率先示范。2021 年中央明确支持浦东新区打造社会主义现代化建设引领区，围绕更高水平改革开放、自主创新发展、全球资源配置等领域率先探索，明确浦东到 2035 年全面构建现代化经济体系，到 2050 年成为社会主义现代化强国的璀璨明珠。此外，中央还支持浙江高质量发展建设共同富裕示范区，聚焦高质量发展高品质生活、城乡区域协调发展、收入分配制度改革、文明和谐美丽家园等领域发挥引领展示作用；支持河北雄安新区全面深化改革和扩大开放，打造贯彻落实新发展理念的创新发展示范区；支持横琴建设粤澳深度合作区，构建与澳门一体化高水平开放的新体系，健全粤澳共商共建共管共享的新体制。

　　上述五个地区是党的十九大以来被中央赋予新使命、具有国家战略意义的现代化先行区。从高标准建设海南自由贸易港，到高瞻远瞩谋划"千年大计，国家大事"设立雄安新区，到支持深圳建设中国特色社会主义先行示范区，从支持浙江建设共同富裕示范区，到支持浦东新区打造社会主义现代化建设引领区，改革不停顿、开放不止步，关键一招招招出新，让中国不仅大踏步赶上了时代，而且大手笔描绘着时代。

一　区域重大战略：地方差异化试点的全国布局

　　在海南、雄安、深圳、浙江和浦东开展现代化先行区的地方试点对于立足新发展阶段、贯彻新发展理念、构建新发展格局、推动高质量发展具有重要的支撑和引领作用。

　　建设现代化先行区是区域重大战略的关键支撑。上述先行区建设是地方融入新发展格局、走特色发展之路的伟大探索，有利于增强区域发展战略与高水平对外开放的相互促进，构建陆海内外联动、东西双向互济的开放格局。其中，雄安新区作为北京非首都功能疏解集中承载地，是继深圳经济特区和上海浦东新区之后又一具有全国意义的新区，是千年大计、国家大事，在调整优化京津冀空间结构、推动环京和河北发展中起到关键作用。深圳先行示范区和浦东现代化引领区，是我国在构建"双循环"新发展格局中的重要战略支点，承担着引领全国高质量发展和创新驱动，加速推动规则衔接和机制对接的战略任务。浙江共同富裕示范区地处长三角腹地，作为我国城乡区域发展最均衡的省份之一，承担着率先发展不平衡不充分问题的重大使命。海南自由贸易港，则是京津冀、长三角、粤港澳三个"世界级大城市群"之外，区域重大战略的全新突破。随着 2021 年《中华人民共和国海南自由贸易港法》颁布实施，海南从法律意义上被赋予其不同于现行行政区划体制的定位和属性，到 2025 年全岛封关后，海南岛内居民将成为离岸居民，省内的"人、财、物"的流动和管理不再适用内地法律条文，全部要按照海南自贸港法及其配套法律法规来执行，这意味着海南将在服务"一带一路"和建设现代产业体系方面产生重大影响、发挥特殊作用。

表 3－1　　　　新时代中央推动下的现代化先行区建设试点

时间	先行区文件	目标定位	建设步骤	主要内容
2018 年 4 月	《中共中央国务院关于支持海南全面深化改革开放的指导意见》	新时代全面深化改革开放的新标杆，实践中国特色社会主义的生动范例：(1) 全面深化改革开放试验区；(2) 国家生态文明试验区；(3) 国际旅游消费中心；(4) 国家重大战略服务保障区	(1) 2020 年，自由贸易试验区建设取得重要进展；(2) 2025 年，经济增长质量和效益显著提高，自由贸易港制度初步建立；(3) 2035 年，在社会主义现代化建设上走在全国前列，自由贸易港的制度体系和运作模式更加成熟；(4) 本世纪中叶，率先实现社会主义现代化，形成高度市场化、国际化、法治化、现代化的制度体系	建设现代化经济体系；推动形成全面开放新格局；创新促进国际旅游消费中心建设的体制机制；服务和融入国家重大战略；加强和创新社会治理；加快生态文明体制改革；完善人才发展制度

续表

时间	先行区文件	目标定位	建设步骤	主要内容
2019年1月	《中共中央国务院关于支持河北雄安新区全面深化改革和扩大开放的指导意见》	北京非首都功能疏解集中承载地： （1）推动高质量发展的全国样板； （2）落实新发展理念的创新发展示范区； （3）高质量高水平社会主义现代化城市； （4）京津冀城市群重要一极	（1）2022年，对北京非首都功能和人口吸引力明显增强，改革开放作为雄安新区发展根本动力的作用得到显现； （2）2035年，雄安新区全面深化改革和扩大开放各项举措得到全面贯彻落实，疏解到新区的非首都功能得到进一步优化发展； （3）本世纪中叶，雄安新区社会主义市场经济体制更加完善，治理体系和治理能力实现现代化，改革开放经验和成果在全国范围内得到广泛推广	建设现代化经济体系；建设现代智慧城市；创新公共服务供给机制；建设高端人才集聚区；深化土地和人口管理体制改革；建成绿色发展城市典范；构筑开放发展新高地；深化财税金融体制改革；完善治理体制机制
2019年8月	《中共中央国务院关于支持深圳建设中国特色社会主义先行示范区的意见》	中国特色社会主义先行示范区： （1）高质量发展高地 （2）法治城市示范 （3）城市文明典范 （4）民生幸福标杆 （5）可持续发展先锋	（1）2025年，建成现代化国际化创新型城市； （2）2035年，建成具有全球影响力的创新创业创意之都，成为我国建设社会主义现代化强国的城市范例； （3）本世纪中叶，成为竞争力、创新力、影响力卓著的全球标杆城市	建设体现高质量发展要求的现代化经济体系；塑造展现社会主义文化繁荣兴盛的现代城市文明；形成共建共治共享共同富裕的民生发展格局；打造人与自然和谐共生的美丽中国典范

续表

时间	先行区文件	目标定位	建设步骤	主要内容
2021年4月	《中共中央国务院关于支持浦东新区高水平改革开放打造社会主义现代化建设引领区的意见》	社会主义现代化建设引领区：（1）更高水平改革开放的开路先锋；（2）自主创新发展的时代标杆；（3）全球资源配置的功能高地；（4）扩大国内需求的典范引领；（5）现代城市治理的示范样板	（1）2035年，城市发展能级和国际竞争力跃居世界前列；（2）2050年，城市治理能力和治理成效的全球典范，社会主义现代化强国的璀璨明珠	打造自主创新新高地；激活高质量发展新动力；推进高水平制度型开放；增强全球资源配置能力；提高城市治理现代化水平；提高供给质量；树牢风险防范意识
2021年6月	《中共中央国务院关于支持浙江高质量发展建设共同富裕示范区的意见》	高质量发展建设共同富裕示范区：（1）高质量发展高品质生活先行区；（2）城乡区域协调发展引领区；（3）收入分配制度改革试验区；（4）文明和谐美丽家园展示区	（1）2025年，浙江省推动高质量发展建设共同富裕示范区取得明显实质性进展，形成一批可复制可推广的成功经验；（2）2035年，浙江省高质量发展取得更大成就，基本实现共同富裕，共同富裕的制度体系更加完善	提高发展质量效益，深化收入分配制度改革，缩小城乡区域发展差距，打造新时代文化高地，打造美丽宜居的生活环境，构建舒心安心放心的社会环境

资料来源：作者自制。

　　值得一提的是，进入新时代深圳作为社会主义现代化的先行试点角色日趋明显。中央先后赋予深圳自由贸易区、粤港澳大湾区中心城市、先行示范区、综合改革试点等改革试点头衔，深圳担当进一步深化改革开放的艰巨使命。特别是2019年8月，中央印发文件支持深圳建设中国特色社会主义先行示范区，明确深圳不仅要率全国之先继续先行先试，同时要担当典型示范，为全国各地提供借鉴经验。换言之，深圳不仅要自己先行先试，还要能够让更多的城市或区域学习模仿，加快改革发展。这既是中央对于深圳既往发展成绩的充分肯定，同时也是对于深圳在社会主义现代化强国建设新征程中担负使命的重新定位。如果说率先建立经济特区和率先改革开放可以看成深圳在改革开放与社会主义现代化进程中先行一步，那么中央支持深圳建设先行示范区则可以看成深圳在新时代推进社会主义现代化进程中肩负更大使命。2020 年 10 月，中央印发文件支持深圳开展综合改革试点，明确深圳可采取滚动清单式授权、上下联动式推进系统集成性的改革，围绕要素市场化配置、营商环境、科技创新体制、对外开放、公共服务体制、生态和城市空间治理等四方面 40 项综合改革率先试点，在更高起点、更高层次、更高目标上推进改革开放。2021 年 9 月，中共中央又印发《全面深化前海深港现代服务业合作区改革开放方案》，提出将深圳前海打造为粤港澳大湾区全面深化改革创新试验平台和高水平对外开放门户枢纽，构建国际合作和竞争新优势。

二　五个典型试点案例的比较分析

（一）经济实力

2021 年浙江 GDP 7.35 万亿元，人均 GDP 达到 11.3 万元，人均 GDP 最高的宁波和最低的丽水差距约为 1.24 倍，城镇、农村居民人均可支配收入连续多年居全国省区第一位，是我国整体发展均衡性最好、区域协调发展水平最高的地区之一。深圳 GDP 首次突破 3 万亿元，是粤港澳大湾区 GDP 最高的城市，其地均 GDP 全国最高、达 15 亿元，人均 GDP 达 17.46 万元。浦东新区 GDP 首次突破 1.5 万亿元，人均 GDP 达 27 万元，地均 GDP 达 12.6 亿元，是"中国经济第一区"。海南省 GDP 达 0.65 万亿元，人均 GDP 6.42 万元，两年平均增速全国第一，自贸港建设取得突破。雄安新区起步区、启动区建设也取得了重要进展，将为集中承载北京非首都功能疏解提供重要支撑。

（二）资源禀赋

在区位优势上，深圳在粤港澳大湾区建设中具有重要地位，主要依赖于毗邻港澳的地理优势；浦东新区是长江经济带的龙头，依赖于长三角的经济腹地以及交通枢纽的地理优势；浙江是长三角腹地，民营经济、外向型经济发达，城乡区域发展基础良好；雄安新区则主要凭借其临近首都的地理优势，主要依赖于政治资源的再分配；海南作为以旅游为主体的服务自由贸易岛，具有良好的自然资源优势，且具有"一带一路"桥头堡的地理优势。在资金来源上，深圳、浦东和海南均更大程度上依赖于外资的流入，浙江更依赖民间资本的投入，而雄安新区则主要依赖国内资金的再配置，吸收国内的富余储蓄和产能。

（三）产业定位

雄安新区经济基础比较薄弱，所辖三县整体业态发展水平比较低端，雄安具有四大主要的战略意义：集中疏解北京非首都功能、调整优化京津冀城市布局和空间结构、培育创新驱动发展新引擎、探索人口经济密集地区优化开发新模式，通过承接北京非首都功能，特别是发挥科研、教育的优势，按照智能、绿色、创新的三大方向，未来以前沿技术为牵引，发展跨界融合、创新活跃、产业链长和带动性强的新兴产业。深圳和浦东具有良好的高新技术产业和现代服务业发展基础，其中浦东新区将全面强化"四大功能"，促进国际金融、贸易、航运、科技创新中心核心区和国际消费中心建设深度融合；深圳则更加注重建设具有全球影响力的科技和产业创新高地、构建高端高质高新的现代产业体系、打造全球数字先锋城市。浙江具有良好制造业和现代农业发展基础，未来强调探索科技创新型举国体制浙江路径、建设全球数字变革高地、建设具有国际竞争力的现代产业体系（特别是制造业迭代升级），推动高端要素聚集、"一带一路"枢纽建设、培育更具创造力的市场主体等。海南长期存在产业体系和营商环境落后的问题，随着海南确立旅游业、现代服务业、高新技术产业和热带特色高效农业为主导的"3+1"现代产业体系，未来将通过自贸港各项法规和制度创新，打造市场化、法治化、国际化的营商环境，推动其产业转型升级的落地。

（四）制度授权

从改革授权来看，海南在原有经济特区立法权的基础上，得到国家为自贸港单独立法，在内地"史无前例"、力度最大。其次是深圳，在经济特区立法权的基础上增加了综合改革试点首批40项授权，其中涉及的《中华人民共和国海关事务担保条例》《中华人民共和国进出口关税条例》《中华人民共和国船舶登记条例》《地质灾害防治条例》调规亦属全国首次。此外，十三届全国人大常委会通过《关于授权上海市人民代表大会及其常务委员会制定浦东新区法规的决定》，首次授权非经济特区的上海变通适用国家法律、行政法规，为上海浦东"比照经济特区法规"，行使相当于经济特区的立法确立依据。而河北省第十三届人大常委会通过《河北雄安新区条例》作为雄安新区第一部综合性地方性法规，明确雄安新区获得国家和省赋予的省级经济社会管理权限，破除雄安新区体制机制障碍。目前，仅浙江尚未得到国家立法综合授权，相关改革授权政策仍在制定中，在2022年全国两会期间，浙江代表团已明确要求国家有关部门对浙江高质量发展建设共同富裕示范区进行立法综合授权。

第三节　改革开放试验区与示范区的案例比较

当前国家对于国内许多重要城市赋予一定领域先行先试的权力，这些先行先试多集中在某一个或者某几个领域，并冠之以"试验区""示范区"等称谓。比如，赋予天津"临港海洋经济发展示范区"，重庆"产业转型升级示范区"，广州"中新广州知识城开展知识产权运用和保护综合改革试验"，杭州"中国跨境电商综合试验区"，武汉"武汉东湖国家自主创新示范区"，青岛"中国—上海合作组织地方经贸合作示范区"，等等。这些示范区都被中央赋予在某些重大改革领域先行先试作出示范的特殊使命。如天津被中央批准建设"临港海洋经济发展示范区"，以提升海水淡化与综合利用水平，推动海水淡化产业规模化应用示范为主要任务。重庆为"产业转型升级示范区"，主打以大数据智能化为引领的创新驱动发展战略行动计划，向国家先进制造业重镇升级，加快构建现代产业体系。2009年12月，武汉东湖国家自主创新示范区，着力研发和转化一批国家领先的科技成果，依靠创新驱动发展，推动资源节约型和环境友好型社会的建设。

一　从试验区到示范区

表 3 - 2　　　　　　　　　不同类型"区"的比较

类型	经济特区	经开区	高新区	新区	自贸试验区	综改配套试验区	金融改革试验区
代表	深圳、珠海、汕头、厦门、海南、喀什、霍尔果斯	苏州工业园区等	中关村科技园区等	雄安、浦东、滨海	海南自贸港、上海自贸区等	浦东、滨海、深圳、武汉等	温州、珠三角等
特点	有特殊政策,相对独立的经济体	工业聚集地,有优惠政策	侧重特色产业,有优惠政策	更突出对于区域发展的带动能力	制度创新,关税、审批和管理政策灵活	突出制度创新	突出金融创新

资料来源:中国政府网。

"经济特区"是我国最早设立的"区",区内实行特殊政策。此后,随着沿海、沿江、沿边的陆续开放,不断有"经济技术开发区"和"高新技术开发区"成立,能够进入"开发区"的企业享有一定的优惠政策。20 世纪 90 年代起,又陆续设立一批国家级新区,突出区域带动作用。上述"区"均带有一定试验性质,但并未正式确立"试验区"称谓,直到 2005 国务院批准上海浦东新区作为社会主义市场经济综合配套改革试点,由此揭开了国家综合配套改革试验区建设的新时代篇章,此后各类试验区陆续出现。从供给定位上看,综合改革试验区与特区在性质上比较接近,但"试验"内容更明确,例如有的针对城乡协调发展问题,有的针对资源环境问题等。"示范区"也带有试点的性质,相比较"试验区"而言,更像是"试验区"的升级,多数示范区是在原试验区的基础上设立,针对特定领域进行改革创新探索，以形成可供复制推广的经验。

二　国内示范区、试验区的政策重点比较

相比较而言，上海自贸试验区和北京服务业综合改革试点，在一线城市当中影响较为广泛。

表3-3　全国重要城市建设示范区、试验区的政策重点比较

一线城市	示范区/试验区/试点	具体内容
北京	服务业扩大开放综合试点	现代服务业发展
上海	自由贸易试验区	政府职能转变、金融制度、贸易服务、外商投资和税收政策等多项改革措施，上海市转口、离岸业务负面清单管理、贸易便利化、资本项目可兑换和以金融服务业开放为目标的金融制度创新
广州	中新广州知识城开展知识产权运用和保护综合改革试验	知识产权运用和保护综合改革
杭州	中国跨境电商综合试验区	跨境电子商务各环节的技术标准、业务流程、监管模式和信息化建设等
重庆	产业转型升级示范区	大数据智能化引领的创新驱动发展战略行动计划，向国家先进制造业升级
武汉	武汉东湖国家自主创新示范区	全面提高东湖高新区自主创新和辐射带动能力，全力推动东湖高新区科技发展和创新，成为推动资源节约型和环境友好型社会建设、依靠创新驱动发展的典范
天津	临港海洋经济发展示范区	提升海水淡化与综合利用水平，推动海水淡化产业规模化应用示范
青岛	中国—上海合作组织地方经贸合作示范区建设总体方案	旨在打造"一带一路"国际合作新平台，拓展国际物流、现代贸易、双向投资合作、商旅文化交流等领域合作，发挥青岛在"一带一路"新亚欧大陆桥经济走廊建设和海上合作中的作用
深圳	中国特色社会主义先行示范区	全面示范：高质量发展高地；法治城市示范；城市文明典范；民生幸福标杆；可持续发展先锋

资料来源：作者自制。

各地区试验点及示范区的建设，是中央基于当地的地理区位、经济基础、科技发展等要素确定，并且需要进行一定时间的试验，得到成功经验才让其他城市学习借鉴。

相比其他城市而言，《关于支持深圳建设中国特色社会主义先行示范区的意见》明确深圳作为"先行示范区"的领域有所侧重，即在高质量发展、法治城市、城市文明、民生幸福、可持续发展等领域要"先行示范"，是一种全领域的"先行示范"。

第四节　深圳建设先行示范区的特征归纳

先行示范区是深圳率先实现中国特色社会主义现代化的城市实践，是探索社会主义现代化新征程的又一试点。在建设中国特色社会主义现代化强国的新征程中，深圳何以先行，如何示范？我们认为，必须深入解构先行示范区的根本属性、发展速率、基本内涵和核心要求，更为准确全面认识先行示范区的中央战略定位，这是推进先行示范区建设与发展的前提基础。

一　属性：坚持社会主义方向

要在加强党的全面领导和党的建设上率先示范。中国特色社会主义最本质的特征是中国共产党的领导，党政军民学，东西南北中，党是领导一切的。回顾深圳经济特区的发展历程和改革开放事业取得的成就，每一步都与党中央的坚强领导、关怀指导密不可分。党的领导一直是深圳改革开放事业中战胜一切困难和风险的"定海神针"和指南"灯塔"。从1980年经济特区诞生到1992年小平同志"南方谈话"的一锤定音，从经济特区"要不要继续特下去"到中央明确"三不变"方针，从"增创新优势"再到习近平总书记明确"经济特区不仅要办下去，而且要办得更好"，深圳改革开放进程的每一步，都是党中央举旗定向、英明领导的结果，深圳经济特区发展的每一个关键时期和重大历史进程，都是党中央发挥总揽全局、协调各方的领导核心作用，以非凡的气魄带领深圳跨越前进的。历史证明，没有中国共产党的坚强领导就没有深圳改革开放的伟大成就。深圳建设先行示范区存在制度属性的问题，它不是别的什么示范区，而是社会主义的先行示范区。这一点和邓小平同志强调创办经济特区的定位一样，"特区姓'社'不姓'资'"①。先行示范区坚持建设社会主义方向，首先要求坚持党的领导。习近平总书记指出："坚持党对经济特区建设的领导，始终保持经济特区建设正确方向，是深圳经济特区改革开放 40 年的宝贵经验之一。"② 坚持党对深圳建设先行示范区的领导，是确保先行示范区建设沿着正确方向前进的根本保证。要在加强党的全面领导和党的建设方面先行示范，这一先行示范具有两个方面的重要意义：其一是要在党建引领现代化建设上先行示范。建设先行示范区实质上是率先探索社会主义现代化，因此其内涵的要求之一就是探索出党如何更好地引领率先实现社会主义现代化的具体机制、路径和模式。其二是要在现代化进程中党的建设上先行示范。在建设先行示范区的进程中，不仅党要引领先行示范区建设，而且更为重要的是党也率先进行自我革新，与时俱进，超前于先行示范区所涵盖的经济、社会、文化、法治、环境等领域的建设进度，也唯有如此才能发挥引领作用。

二 速率：率先实现现代化

要先行一步、率先实现中国特色社会主义现代化。建设中国特色社会主义先行示范区，既明确了深圳"先行示范"这一新时代新使命，也延续了深圳先锋排头兵的功能特质。尽管中央围绕率先实现社会主义现代化选取了浙江、江苏、海南、浦东、深圳等进行试点，但相比之下明确率先的时间节点、目标要求的只有深圳。深圳建设先行示范区在时间维度上就是要率先实现社会主义现代化。中央确定了 2035 年和 2050 年"两步走"战略，分别达到基本实现社会主义现代化和建成社会主义现代化强国。深圳立足先行一步的战

---

① 《邓小平文选》第 3 卷，人民出版社 1993 年版，第 372 页。
② 习近平：《在深圳经济特区建立 40 周年庆祝大会上的讲话》，《人民日报》2020 年 10 月 15 日第 2 版。

略使命，也明确了率先实现现代化的"三步走"战略，提出在 2025 年全面建成现代化国际化创新型城市，基本实现社会主义现代化；到 2035 年建成具有全球影响力的创新创业创意之都，成为社会主义强国的城市范例，率先实现社会主义现代化；到 2050 年建成竞争力、创新力、影响力卓著的全球标杆城市。① 因此，深圳已明确提出比全国其他地方分别提前 10 年和 15 年实现"两步走"的战略目标。率先实现现代化的"三步走"战略，深圳应当构建基本实现现代化和完全实现现代化的指标体系，提出更为明确更为具体的路线图、施工表、任务书，将其与粤港澳大湾区规划、综合改革试点、前海改革开放等国家战略有机结合，形成积极的联动整合效应。

三　内涵：五个先行示范

要落实社会主义现代化"五位一体"总体布局。党的十九大明确以"五位一体"总体布局作为推进我国社会主义现代化建设的路线图。"五位一体"总体布局即经济建设、政治建设、文化建设、社会建设、生态文明建设，是一个有机整体，分别对应于提升我国的物质文明、政治文明、精神文明、社会文明、生态文明。深圳先行示范的五个领域即高质量发展、法治城市、民生幸福、城市文明、可持续发展，大体对应于"五位一体"总体布局，分别从经济、政治、文化、社会、生态五个维度确立了深圳率先探索现代化的战略任务。"五个率先"目标包括高质量发展高地、法治城市示范、城市文明典范、民生幸福标杆、可持续发展先锋，也大体对应于社会主义现代化强国的五个目标"富强、民主、文明、和谐、美丽"。深圳开展先行示范区建设，实际上就是要求深圳摆脱过去经济城市和科技城市的单一形象，从经济、政治、文化、社会、生态全方位提升城市发展水平，在全领域实现全面进步，为全国城市发展提供范例和榜样。从目前来看，由于深圳城市化快速发展，有限空间内集聚大量的流动人口导致一些领域比如民生幸福和可持续发

---

① 王伟中：《牢记嘱托　勇担使命　奋力建设好中国特色社会主义先行示范区》，《深圳特区报》2021 年 5 月 6 日第 1 版。

展还存在短板和弱项，需要完成赶超到领跑到示范的转换，也需要更多的资源投入和更科学的发展规划。

四　核心：制度经验示范

要形成面向全国可复制可推广的制度经验。全面深化改革进入攻坚期、深水区，深圳这个中国特色社会主义的"实验室"，制度创新和体制改革也不能仅仅停留在经济领域，而是要继续以敢为天下先的勇气和魄力，在经济、政治、文化、社会、生态等"五位一体"框架内推进改革，拓展广度，扩张深度，做中国特色社会主义的先行示范区。政策创新往往受到特殊的问题情境、资源禀赋、领导注意力偏好、行动者认知、公众接受度等因素约束，难以直接复制和模仿。从政策创新上升到制度创新，将一项项具体的政策举措上升为抽象的制度规范，明确问题背景、制度要素、实践成效、风险控制等，有助于在更大范围推广创新经验。深圳40多年发展成就的背后，其秘诀就在于率先改革开放形成了一套制度体系及制度观念，并成功地转化为治理效能和发展绩效。深圳作为改革开放的排头兵和社会主义现代化的先行者，形成了一批可学习、参考和复制的制度体系。在市场制度上形成从尊重市场规则到优化营商环境的递进升级，在科技体制机制上形成从高新区建设到创新型城市战略的整体部署，在社会制度上形成鼓励参与和合作共治的治理模式，这些制度体系已经在全国得到学习和推广。[①] 在推进综合改革试点过程中，深圳形成全过程创新生态链、实体经济高质量发展、制度型开放新格局、公共服务供给体制、城市治理体系和治理能力现代化等5个领域47条创新举措和经验做法，经国家发展改革委鼓励向全国复制推广。[②] 未来，深圳要继续善于将创新实践转化为制度经验，为全面推进社会主义现代化强国建设提供源源不断的参考范例。

---

① 陈家喜：《把制度优势转为治理绩效》，《光明日报》2020年8月25日第6版。
② 国家发展改革委：《深圳综合授权改革试点取得阶段性成效》，https://www. ndrc. gov. cn/fggz/tzgg/dfggjx/202108/t20210827_1294979. html? code = &state = 123，2021年8月27日。

第四章 高质量发展高地：经济领域的先行示范

1978 年，党的十一届三中全会将国家的工作重心转移到经济建设上，这具有深远意义的伟大转折标志着中国由此进入了改革开放的历史新时期。1980 年，深圳经济特区正式成立。40 多年来，在深圳这座机遇与挑战并存的城市里，改革先锋们敢闯敢拼，从无到有，将一个落后的小渔村建设成现代化的大都市，成就了今天令世人瞩目的深圳奇迹。从敢闯敢试的拓荒牛到先行先试的示范者，深圳已经成为国内高质量发展的高地。

2019 年，《中共中央国务院关于支持深圳建设中国特色社会主义先行示范区的意见》（以下简称《意见》）出台。《意见》对深圳特区在各项事业中所取得的显著成绩给予了充分肯定，明确了深圳在经济方面的战略目标："确立高质量发展高地，建设现代化经济体系，在构建高质量发展的体制机制上走在全国前列。"《意见》同时也对深圳的未来发展提出期许："到 2025 年，深圳经济实力、发展质量跻身全球城市前列，研发投入强度、产业创新能力世界一流，文化软实力大幅提升，公共服务水平和生态环境质量达到国际先进水平，建成现代化国际化创新型城市。到 2035 年，深圳高质量发展成为全国典范，城市综合经济竞争力世界领先，建成具有全球影响力的创新创业创意之都，成为我国建设社会主义现代化强国的城市范例。到本世纪中叶，深圳以更加昂扬的姿态屹立于世界先进城市之林，成为竞争力、创新力、影响力卓著的全球标杆城市。"

2020 年，深圳特区建立 40 周年之际，为积极稳妥做好综合授权改革试点工作，《深圳建设中国特色社会主义先行示范区综合改革试点实施方案（2020—2025 年）》（以下简称《综改试点方案》）

发布。《综改试点方案》的出台，从顶层设计上明晰了建设社会主义先行示范区的各项事宜。《综改试点方案》以习近平新时代中国特色社会主义思想为指导，坚持市场化、国际化、先行先试、稳步实施等基本原则，推出一大批重大改革措施，重点完善要素市场化配置体制机制、打造市场化国际化营商环境、完善科技创新环境制度、完善高水平开放型经济体制等。力争在 2022 年，各方面制度建设取得重要进展，形成一批可复制可推广的重大制度成果，各项试点取得阶段性成效。在 2025 年，重要领域和关键环节改革取得标志性成果，基本完成试点改革任务，为全国制度建设作出重要示范。

中国特色社会主义已经进入新的篇章。作为实现中华民族伟大复兴的行动指南、习近平新时代中国特色社会主义思想的重要组成部分，习近平经济思想是做好新时代经济工作的根本遵循和科学指南。目前，我国社会的主要矛盾已经转变为人民日益增长的美好生活需要和不平衡不充分的发展之间的矛盾，经济已经从高速增长阶段转向高质量发展阶段。在建设社会主义现代化强国和实现中华民族伟大复兴时代环境下，新发展理念和"七个坚持"是习近平经济思想的主要内容。2015 年，党的十八届五中全会首次提出"创新、协调、绿色、开放、共享"五大新发展理念。2017 年，中央经济工作会议明确指出习近平经济思想"以新发展理念为主要内容"，并强调"七个坚持"："坚持加强党对经济工作的集中统一领导；坚持以人民为中心的发展思想；坚持适应把握引领经济发展新常态；坚持市场在资源配置中的决定性作用；坚持适应我国经济发展主要矛盾变化完善宏观调控；坚持问题导向部署经济发展新战略；坚持正确工作策略和方法，稳中求进，保持战略定力、坚持底线思维。"新时代孕育新思想，新思想指导新实践，习近平新时代中国特色社会主义思想为深圳实践经济工作提供了理论指导。

本章首先通过阐述高质量发展的经济学相关理论，厘清高质量发展的基础、动力以及目标，从而阐明高质量发展与先行示范区建设的并进关系，为深圳推动深化改革提供经济学理论基础。其次，通过纵向研究深圳特区近 10 年的经济发展历程，梳理深圳经济

"瞄准"高质量发展的路径特征。再次，探讨总结深圳在营商环境、科技创新、产业布局、湾区协调发展等领域的重大改革经验。最后，本章依据国家规划的深圳社会主义先行示范区发展整体宏伟蓝图，分别从创新驱动发展、经济产业体系、全面深化改革、湾区协同发展四个方面，提出助推深圳经济高质量发展的实践建议。

第一节　高质量发展的经济学理论

习近平总书记在党的十九大报告中指出："我国经济已由高速增长阶段转向高质量发展阶段，正处在转变发展方式、优化经济结构、转换增长动力的攻关期。在此阶段，建设现代化经济体系是跨越关口的迫切要求，必须坚持新发展理念。"① 报告明确提出，发展是解决我国一切问题的基础和关键，必须大力贯彻创新、协调、绿色、开放、共享的发展理念。

2015 年 10 月，党的十八届五中全会通过《中共中央关于制定国民经济和社会发展第十三个五年规划的建议》，首次提出"创新、协调、绿色、开放、共享"发展理念。习近平总书记在党的十八届五中全会第二次全体会议上的讲话中对五大新发展理念之间的逻辑关系进行了科学解释："创新发展注重的是解决发展动力问题；协调发展注重的是解决发展不平衡问题；绿色发展注重的是解决人与自然和谐问题；开放发展注重的是解决发展内外联动问题；共享发展注重的是解决社会公平正义问题。"② 习近平总书记在此后的多次重要讲话中进一步强调，新发展理念是关乎我国发展大局的一场深刻改革。2020 年 10 月，在深圳经济特区建立 40 周年庆祝大会上的讲话中，习近平总书记深刻指出："广东、深圳经济发展水平较高，面临的资源要素约束更紧，受到来自国际的技术、人才等领域竞争

---

① 习近平：《决胜全面建成小康社会　夺取新时代中国特色社会主义伟大胜利——在中国共产党第十九次全国代表大会上的报告》，人民出版社 2017 年版，第 30 页。

② 习近平：《在党的十八届五中全会第二次全体会议上的讲话（节选）》，人民网，http://jhsjk.people.cn/article/28002398，2016 年 1 月 1 日。

压力更大，落实新发展理念、推动高质量发展是根本出路。要坚持发展是第一要务、人才是第一资源、创新是第一动力，率先推动质量变革、效率变革，努力实现更高质量、更有效率、更加公平、更可持续的发展。"①

"高质量发展不只是一个经济要求，而是对经济社会发展方方面面的总要求。"2021 年，在参加十三届全国人大四次会议时，习近平总书记强调，要坚定不移走高质量发展道路，持续不断增进民生福祉。② 把高质量发展理念作为"总要求"贯彻到经济社会发展方方面面，体现了党对高质量发展科学内涵和基本要求的认识在不断深化。高质量发展不仅仅只是体现在经济方面，还包括我国社会发展各个方面。在党的十九届五中全会上，习近平总书记指出，"经济、社会、文化、生态等各领域都要体现高质量发展的要求"③。翻开《中华人民共和国国民经济和社会发展第十四个五年规划和二〇三五年远景目标纲要》（以下简称《纲要》），高质量发展的要求一以贯之。《纲要》着眼于统筹推进经济建设、政治建设、文化建设、社会建设和生态文明建设五位一体的总体布局，协调推进全面建设社会主义现代化国家、全面深化改革、全面依法治国、全面从严治党的战略布局，作出一系列部署安排，设置经济发展、创新驱动、民生福祉、绿色生态、安全保障 5 大类 20 个主要指标，彰显了从经济社会方方面面推动高质量发展的决心信心。

一　满足人民生活需求是高质量发展的根本目标

2017 年，习近平总书记在党的十九大报告中分析了我国社会主要矛盾的转变。在中国特色社会主义迈入新的历史发展阶段下，人民日益增长的美好生活需要和不平衡不充分的发展之间的矛盾，将是社会的主要矛盾。要充分有效地解决这一社会主要矛盾，满足人

---

① 习近平：《在深圳经济特区建立 40 周年庆祝大会上的讲话》，《人民日报》2020年 10 月 15 日第 2 版。

② 《坚定不移走高质量发展之路　坚定不移增进民生福祉》，《人民日报》2021 年 3月 8 日第 1 版。

③ 习近平：《关于〈中共中央关于制定国民经济和社会发展第十四个五年规划和二〇三五年远景目标的建议〉的说明》，《人民日报》2020 年 11 月 4 日第 2 版。

民对物质需求外更高层级的需求，发展是根本基础与方法，而在新时代的环境下，发展必须是高质量的发展，必须是贯彻新发展理念的发展。根据质量经济学的基本原理，"质量"这一概念是由产品的客观价值可以满足社会需求这一过程而体现的。需求与社会经济发展之间是相互影响的，人民对生活需求的提高，会促使经济向高质量的发展方向转变。社会主要矛盾的转变，人民对美好生活的需求，表明深圳在经济方面必须进一步地改革，必须坚持高质量发展模式。

大部分学者的研究中有着相似的观点。金碚提出，判断发展是否为高质量的发展，最终是以经济发展的成果是否从各方面提高了人民生活水平。[①] 任保平和李禹墨同样认为，高质量发展的根本目标，就在于满足人民除基本物质需要之外，对更高层次生活需求的满足。[②] 安淑新在对高质量发展实现路径进行研究后，认为高质量发展是能够进一步满足人民在经济、教育、文化、社会、生态等方面的需求的发展。[③] 因此，高质量发展，其根本目标是更好地满足人民日益增长的美好生活需要。

二 提高生产服务效率是高质量发展的坚实基础

高质量发展，意味着投入产出效率和经济效益不断的提高。习近平总书记在党的十九大报告中明确强调，要激发全社会创造力和发展活力，努力实现更高质量、更有效率的发展。在经济高速增长的阶段，伴随着粗放型增长模式的是投入产出的较低效率，突出表现是生产服务效率都下降，国内生产总值每一个百分点的增长需要的投入越来越多，低效甚至无效的产出比重上升。余斌在分析高质量发展中面临的挑战时提出，我国经济增长已经由依靠投资和出口转向依靠消费和服务，中国已经成为全球第一大实物消费市场，过

① 金碚：《关于"高质量发展"的经济学研究》，《中国工业经济》2018 年第 4 期。
② 任保平、李禹墨：《新时代我国高质量发展评判体系的构建及其转型路径》，《陕西师范大学学报》（哲学社会科学版）2018 年第 3 期。
③ 安淑新：《促进经济高质量发展的路径研究：一个文献综述》，《当代经济管理》2018 年第 9 期。

去低效率的发展无法满足现在的经济社会，国内需要更高质量的产品和服务。①

实现高质量发展，提高效率是基础，效率包括资本的效率、劳动的效率、资源的效率、环境的效率、服务的效率，等等，要用有限的资源创造更多的财富，努力达到投入少、产出多、效益好的发展成果。价值规律是市场经济的基本规律，它的本质要求就是以最小的生产要素投入（费用）取得最大的产出（效益）。林兆木通过总结世界工业化、现代化的历史，认为推动中国经济高质量发展，必须适应世界新一轮科技革命和产业变革趋势，引领我国产业结构朝着高级化、现代化的方向发展，在国际产业链、价值链的阶梯上持续向中高端攀升，提高各项产出的效率。②

三　加强科技创新驱动是高质量发展的核心动力

高质量发展，离不开科技创新。2017 年，习近平总书记在党的十九大报告中指出："创新是引领发展的第一动力，是建设现代化经济体系的战略支撑。"2018 年全国两会期间，习近平总书记再次强调"创新是第一动力"。2020 年，党的十九届五中全会提出："坚持创新在我国现代化建设全局中的核心地位，把科技自立自强作为国家发展的战略支撑。"推动我国经济增长从追求速度到追求质量，必须牢固树立"创新是引领发展的第一力量"的发展理念。应该持续深化科技创新体制改革，培育科研创新的热土，形成良好的创新氛围。随着中国特色社会主义进入新发展阶段，发挥创新尤其是自主创新在各个行业中的"领头羊"作用，是引领经济迈向高质量发展的核心动力。

科技创新能够为高质量经济增长提供强大动能。在我国人口红利与全球化发展红利逐步削弱的大背景下，高质量发展的同时也伴随着经济驱动力的转型，大部分学者认为创新将是推动中国经济高质量发展的第一动力。冯俏彬在总结高质量发展特征时提出，创新

---

① 余斌：《经济高质量发展阶段中的转型升级与挑战》，《中国经贸导刊》2018 年第 3 期。

② 林兆木：《关于我国经济高质量发展的几点认识》，《求是》2018 年第 3 期。

对于经济高质量增长的贡献将会显著增加;① 周锦等学者认为,高质量的经济增长就是创新经济驱动下的发展;② 杨伟民在研究推动高质量发展的因素时,认为科学技术的进步对于经济持续高质量地发展具有重要的战略支撑,要深入地落实贯彻创新驱动发展理念。③综上所述,驱动经济高质量发展的核心动力是科技创新。

第二节　瞄准高质量发展的经济增长的十年历程（2012—2022 年）

经济发展是一个螺旋式上升的过程,上升不是线性的,量积累到一定阶段,才能转向质的提升,这不仅合乎唯物辩证法的原理,也是中国经济发展所要遵循的基本规律。因此,发展高质量经济并不是一蹴而就,而是循序渐进,分阶段进行的。

深圳经济从"前店后厂"合作模式起步,在 40 余年间形成了"深圳制造—深圳创造—深圳创新"的渐进式经济发展路径。纵向研究特区 40 余年的发展历史,高质量发展始终是深圳经济发展所追求的目标。尤其是党的十八大以来的十年里,深圳结合自身经济基础与国内外宏观环境,抓住历史进程中的机遇,因势利导,加快转变经济发展方式、加快改革开放步伐、加快经济高质量发展,成为国内经济高质量发展的高地。

一　加快转变经济发展方式（2012—2016 年）

2012 年,党的十八大召开,我国进入全面建设小康社会的关键时期。在随后的五年,深圳深化改革开放,加快转变经济发展方式,在供给侧结构性改革、绿色经济发展等方面取得显著成绩。

① 冯俏彬:《我国经济高质量发展的五大特征与五大途径》,《中国党政干部论坛》2018 年第 1 期。
② 本刊编辑部:《如何打开新时代中国经济高质量发展之路》,《财政监督》2018 年第 5 期。
③ 杨伟民:《贯彻中央经济工作会议精神推动高质量发展》,《宏观经济管理》2018 年第 2 期。

（一）供给侧结构性改革初显成果

深圳从质量引领、转型升级、创新驱动等方面发力供给侧改革，增强供给能力，提高供给质量，打造供给侧新优势。在此期间，深圳出台鼓励高新科技发展、企业竞争力、人才发展、人才住房、高等教育等"一揽子"政策，集中推出了235条制度措施。设立多个专项基金，支撑新兴产业、军民融合、中小微企业的发展，规模超2000亿元，通过专项基金引导资金实现高效供给。仅在2016年，深圳工业投资、工业技改投资分别提升17.1%、15.3%，民间投资提升61.5%。其次，通过降低生产成本，释放供给潜力。取消多项涉及企业行政事业性收费政策，实施"营改增"制度、调整"五险一金"，回购龙大、盐坝、盐排等多条高速公路，取消过路费，为企业减负超过千亿元。在补齐供给短板上，继续加大力度。2016年，在教育、医疗等重点领域实施159个项目，完成投资近千亿元。除此之外，供给水平高质量高标准提升。建立代表高品质高质量的"深圳标准"认证标识，一体化推进"标准、质量、品牌、信誉"建设，在标准认证上对接国际，参与并主导制定国际标准200多项，中兴和华为分别荣获2016年中国工业大奖和中国质量奖。

（二）绿色经济进一步发展

在此期间，深圳宜居宜业的环境优势不断彰显，实施"空气质量提升40条""治水提质40条"等制度措施。空气优良天数居全国城市前列，"深圳蓝"成为城市名片。与此同时，全面禁行黄标车，淘汰老旧车辆，积极推广新能源汽车；颁布新规要求靠港船舶全部使用低硫燃油，建成覆盖12个泊位的岸电设施。大力推动建设绿色建筑，绿色建筑面积增长61%，总面积超过5000多万平方米；大力发展绿色生态空间，新建和改造公园60余个，加快建设国际友好城市公园、坝光银叶树湿地公园等设施，建成绿道300千米，建设深圳湾滨海休闲带西段，打造最美海滨风景线。大力提升水体质量，坚持以河流流域为单元实施整体治理，在2016年投入111亿元，启动多个治水项目，10条主要河流水质明显改善，黑臭水体减少35.6%，整治河道80余千米，新增污水管道1000余千米，消除超400个排污口，重点整治茅洲河，"百日大会战"取得显著效果。不断加大环保监管力度，仅2016年共立案解决环保违法案件 1688 宗，整治停办企业 61 家，整治一系列环保问题，做到事事有回应、件件有落实。

党的十八大以来，作为改革开放的前沿阵地，深圳市政府深入学习习近平新时代中国特色社会主义思想，努力争当"四个坚持、三个支撑、两个走在前列"① 尖兵，各项事业取得了新进展新成就新经验。根据深圳统计年鉴的数据，"十二五"期间，深圳万元GDP 能耗、水耗、建设用地、二氧化碳排放量分别下降 19.5%、43%、29%、21%，形成了更有质量、更有效率的绿色可持续发展模式。② 深圳不仅把经济蛋糕做"大"了，而且经济发展也变得更"绿"了，初步实现高质量发展中"绿色"的层次目标。

二　加快经济改革开放步伐（2017—2019 年）

2017 年，党的十九大召开，中国特色社会主义发展翻开新篇章。在随后的三年里，深圳进一步贯彻落实新发展理念，坚持高质量发展，在深化改革、对外开放、营商环境等领域取得重大突破。

（一）进一步深化改革，前海自贸区创新成果凸显

2015 年，深圳前海蛇口自贸区正式成立，在随后的几年里，前海自贸区迈出改革新步伐，取得各项制度创新成果 100 余项。与此同时，深圳出台多条发展规划条例，全面深化区域性国企综合改革，在公共服务、基础设施建设等领域发挥国企的主体作用。持续优化医疗卫生体制改革，面向广东全省乃至全国推广药品和医用耗材集中采购改革、"三医联动"等一揽子经验成果，医疗用品集中采购试点价格平均下降 52%。开展新一轮住房制度改革，推出公共租赁住房、人才住房、安居商品房三大配套政策，大规模公共住房

---

① "四个坚持、三个支撑、两个走在前列"出自 2017 年 4 月 4 日，习近平总书记对广东工作作出的重要批示。四个坚持：坚持党的领导、坚持中国特色社会主义、坚持新发展理念、坚持改革开放。三个支撑：为全国推进供给侧结构性改革、实施创新驱动发展战略、构建开放型经济新体制提供支撑。两个走在前列：在全面建成小康社会、加快建设社会主义现代化新征程上走在前列。

② 数据来源：《砥砺奋进的五年｜深圳发展走进"质量时代"》，深圳南山网，http://inanshan.sznews.com/content/2017-05/19/content_16263435.htm，2017 年 5 月19 日。

建设行动稳步开展。除此之外，工程招投标、土地管理等制度改革取得显著成果。

（二）进一步对外开放，粤港澳大湾区建设取得新进展

作为粤港澳大湾区的建设主阵地，深圳积极落实广东省委省政府的相关意见，开展深港合作专项行动，建设布局"湾区通"工程，进一步提高对外开放合作水平。妈湾跨海通道、前海综合交通枢纽等重点工程取得重要进展。2019 年，深港设计创意产业园正式投入使用，深港青年梦工场孵化创新创业团队 60 余家。深港澳合作互通更为密切，深港通、深澳通"注册易"等软件推出使用，粤港澳大湾区气象监测预警预报中心、港澳台和外国法律查明基地等机构成立运营。除此之外，深圳积极参与珠三角城市的协作，广深港澳科技创新走廊、深中通道、穗莞深城际交通、深莞惠经济圈等重点项目加快取得重要进展，积极贯彻协同发展的新理念。在"一带一路"建设中取得多项成果，相关国家和地区出口额增长 13%。2019 年高交会、全球青年创新集训营、国际友城智慧城市论坛等国际性活动成功举办，进一步提升国际影响力。

（三）营商环境持续优化，企业减负效果明显

通过立法，深圳将每年 11 月 1 日设立为"深圳企业家日"，大力弘扬优秀企业家精神。着力减轻企业各项负担，颁布多项惠企减负政策，出台减税降费政策，2019 全年新增减税降费超过 1100 亿元；设立民营企业平稳发展基金，帮助多家上市公司抵御流动性风险；出台促进供应链金融发展的各项措施，充分利用 50 亿元中小微企业银行贷款风险补偿资金池，帮助中小微企业渡过难关。在减小企业办事成本，提高企业办事效率方面，创新思路，建设发展数字政府和智慧城市，在互联网上可办理 98% 的行政审批项目，企业办事需提交的纸质材料减少 70%；"i 深圳"微信小程序、APP 累计整合近 4700 项政务服务项目，居国内城市前列；区块链电子发票引领全国，企业注销业务办理时限减少至 1 个工作日以内，商事登记等近 200 个事项实现"秒批"，企业办事效率大大提升。

三　加快经济高质量发展（2020 年至今）

2019 年，《中共中央国务院关于支持深圳建设中国特色社会主

义先行示范区的意见》明确提出，深圳要在构建高质量发展的体制机制上走在全国前列。2020 年，中共中央办公厅、国务院办公厅印发《深圳建设中国特色社会主义先行示范区综合改革试点实施方案 (2020—2025 年)》，贯彻落实习近平总书记关于深圳改革发展的重要指示批示精神和先行示范区建设的有关要求，提出有关要素市场化配置、营商环境优化、科技创新、对外开放、民生服务、城市空间治理等重要领域的一系列改革措施，作为新时代推动深圳改革开放再出发的重要举措，《综改试点方案》的出台是实现建设中国特色社会主义先行示范区的关键一招，也是创新改革方式方法的全新探索。站在新的历史征程上，深圳更加坚定地实施创新驱动战略，率先建设体现"创新、协调、绿色、开放、共享"新发展理念的现代化经济体系。

（一）创新更进一步

深圳率先建立起"基础研究＋技术攻关＋成果产业化＋科技金融＋人才支撑"的全方位创新发展生态链，科研创新方面的投入占深圳 GDP 的比重将近 5%，在基础科学研究和基础应用研究方面的投入资金占市级科研资金近 30%，PCT 国际专利的申请数量连续 18 年位居国内城市第一。大运深港国际科教城、大湾区综合性国家科学中心、光明科学城等国家省市战略科研创新平台拔地而起，逐步推进。在 5G 技术、无人机、新能源汽车等高精尖领域掌握核心技术能力，对标全球顶尖水平。在国内，创新能力成为全国发展的一面标杆，国家级的高新企业超过 1.8 万家，五年上涨近 237%。同时，创立建设全国第一项金额规模超过百亿的天使投资引导基金，进一步激励企业创新创业，完善营商和创业环境。

（二）协调更进一步

深圳社会民生实现跨越式发展，致力于共同富裕，同时，进一步促进区域间的协调发展。在改革开放带动一部分人富裕起来后，如今深圳依托先富带动后富，努力实现共同富裕。尽管受制于土地、教育、医疗等方面的资源限制，深圳在民生发展上存在一定的短板，但深圳坚决兜牢民生底线，让改革发展红利惠及全体市民。截至 2020 年 12 月 31 日，全市养老、失业、工伤三险参保 3733.86

万人次，基本医保参保人数1609万人，重疾险参保人数780万人。社会保障和民生水平不断攀升，最低生活保障标准、企业职工养老金和最低工资标准均处在国内城市前列水平。与此同时，在2020年，深圳全面完成对口帮扶工作，帮助9省54县（区、市）超过200多万贫困人口全部完成脱贫，进一步推进喀什大学新校区建设等一批重大项目，连续四年被评为全国东西部扶贫协作"好"等次，在全国脱贫攻坚战中发挥了积极作用。深汕特别合作区进入新发展阶段，合作区将不再由深圳、汕尾两市共管，而是转由深圳全面主导。深汕特别合作区是发达地区带动欠发达地区合作模式的创新，在促进区域平衡性上发展上有着重大意义，也是深圳进一步贯彻区域协调发展理念的体现。

（三）绿色更进一步

深圳比历史上任何时期都更加重视生态资源的保护和绿色经济的发展。在经济发展规划上，坚持把生态环境保护摆在与经济发展同等重要的位置，既要"金山银山"，也要"绿水青山"。2020年，深圳新建污水管道超过6000千米，污水每日处理能力超过700万吨，实现全面消除和整治全市臭水黑水，全市河流实现根本性和历史性的整治，茅洲河、大鹏湾入选全国美丽河湖、美丽海湾优秀案例。同时，深圳成为全国"无废城市"的实施建试点城市，在垃圾焚烧每日处理能力上大幅提升，达到每日处理越1.8万吨，垃圾利用回收率超过40％。全市新能源汽车保有量超过40万辆，处于全国乃至全球城市前列。在特区建立40周年之际，深圳市在实现全域生态文明示范创建上荣获第四批国家生态文明建设示范城市，成为国内首个也是唯一一个获此殊荣的副省级城市。深圳南山区妈湾电厂的探索发展同样是一个鲜明的例子，作为国内首例采用烟气海水脱硫工艺和实施低氮燃烧器改造的电厂，妈湾电厂经过20年探索，如今已实现超低排放，二氧化硫和氮氧化物的排放指标均优于欧盟标准，电力输出和效率不断提升，促进了经济的增长，实现了"绿水青山"反哺"金山银山"。

（四）开放更进一步

在深入推进营商环境改革中，主动对标世界银行的评价指标，同时大幅减少工程建设、企业创办、货物通观、不动产登记等方面的审批流程和时间，提升市场主体的办事效率和便利化程度，成功入选国家首批营商环境创新试点城市。经济开放水平进一步提高，对"一带一路"沿线国家的进出口货物总量增长近50%，五年实际利用外资383亿美元。进一步加强加深粤港澳合作发展，深入推进"湾区通"工程建设，广深港高铁、莲塘口岸相继投入使用。深圳持续加大对外开放力度，2021年9月6日，《全面深化前海深港现代服务业合作区改革开放方案》正式发布，该方案将把前海合作区建设成粤港澳大湾区全面深化改革开放的实验平台，建设成对外开放的高水平门户枢纽。方案将大大扩展前海合作区的发展范围，由原来的14.92平方公里扩宽至120.56平方公里，扩展面积将近10倍。

（五）共享更进一步

2020年，仅深圳前海就累计在全国复制推广制度创新成果58项。在新一批向全国复制推广的47条"深圳经验"中，主要包括建立健全促进实体经济高质量发展的体制机制、构建以规则机制衔接为重点的制度型开放新格局、创新优质均衡的公共服务供给体制、创新推动城市治理体系和治理能力现代化等。如总结推出10条如何促进实体经济高质量发展的具体机制体制经验，其中包括推动产业链"全链条、矩阵式、集群化"发展、划定"区块线"保障工业的发展空间、"联合建楼"让企业降低经验成本，建设满足产业需求的高品质服务组织和产业配套设施等。深圳充分贯彻落实先行示范区综合改革试点实施方案，做好先行示范区的引导效应，坚持全方面、高站位、高水平的经济发展，主动对标最高、最好、最优、最强，确保重要领域和关键环节改革取得标志性成果，让改革开放的发展成果得以共享。

《2021年深圳市政府工作报告》显示："深圳的高质量发展走在全国前列。2020年，深圳全市地区生产总值达2.77万亿元，经济总量位于亚洲城市中的第五位，五年年均增长7.1%；进出口总额超过3万亿元，出口总额实现内地城市的'二十八连冠'。同时，发展质量效益优秀，居民人均可支配收入达到6.49万元，五年年均增长 7.8%；单位 GDP 能耗、单位 GDP 二氧化碳排放分别为全国平均水平的 1/3 和 1/5。产业发展更有竞争力，第一、二、三产业的比例为 0.1：37.8：62.1，战略性新兴产业增加值超过 1 万亿元，占地区生产总值比重达 37.1%，规模以上工业总产值跃居国内城市首位；现代服务业增加值达 1.3 万亿元，本外币存款余额突破 10 万亿元。市场主体活力不断激发，商事主体总量达 359 万户，五年增长 67.5%，创业密度居全国第一；境内外上市公司达 450 家，五年增加 129 家；世界 500 强企业从 4 家增加到 8 家；深圳国企资产总额、发展效益位居全国前列。"①

第三节　经济高质量发展的重点改革领域

近 10 年，深圳走在高质量发展的前列，经济发展效益优秀，新兴产业、创新经济、市场活力等方面均取得重大突破。背后离不开营商环境、科技创新、产业布局、大湾区协同发展等领域的重点改革。

一　效率之城：营商环境的重大改革

深圳发达的民营经济，以及充沛的市场活力，很大程度上得益于良好的营商环境。好的营商环境能体现一个城市的经济软实力，能有效提升城市的招商引资能力和国际竞争力。"时间就是金钱，效率就是生命"，深圳自改革开放以来一直注重打造高效便利的营商环境。2018 年，优化营商环境被列为深圳"一号改革工程"。随后的几年，深圳不断深化对营商环境的改革，出台《深圳经济特区优化营商环境条例》，围绕企业全生命周期的各个特征，不断推出系统性、实效性的改革创新政策。2021 年，国务院发布《关于开展营商环境创新试点工作的意见》，明确在深圳等城市开展营商环境创新试点，赋予深圳在优化营商环境上更多改革自主权。

---

① 《2021 年深圳市政府工作报告》，深圳市人民政府门户网站，http://www.sz.gov.cn/zfgb/2021/gb1121/content/post_ 8852606.html，2021 年 6 月 7 日。

创新是深圳经济得以高质量发展的根基，而对知识产权的保护，则是促进创新的关键一招。在知识产权保护上，深圳构建知识产权创造、运用、保护、管理、服务全生态链，营造鼓励创新、保护创新的制度环境。通过知识产权"一站式"协同保护平台，提供多种渠道化解知识产权纠纷，尽可能在诉前化解知识产权矛盾，为企业创造更加便利、高效的解决途径。2021年4月，中国（深圳）知识产权仲裁中心举行揭牌仪式，中心将立足中国高新科技企业和科研机构最为密集、知识产权服务需求最为旺盛的前沿阵地，促进粤港澳大湾区在知识产权领域的深度融合，加大对知识产权的保护力度，以及在知识产权法律法规保护上与国际接轨，打造知识产权保护标杆的"深圳名片"。

在提升企业办事效率上，深圳通过整合各部门资源，优化业务流程，简化办事程序，初步实现审批步骤做"减法"、审批效率做"加法"，打破旧有的部门壁垒，构建灵活多元的横向联动机制，形成一体化、便利化的审批办事流程。有关企业注册方面，将所有涉及企业注册的有关事项整合到一个平台上，基本实现"一网申请，应办尽办，一日办结"。例如，企业在网络平台注册页面可一同填报相关银行开户信息环节，一旦注册成功，网络平台将自动把相关信息共享给对应的银行办理预开户服务，企业不但能更为便捷地办理社保、税务、公积金等相关事务，而且大大减少提交材料的次数。

营商环境的建设，旨在降低企业发展中受到的与政府管制相关的约束或成本，是推动一个城市经济转型升级的关键所在。良好的营商环境，能有效加强市场主体活力，减轻企业负担，增强投资创业热度，为经济高质量发展打下坚实基础。

二　创新之城：科创研发的全面升级

创新是引领经济发展的第一力量，对现代化经济体系有着战略支撑的作用。以美国经济学家罗默和卢卡斯为代表的新经济增长理论认为，现代以及未来经济持续健康增长的动力和源泉是以技术创新为核心的人力资源。科技创新，是引领经济迈向高质量发展的核心动力，在实施创新驱动发展战略的道路上，深圳一直处于领跑地位。从改革开放之初的"三来一补""前店后厂"的模式充当全球加工制造产业分工中心，到近 10 年逐步建设创新研发中心，追求高新科技的创新升级，深圳始终以开放的姿态，寻求适合自身、高质高效的发展路径。

新兴产业，离不开基础科研的源头支撑。近年来，深圳瞄准源头创新，大力发展基础研究和应用基础研究，以合作办学等方式建立起一批批高起点、高水平的高等院校，并建设综合性国家科学中心、鹏城实验室等一流实验室，力求通过产学研结合的方式，突破一批重大科学难题和前沿科技瓶颈，稳步提升基础研究能力。与此同时，深圳将抢抓粤港澳大湾区建设的重大机遇，借助港澳创新优势，进一步密切深港澳合作互助，积极参与建设广深港澳科技创新走廊，扎实推进河套深港科技创新合作区等创新中心，逐步构建起粤港澳大湾区创新发展集群，全面提升创新的原始能力，全面提升创新的国际化水平，全面提升创新发展的能级结构，建设具有世界影响力的创新创意之都。

技术创新，离不开高精尖的人才资源。"深爱人才，圳等你来"，为了更好地留住人才、吸引人才，深圳不断完善"人才特区"政策：大力建设人才房，保障人才的住房需求，出台相关租赁优惠政策；每年投入不少于 10 亿元用于引进和培育高层次人才及团队，建成多家诺贝尔奖科学家实验室。在 2021 年 3 月 25 日举行的深圳内尔神经可塑性实验室揭牌仪式上，诺贝尔生理学或医学奖获得者厄温·内尔教授表示："深圳是一座充满活力的城市，在科技创新方面受到全球瞩目，很高兴能在此成立实验室。"[①] 如今的深圳，正加快成为全球优秀科学家和创新人才的向往之地。

三 前沿之城：产业结构的战略布局

根据产业经济学相关理论，产业布局是一个国家或地区经济发

---

① 深圳特区报：《迈向创新之都诺奖大师来助力——诺贝尔奖获得者与深圳的科研情缘》，http://www.sznews.com/news/content/2019 - 05/09/content _ 21751430.htm，2019 年 5 月 9 日。

展规划的基础，也是其经济发展战略的重要组成部分，更是其实现国民经济持续稳定发展的前提条件。从"深圳速度"转向"深圳质量"，深圳积极调整产业布局，大力发展新兴产业。推动产业结构的优化升级，建立现代化经济产业体系，不仅是经济高质量发展的必然要求，也是深圳打造产业竞争新优势、构建城市发展新格局的重要措施。在过去的 10 年中，深圳市委、市政府高瞻远瞩，前瞻布局一批未来产业，加大力度发展战略性新兴产业，加快提升现代产业发展能级，鼓励制造业转型升级，构建具有国际影响力和竞争力的现代化产业体系，用生动实践打造出高质量发展的深圳样板。

一方面，深圳加快对传统行业的转型升级。瞄准高新高端，深圳逐步将钟表、眼镜、服装、珠宝等传统优势产业，转型升级迈向产业链、价值链、供应链的高端位置，进一步打造"深圳品质"。钟表产业的发展就是深圳传统优势产业转型升级的一个真实写照。早在改革开放之初，深圳就大力发展起了钟表产业，如今拥有完整的手表产业链和一批实力雄厚的钟表企业，国内钟表 10 强企业中深圳占有 7 个，逐步形成市场占有率高、品牌优势明显、龙头企业集聚、研发创新能力强的产业发展特色。近年来，深圳加快对钟表产业转型升级，大力发展关键核心技术，形成自身不可替代的优势，实现由制造向创造、由产品向品牌的转变。如今，深圳已成为国际市场主要的手表生产和配套中心，2021 年，深圳手表产量占全球产量的 42%。一些深圳的自主品牌已逐步布局欧洲、中东、非洲等国际市场，不断提升品牌的国际竞争力与影响力。

另一方面，深圳持续加大力度发展战略新性产业。战略性新兴产业是现代产业体系发展最重要的动力引擎和动力源泉，深圳率先在全国布局发展战略新兴产业，不断优化升级相关产业结构，使得经济发展质量和发展活力位列国内城市前列。通过政府引导和"产业链 + 创新链"的融合发展，新型显示面板、人工智能、智能智造设备等新型产业集群发展势头强劲，成功入选国家战略性新兴产业集群发展工程。与此同时，深圳配套出台《深圳国家级新型显示产业集群建设实施方案》《深圳国家级人工智能产业集群建设实施方案》《深圳国家级智能制造装备产业集群建设实施方案》，一体化推进"产业园区＋创新孵化器＋产业基金＋产业联盟"发展模式，逐步构建"链式整合、园区支撑、集群带动、协同发展"的新格局。具体到相关产业领域，深圳企业比亚迪成为国内新能源汽车行业的龙头企业，2022年第一季度，比亚迪新能源汽车销量大涨，达28.4万辆，同比大涨433％，成为国内车企中第一个月销10万辆以上新能源汽车的企业，这一优异的成绩离不开深圳对新能源汽车行业的大力支持。

2022年，提及新兴产业的发展，深圳市战略性新兴产业发展促进会的相关负责人表示："尽管受新冠肺炎疫情和国际形势的双重影响，不少战略新型产业企业的表现仍然是好于预期的，甚至保持高速增长。"[①] 近年来，深圳持续扩充战略性新兴产业规模，2021年全市新兴产业的增加值超过1.2万亿元，占该年的GDP比重达到39.6％。其中，新能源、软件与信息服务、智能网联汽车等产业增加值继续保持两位数增长。深圳在构建支撑高质量发展的现代化产业体系的先行示范中，交出了一份精彩的答卷。

四　开放之城：大湾区的协同发展

先行示范区、粤港澳大湾区"双区"驱动下，深圳拥有独一无二的形成高水平对外开放新格局的重大机遇。粤港澳大湾区的建设，是习近平总书记亲自谋划、亲自部署、亲自推动的国家重大发展战略。2019年10月14日，在深圳经济特区建立40周年庆祝大会上，习近平总书记表示："粤港澳大湾区建设是国家重大发展战略，深圳是大湾区建设的重要引擎。"[②] 区域经济学中的增长极理论认为，一般情况下经济增长首先出现于一个或数个极核上，并由一个或多个增长极核逐渐向其他部门或地区传导。深圳作为粤港澳大湾区的重要增长极核，在促进大湾区协调发展上发挥着重要作用。

近年来，深圳不断加大对外开放力度，在推动粤港澳大湾区协

---

① 深圳特区报：《深圳战新产业增长抢眼》，https：//baijiahao. baidu. com/s？id =1729241735985219566&wfr = spider&for = pc，2022年3月5日。

② 习近平：《在深圳经济特区建立40周年庆祝大会上的讲话》，《人民日报》2020年10月15日第2版。

同发展上，依照习近平总书记重要讲话精神和中央的战略部署，将改革重心主要突出在以下五个方面。一是推动粤港澳三地经济运行规则和机制的衔接；二是深入推进前海深港现代服务业合作区的改革与开放，扎实建设好河套深港科技创新合作区；三是高水平建设大湾区综合性国家科学中心；四是鼓励吸引海外侨胞尤其是港澳同胞参与大湾区建设，充分发挥投资创业的双向开放作用；五是充分发挥粤港澳大湾区重大合作平台的吸引力，引导更多港澳青年前往内地工作、学习，加强港澳青年的文化认同。

以完善深港两地经济运行规则衔接机制为例，2020 年，深圳市出台《深圳市前海深港现代服务业合作区香港工程建设领域专业机构执业备案管理办法》《深圳市前海深港现代服务业合作区香港工程建设领域专业人士执业备案管理办法》。这两份文件成为国内首批专门面向香港工程建设领域资质资格内地认定的规范性文件，促进了深港两地工程建设领域之间的合作。在此之后，深圳陆续出台相关政策文件，税务、医疗等领域的免试跨境执业纷纷落地，进一步破除了深港两地人才流动的壁垒。作为贯彻落实习近平总书记重要讲话精神、积极推动深港合作、深化对外开放的一项新举措，不仅深化了大湾区之间协同发展，也为深圳的经济建设注入了新的活力与动力。

第四节　推进深圳现代经济体系的高质量发展

放眼全球，世界正处在百年未有之大变局中，新冠肺炎疫情仍在肆虐，国际发展形势的波动性在不断增加，然而和平与发展仍是当今时代的主题。纵观全国，进入中国特色社会主义新时代明晰了我国发展的前进方向方位，落实高质量发展理念确立了我国经济建设的根本原则。2021 年，《深圳市第七次党代会报告》指出，深圳在前进道路上还面临不少困难挑战：在综合实力、产业竞争力、创新要素集聚力等方面与国际先进城市还存在较大差距，在争当全球标杆城市的赛道上，不进则退，慢进也是退；经济高质量发展面临较大压力，基础研究、原始创新和关键核心技术"卡脖子"问题仍比较突出。①

《2021 年深圳市政府工作报告》明确提出："未来五年，深圳要全力实现建成现代化国际化创新型城市、基本实现社会主义现代化这一目标。瞄准高质量发展高地的战略定位持续奋斗，到 2025 年，经济实力、发展质量跻身全球城市前列，现代产业体系核心竞争力大幅提升，在构建高质量发展的体制机制上走在全国前列，经济总量超过 4 万亿元，战略性新兴产业增加值超过 1.5 万亿元，创新能级显著提升。生态环境质量达到国际先进水平，形成低消耗、少排放、能循环、可持续的绿色低碳发展方式，以先行示范标准推动碳达峰迈出坚实步伐。"②

在未来的经济发展上，深圳将致力于高质量发展高地的建设。在率先构建符合高质量发展要求的现代经济体系上，深圳将持续坚定实施创新驱动发展战略、构建现代产业体系、形成全面深化改革开放新格局、助推粤港澳大湾区建设，从而在不同阶段实现经济发展上的突破，最终成为具有全球影响力的高质量发展高地。

一　实施创新驱动发展战略

深圳在综合实力、创新要素和人才教育等方面与国际顶尖城市相比还存在较大差距，尤其是在高科技领域方面，关键核心技术和设备上高度依赖发达国家，如光刻机、操作系统软件等，"卡脖子"问题突出且严峻，产业链、供应链、创新链等重要环节存在一定的安全问题。与之相比，在高新技术产业发展方面，东京位列全球城市前列，被誉为"世界上最具创新性的城市之一""全球机器人和3D 制造的创新城市"。作为全球创新高地，东京吸引了大量的高素质科研人才，全日本将近 1/3 的高校、研究所和高新科技企业聚集在东京，集群效应使东京得以在高新技术产业方面快速发展。通过

① 《深圳市第七次党代会报告全文发布》，深圳市人民政府门户网站，http://www.sz.gov.cn/cn/xxgk/zfxxgj/zwdt/content/post_ 8741542. html，2021 年 5 月 6 日。
② 《2021 年深圳市政府工作报告》，深圳市人民政府门户网站，http://www.sz.gov.cn/zfgb/2021/gb1121/content/post_ 8852606. html，2021 年 6 月 7 日。

引导和加大技术研发的投入，做好产学研的深度融合，东京能够有效地推动科技创新，发展出具有前沿性、核心性和引领性的高新技术产业。在高新技术产业方面，东京在外科微创治疗、质子重离子治疗等高端医疗技术上领跑全球，癌症治疗效率世界第一。

与东京相比，深圳在高新科技产业的发展上仍有一定差距。仅就高等院校而言，东京拥有185所大学，而深圳仅仅只有十余所高校，这对于发展高新科技产业，建设世界一流科技创新中心是远远不够的。在发展高新技术产业，打造全球标杆城市上，汇聚高校、科研所、创新人才等基础研发力量是发展前提。同时，深圳应聚焦高精尖科技，加大基础科学研究力度，建设布局一批基础研究设施，深化粤港澳产学研合作，一同打造科研创新要素分享平台，推动湾区内高端人才、设施、信息、技术等创新要素自由流动、自由发展。力争在科学前沿领域取得一批重大原创性科研成果，在高新技术领域走在世界前列。

创新是驱动经济高质量发展的重要途径和根本动力，创新驱动下的高质量发展，必然能发挥出整体效应、综合效应，必然能加速转变方式、调整结构、增加效益的步伐。作为粤港澳大湾区的核心城市，在这一具有全球竞争力的特色创新集群中深圳应当在开放创新上发挥先导作用。如何发挥先导作用，对于深圳的挑战是如何在保持和进一步发展自身创新能力的同时，将他人的创新优势汲取并转化到自身的发展当中。做好创新，一是要继续强化建立产学研深度融合的技术创新体系。在粤港澳国际大湾区科技创新中心的建设中，发挥深圳主阵地的中心作用，推进河套深港科技创新合作区、大运深港国际科教城、西丽湖国际科教城、光明科学城等科教中心建设，抢占科研转化制高点。协调产学研融合的各个关键阶段，在教育链、人才链、创新链等方面协同并进，在可持续的产学研创新发展中，教育是基础、人才是支撑、创新是引领。二是加强基础研究应用，提升源头性创新水平。在过去我国追赶发达国家高新技术的手段主要是通过引进技术，再消化吸收的模式，这种路径从一定程度上促进了经济的迅速发展，但是近年来这种发展模式已经不适应深圳的进一步创新发展，来自西方发达国家的技术制裁导致了严重的经济后果，如华为自主设计研发的麒麟芯片无法生产，手机市场业务损失惨重。因此，必须重视发展基础研究，提升从"0"到"1"的源头性创新能力，构建基础研究体系，明确高校、研究所、企业等各机构的研究分工与合作，大力培养基础研究人才，持续完成基础研究环境与设施。三是加强制度创新。经济高质量发展需要技术创新，而技术创新离不开制度创新。深圳需要进一步统筹完善鼓励创新发展的制度建设，建立健全良好的营商、创新环境，消除改进阻碍科技创新的机制因素，激发和鼓励企业、机构的创新科研热情。在对外引进人才方面，实施更为便利和开放的对外人才引进制度，允许高素质的国际人才担任科研机构法人代表、创办高科技企业。

二　建立现代经济产业体系

在国内大循环、国内国际双循环相互促进的发展新背景中，深圳处于内外循环交汇的重要位置。在此环境背景下深圳必须厚植发展现代化产业体系，争当推进产业高质量发展的先行示范者。巩固壮大实体经济根基，着眼未来发展具有战略价值的新兴产业，大力提升现代服务业水平，促进高端制造业和现代服务业融合发展，提高经济发展的质量和竞争力，铸就产业链竞争新优势。

大力发展战略性新兴产业。一是构建产业发展新支柱。壮大一批新兴产业，如信息技术、生物医药、数字经济等，增强要素保障能力，打造产业增长的新核心、新引擎。二是建设世界级新一代信息技术产业发展高地。以智能化发展为主要研究方向，逐步推进高效安全的新一代信息网络，建设世界级电子信息产业集群承载区。三是提升高端装备制造和新材料等基础产业的竞争力。进一步攻坚智能成套装备、工业机器人、新型激光器等精密制造装备关键技术和产品研发，打通上下游产业链、供应链，紧密协同、高效发展。

建设全球金融创新中心。纽约是当前的国际金融中心。2019年，纽约在金融、保险、租赁和房地产四个服务业的 GDP 占纽约总GDP 的 30%，拥有位列世界 500 强的花旗银行、高盛、摩根士丹利等金融和服务业巨头。在高端资源配置方面，金融服务业是最有效的手段之一，从 20 世纪中后期开始，城市的功能逐步从要素聚集转向资源配置，主要表现为第三产业迅速发展，成为推动城市经济增长的主导产业。国际金融中心的诞生不是一蹴而就的，一座城市在成为金融中心之前，其演变发展的一般规律往往是：区域制造中心—国际贸易与航运中心—国际金融中心。早在 19 世纪末，优越的地理位置和繁茂的出口贸易促使纽约经济迅速腾飞，成为美国制造业的中心，同时奠定其国际贸易中心的位置，随后对金融服务行业发展的重视，使纽约在第二次世界大战结束后成为全球最大的金融中心之一。2021 年，第 30 期《全球金融中心指数》报告发布，纽约位居榜首，深圳仅排第 16 名。放眼世界，顶级城市都具有规模庞大和完备的金融业，纽约和东京等城市的金融业增加值都超过万亿美元，金融服务业占城市 GDP 的比重均超过 10%。

纽约金融产业的成功，离不开其对金融制度的创新。安全基金制度、自由银行制度等金融制度的创立，促进越来越多的金融资本在纽约流动。作为高端资源配置的主导力量，强大的金融服务业是顶级城市不可或缺的产业，深圳具有成为全球金融中心的潜在条件，拥有优越的港口地理位置，是区域制造的中心、国际贸易与航运的重要枢纽，因此，深圳有必要进一步加快金融业的发展，通过金融服务提升自身全球资源配置能力。一方面，要将深圳培育成全球创新资本中心。将深交所建设成优质创新资本中心和世界一流的交易所，进一步深化改革创业板注册制，试点创新企业境内发行股票或存托凭证，打造科技创新企业直接融资平台。另一方面，建设全球金融科技中心。加快建设金融基础设施，完善金融科技产业培育机制，发展具有全球影响力和核心竞争力的金融科技龙头企业，形成从基础架构到场景开发的金融科技完备产业群。大力开展数字货币应用研究，推动人民币数字化发展，促进数字人民币对外使用和国际合作。与此同时，扩大金融业对外开放力度，试点外汇管理改革，稳步推进不可兑换项目的开放。

表4－1　　　　　　　　　　战略性新兴产业重点领域

> 新一代信息技术：重点发展集成电路、5G、人工智能、新型显示四大产业细分领域，深化物联网发展应用，前瞻布局柔性电子、量子信息等前沿高端领域。

> 生物医药：加快发展新型抗体等生物药和干细胞等生物治疗产品，发展医学影像设备、体外诊断设备等高端医疗器械设备，前瞻布局精准医学成像等前沿领域。

> 数字经济：重点开展高端工业软件、重点领域应用软件等核心技术攻关。重点围绕工业互联网、大数据和云计算等领域，构建基于海量数据采集、汇聚、分析的服务体系。

> 高端装备制造：重点发展工业母机、工业机器人等智能装备领域，攻关先进感知与测量等技术，加快发展智能网联汽车，建设3D打印制造业创新中心。

> 新材料：重点开展高端电子化学品、第三代半导体材料等关键设计与制备攻关，强化高性能储能、先进节能环保等材料技术创新能力，前瞻布局石墨烯、微纳米材料等领域。

> 海洋经济：重点发展海洋电子信息、海洋生物医药、海水淡化及综合利用、海洋新能源新材料、涉海高端服务等产业。

> 绿色低碳：积极发展新能源汽车产业，大力发展先进核电、可再生能源、氢能与燃料电池等领域，支持先进适用环保技术装备研发和产业化。

资料来源：深圳市人民政府：《深圳市国民经济和社会发展第十四个五年规划和二○三五年远景目标纲要》，http://www.sz.gov.cn/cn/xxgk/zfxxgj/ghjh/content/post_8854038.html，2022年7月20日。

三　构建与国际接轨的开放经济体制

面临综合改革试点的重大机遇，深圳应把改革开放这面旗帜举得更高更稳，加快形成全面深化改革开放新格局。坚持改革不停顿、开放不止步，着力深化重要领域和关键环节改革，建立起与国际结构相适应的经济制度体系。

一方面，坚定不移地贯彻开放高水平的社会主义市场经济体制，推动创造型、引领型的改革发展。深化重要领域和关键环节改革，着眼于解决高质量发展中遇到的实际问题。建设高水平对外开放经济体制，在内外贸、投融资和出入境等方面，实施更为便利的管理制度。完善要素市场化配置机制，在国土空间管理和人才流动等项目上实行更加灵活的措施。持续推动创新机制、财政体制、国资国企等重点领域的改革，形成和推广更多可复制的"深圳经验"。

另一方面，在营造优良营商环境上，进一步完善产权制度，健全法律法规，有效地保护各种所有制经济组织和公民的财产权。健全以公平为原则的产权保护制度，全面依法平等保护各种所有制经济组织和公民财产权。在激发市场主体活力上，促进民营企业高质量发展，消除制约民营企业发展的制度性障碍；开展区域性国资国企综合改革试验，创新国有资产管理体制和国有企业经营机制。在联通国内国际双循环上，对内着力提高供给质量，提升"深圳服务"，树立"深圳品牌"。对外加快构建与国际接轨的开放型经济新体制，优化升级对外贸易，创新拓展国际市场模式。高标准高质量建设自由贸易试验区，进一步深化前海蛇口自贸片区的对外开放。以深圳综合改革试点为牵引战略实施"战役性"改革，形成全面改革开放新格局。

四　促进粤港澳大湾区经济协同发展

在世界各大湾区中，旧金山湾区是一体化协同发展的典范。旧金山湾区位于美国加利福尼亚州的北部，由旧金山市、半岛、北湾、东湾和南湾五大区域构成。其中，旧金山市是整个湾区的核心城市，以旅游业、金融业等现代服务业为主导；奥克兰市位于东湾滨水地带，以港口经济为主导；圣何塞市是南湾硅谷的核心，以高新科技和生物医药业为主导。作为老牌湾区，旧金山湾区的人口总量、经济规模和经济增长速度均位于美国前列。在世界范围内，旧金山湾区也已经发展成为最重要的高新技术研发中心，对全球的经济发展都有着广泛而深远的影响。在未来，深圳应强化深港澳一体联动作用，持续增强核心引擎功能，建设枢纽型城市，发挥区域辐射和引领作用，携手珠三角城市群，协调发展，将粤港澳大湾区发展成为国际性的一流湾区、世界级的城市群。

进一步提高深港市场一体化水平。打造"双城经济"、讲好"双城故事"。推进深港规则机制一体化衔接，积极探索对市场准入、产权保护等制度规章的衔接，促进人才、技术、资金等各生产要素更为自由高效地流通。推进基础设施一体化联通，推进民生领域一体化融通，探索在教育、医疗等领域扩大与港澳专业资格互认范围，持续实施便利港澳居民在深发展的务实举措。

加快打造重大合作发展平台。全面深化对深圳前海的改革，抓住前海深港现代服务业合作区扩区的重大机遇。坚持"依托香港、服务内地、面向世界"，将前海建设成城市国际化发展的新中心。研究推进前海与港澳服务贸易的自由化发展，推动两地的机制衔接。高标准、高水平建设河套深港科技创新合作区，加强深圳与香港园区的规划衔接和联动发展，促进人员、资金、技术和信息等要素更高效便捷地流动。

深度融入"一核一带一区"区域发展。大力建设深圳都市圈，推进深莞惠联动发展，创新都市圈发展体制机制。大力促进珠江口东西两岸融合互动，推进与珠江口西岸都市圈产业体系、基础设施、公共服务一体化布局，推进深珠合作示范区建设。在促进区域经济协调发展上，全力做实做好对口帮扶工作，探索深汕特别合作

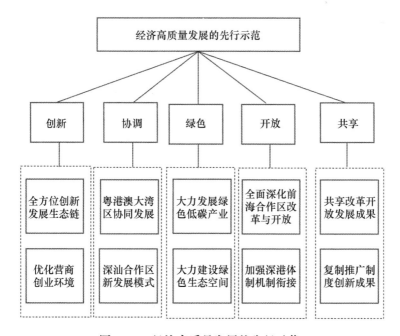

图 4 - 1　经济高质量发展的先行示范

区管理体制的创新与改革。支持北部生态发展区打造生态经济发展新标杆，广泛开展人文旅游交流。在深入推进粤港澳大湾区的建设中，继续发挥深圳的核心引领作用，以更高的水平服务全国全省发展大局。

第五章 法治领域改革：全面依法治市的先行示范

推进依法治国和建设社会主义法治国家，是我们党和国家的既定发展战略。党的十八大报告作出了全面推进依法治国的重大决策和战略部署。党的十八届四中全会通过的《中共中央关于全面推进依法治国若干重大问题的决定》展现了以习近平同志为核心的党中央全面推进依法治国的顶层设计和战略部署。城市，作为国家发展的重中之重，在全面依法治国战略中承担着举足轻重的作用。法治城市，指的是城市生活中的各个领域的法治化。在法治城市中，法治是引领政治、经济和社会发展的总纲，城市中各类公权力的行使依法受到限制，城市居民的合法权益受到严格的法律保障，城市各类经济活动、社会活动的运行有法可依，在科学立法、严格执法、公正司法、全民守法的法治环境下，城市实现可持续发展。

深圳作为改革开放 40 余年的标兵，在法治城市的建设方面也成绩斐然。其先行先试、开拓创新、充分利用双立法权，为特区朝着创新城市、改革城市、文明城市、智慧城市、国际化城市建设的道路保驾护航。2019 年 8 月，中共中央、国务院印发了《关于支持深圳建设中国特色社会主义先行示范区的意见》（以下简称《意见》）。《意见》充分肯定了深圳作为经济特区和改革开放的重要窗口所取得的成绩，明确了深圳作为"法治城市示范"的战略定位，并提出了具体的实践要求，即"全面提升法治建设水平，用法治规范政府和市场便捷，营造稳定公平透明、可预期的国际一流法治化营商环境"。2020 年 10 月，中共中央办公厅、国务院办公厅印发了《深圳建设中国特色社会主义先行示范区综合改革试点实施方案

（2020—2025 年）》，进一步明确了"法治"的功能，其明确"充分发挥市场在资源配置中的决定性作用，更好发挥政府作用，推进改革与法治双轮驱动"即深圳法治城市的示范效应，更集中于与改革共同产生的双轮驱动效益，以实现更大范围、更宽领域、更深层次的全面开放，以服务经济和城市可持续发展。

2021 年 8 月，中共中央、国务院印发了《法治政府建设实施纲要（2021—2025 年）》，擘画了国家法治政府建设未来五年的崭新蓝图，提出要"坚持改革创新，积极探索具有中国特色的法治政府建设模式和路径""为全面建设社会主义现代化国家、实现中华民族伟大复兴的中国梦提供有力法治保障"[①]。2021 年 5 月中央全面依法治国委员会印发的《关于支持深圳建设中国特色社会主义法治先行示范城市的意见》提出，总体目标是"经过五到十年不懈努力，率先基本建成法治城市、法治政府、法治社会，社会公平正义有效维护，法治成为社会共识和基本准则，基本实现城市治理体系和治理能力现代化，基本形成体现深圳特色、辐射全国、具有卓著影响力的国际一流法治环境，成为新时代中国特色社会主义法治城市典范。"[②]

这一系列政策文件的出台，一方面高度肯定了改革开放 40 余年来深圳在法治建设方面取得的成就，另一方面，也给深圳提出了"全球标杆城市"发展目标、"创建社会主义现代化强国的城市范例"等新任务和新要求。深圳法治城市建设的示范性作用，不仅仅局限在引领国内法治城市的建设进程，同时也是站在国际舞台上，为全球城市提供中国特色社会主义法治的成果。回顾深圳 40 余年的法治发展历程，总结深圳法治发展的成果，对标不同文明下的法治城市建设成果，对深圳持续推动法治城市建设方面的改革发展具有重要意义。

[①]　参见中共中央、国务院《法治政府建设实施纲要（2021—2025 年）》。

[②]　参见中央全面依法治国委员会《关于支持深圳建设中国特色社会主义法治先行示范城市的意见》。

第一节　法治领域改革的动力机制

一　理论驱动力：习近平法治思想

"法治兴则国兴，法治强则国强。"鉴于政治基本制度的区别、社会发展的初衷和目标的差异化，中国法治城市的发展是在法治中国建设的基本框架下发展起来的，走的是中国特色社会主义法治道路，与西方法治城市的建设与发展有着本质的区别。中国共产党成立 100 年以来，领导人民群众不断创新探索，中国特色社会主义制度和法律体系在坚持中完善、在发展中壮大，成为当代中国经济社会发展进步的重要保障。党的十八大以来，习近平法治思想在中国特色社会主义法治建设的进程中形成。2020 年 11 月中央全面依法治国工作会议上将其明确为全面依法治国的指导思想，这也是我国推进法治城市建设的指导思想。

习近平法治思想的核心可以总结为"十一个坚持"①。在"十一个坚持"中，"坚持党对全面依法治国的领导"明确了必须遵循的政治准绳；"坚持中国特色社会主义法治道路"明确了统筹发展的职责使命；"坚持依宪治国、依宪执政"明确了法治建设的前进方向；"坚持全面推进科学立法、严格执法、公正司法、全民守法"等明确了重点领域和关键环节；"坚持依法治国、依法执政、依法行政共同推进，法治国家、法治政府、法治社会一体建设"等明确了必须正确把握的重大理论问题和科学方法论；"坚持建设德才兼备的高素质法治工作队伍"等明确了人才队伍在推动全面依法治国中的重要性。习近平法治思想的应运而生，为深圳法治发展提供了强有力的思想武器，其实践要求也成为深圳法治领域改革的理论驱动和行动指南。

法治城市建设是全面依法治国框架下的重要组成部分，法治作为城市发展的总纲，决定着城市的整体发展方向，无论是创新城

---

① 习近平：《坚定不移走中国特色社会主义法治道路　为全面建设社会主义现代化国家提供有力法治保障》，《求是》2021 年第 5 期。

市、改革城市、文明城市、智慧城市还是国际化城市，都需要方向明确和正确的制度体系引领。而这个方向的把握，就需要坚定践行习近平法治思想，准确把握城市正确发展方向的核心和关键，这也是城市法治建设进程中探索地方特色和创新的基础。深圳是中国 7个常住人口超过 1000 万人的超大城市之一，① 承载了巨大人口数量和经济发展重任。由于资源禀赋的局限性、环境容量的有限性、人口结构的多样性、空间结构的复杂性等一系列问题，深圳的建设、发展和治理的难度都十分艰巨。改革开放 40 余年来，深圳作为法治城市建设的典型，从无到有的每一步历程，都是在党的全面引领之下实现的。因此，法治城市建设有效推进，既要用马克思主义法学理论中国化的最新成果来确立法治行动方案、有效指导法治实践，又要以生动丰富的法治实践来推动法治理论不断完善发展。

二　顶层驱动力：推进治理体系和治理能力现代化

国家治理体系和治理能力现代化的推进，是法治领域改革的重要推动力。习近平总书记指出，我国社会主义法治凝聚着我们党治国理政的理论成果和实践经验，是制度之治最基本最稳定最可靠的保障。② 党的十九届四中全会作出"坚持和完善中国特色社会主义制度、推进国家治理体系和治理能力现代化"的重大决定，提出了"坚持和完善中国特色社会主义制度、推进国家治理体系和治理能力现代化"③ 的总体目标。坚持全面依法治国是推进国家治理体系和治理能力现代化的必然选择，而推进法治城市建设是实现国家治理体系和治理能力现代化的重要内容，应将其基本要求贯穿于立法、执法、司法和守法的全过程和各方面，推动法治城市、法治政

---

①　国家统计局：《经济社会发展统计图表：第七次全国人口普查超大、特大城市人口基本情况》，2021 年 9 月 16 日，http：//www.qstheory.cn/dukan/qs/2021 - 09/16/c_1127863567.htm，2022 年 7 月 15 日。数据显示，超大城市包括上海、北京、深圳、重庆、广州、成都和天津。

②　习近平：《推进全面依法治国　发挥法治在国家治理体系和治理能力现代化中的积极作用》，《求是》2020 年第 22 期。

③　《中共中央关于坚持和完善中国特色社会主义制度、推进国家治理体系和治理能力现代化若干重大问题的决定》，人民出版社 2019 年版。

府和法治社会融合发展。具体而言，包括：建设完备的法律规范体系、规范的执法体制、公正的司法制度、高效的实施体系和健全的守法激励约束机制等。

从历史逻辑上看，法治是实现"两大奇迹"的"制度密码"。新中国成立70余年来，特别是党的十八大以来，我们党领导人民创造了"举世瞩目的经济快速发展和社会长期稳定"①两大奇迹，彰显了中国特色社会主义无可比拟的制度优势，其中，坚持全面依法治国，就是中国特色社会主义国家制度和国家治理体系的显著优势。在全面建设社会主义现代化国家新征程上，改革的目标必须以推进法治的方式实现，法治的目标必须通过深化改革的路径达到。需要妥善处理改革和法治的关系，充分发挥法治的引领、规范、保障作用，及时把推动改革、促进发展、维护稳定的成果以法治手段固化下来，推动各方面制度更加成熟、更加定型，双轮驱动、互动共进，为夯实"中国之治"提供稳定的制度保障。

从现实需要来看，法治是我们应对重大风险挑战的有效方式。一套成熟有效的制度，不仅能在抵御风险之时"图之于未萌，虑之于未有"，还能在化解风险中对症下药、综合施策。当前，世界正经历百年未有之大变局，新冠肺炎疫情、俄乌冲突等因素使大变局加速变化，我国的内部条件和外部环境也正在发生深刻复杂变化，需要做好迎接逆风逆水和风险挑战的制度准备。进入新发展阶段、贯彻新发展理念、构建新发展格局，需要解决的问题越多样、越复杂，法治将承载的使命就越多。如何立足新发展阶段的新形势、新挑战，强化法治思维、运用法治方式，努力为构建新发展格局营造公平竞争、创新开放的法治化发展环境，是需要进一步深入探讨的问题。

三　外部驱动力：国际形象塑造

全面依法治国是建设中国特色"国际法治"话语体系的基础工程。国际形象是国际社会对一个国家政治、经济、社会、文化与自

---

① 《中共中央关于坚持和完善中国特色社会主义制度、推进国家治理体系和治理能力现代化若干重大问题的决定》，人民出版社2019年版。

然要素的综合认识与评价，是主权国家重要的无形资产。① 国际形象的塑造是一个国家影响力的重要来源，不仅决定着一个国家在国际舞台上的地位和作用，而且对于其国际战略目标的实现也起着越来越重要的作用。国际形象的塑造依赖于国际话语体系的构建，而政治学中的话语是与权力直接相关的社会关系。简单而言，话语就是权力，它意味着影响力和控制力。当前，话语逻辑的西方化问题，为中国国际关系理论的构建形成了强大阻力。一方面，中国正在努力构建自己的外交话语体系，积极提升中国的国际形象，传递中国好声音；但另一方面，在西方话语霸权的逻辑影响下，中国外交在很大程度上失去了其自主特性。其根本原因就是中国在将自己的文化传统融入国际社会时无法摆脱西化的语境，在形式上往往采用鲁迅所说的"拿来主义"对这些思想进行包装，导致包装上的标签已经让人无法辨识国产的特色。

全面依法治国是塑造文明大国形象的必要要求。国际形象的塑造取决于内部法治体系的完善，即一国是否拥有较为先进成熟的政治制度和高水平的法治文明建设成果。就中国而言，全面依法治国的推进不仅是建设中国特色话语体系的重要内容，更是塑造中国国际形象的必由之路，是全球性大国形象的重要标志。法治的核心在于树立法律在国家政治中的权威，一个尊法、学法、守法、用法的国家才会赢得国际社会的尊重。正因为法治精神是全人类的文明成果，是公平、正义、平等、自由、秩序、安全、权利等价值理念的综合体现，并非中国所独有，所以，中国不能关起门来搞法治，全面依法治国要吸收世界一切国家的文明成果。只有胸怀世界，才能站得高，看得远。

全面依法治国须在立足中国实践的基础上借鉴发展。习近平总书记明确指出："全面推进依法治国必须走对路。要从中国国情和实际出发，走适合自己的法治道路，决不能照搬别国模式和做法，决不能走西方宪政、三权鼎立、司法独立的路子。"② 中国法治城市

---

① 王金强：《全面依法治国助力中国国际形象塑造》，https：//theory. gmw. cn/2017－05/18/content_24520115. htm，2017 年 5 月 18 日。

② 习近平：《论坚持全面依法治国》，中央文献出版社 2020 年版，第 229 页。

的发展，不同于西方法治城市的发展，基于政治经济基本制度体系的差异化，首先要立足中国的实际国情、找到中国路径，这是运用法治解决中国问题的基础；其次要坚持社会主义要求。全面依法治国必须发扬社会主义优势，克服资本主义弊病、不走资本主义路子。[①] 其实质是走一条符合国情的路。但同时需要明确的是，坚持走中国特色的法治城市建设，不仅意味着统筹法治城市建设的共性和中国特色的个性，学习和借鉴世界上优秀法治文明的成果，也是其中重要一环。

四　内部源动力：以人民为中心的发展思想

习近平总书记指出，"全面依法治国最广泛、最深厚的基础是人民，必须坚持为了人民、依靠人民""推进全面依法治国，根本目的是依法保障人民权益"[②]。这些重要论述深刻揭示了社会主义法治理念的本质属性，即以人民为中心的发展思想。这既是贯穿习近平新时代中国特色社会主义思想的一条主线，也是习近平法治思想的根本立场。党的十八大以来，习近平总书记提出"人民对美好生活的向往，就是我们的奋斗目标"的执政理念，习近平法治思想阐述"坚持以人民为中心"，都是"以人民为中心"的发展思想在全面依法治国中的具体体现，反映了中国特色社会主义法治的本质要求。推进法治先行示范城市建设，必须站稳人民立场，着力解决好法治建设中群众反映较为集中、较为强烈的问题，用法治保障高质量发展、高水平治理、高品质生活，努力让人民群众在每一项法规制度、每一宗司法案件、每一项执法决定中都感受到公平正义。

坚持以人民为中心的发展思想，必须把实现好、维护好、发展好最广大人民的根本利益作为法治建设的根本目的，必须把人民的利益摆在至高无上的地位，把人民对美好生活的向往作为奋斗目标。随着我国经济社会持续发展和人民生活水平不断提高，人民群

[①]　周叶中、闫继刚：《论习近平法治思想的原创性贡献》，《中共中央党校（国家行政学院）学报》2021 年第 6 期。

[②]　习近平：《坚定不移走中国特色社会主义法治道路　为全面建设社会主义现代化国家提供有力法治保障》，《求是》2021 年第 5 期。

众对民主、法治、公平、正义、安全、环境等方面的要求日益增长，如何坚持问题导向、目标导向，树立辩证思维和全局观念，系统研究谋划和解决法治领域人民群众反映强烈的突出问题，不断增强人民群众获得感、幸福感、安全感，用法治保障人民安居乐业，是应当深入思考的问题。全面依法治国，就是要把体现人民利益、反映人民愿望、维护人民权益、增进人民福祉、促进人的全面发展落实到全面依法治国的各领域全过程，确保人民依法享有广泛权利和自由。

坚持以人民为中心的发展思想，必须深刻认识到人民是依法治国的主体和力量源泉。人民权益要靠法律保障，法律权威要靠人民维护。推进全面依法治国，必须始终把人民作为依法治国的主体和力量源泉，发展全过程人民民主，从各层次各领域扩大人民有序政治参与，坚持和发展新时代"枫桥经验"，探索完善自治、法治、德治"三治融合"机制，充分调动人民群众的积极性、主动性、创造性，使全面依法治国深深扎根于人民群众的创造性实践中。坚持把全民普法和守法作为全面依法治国的基础性工作，加强社会主义法治文化建设，深入开展法治宣传教育，使全体人民都成为社会主义法治的忠实崇尚者、自觉遵守者、坚定捍卫者，使尊法、信法、守法、用法、护法成为全体人民的共同追求和自觉行动。

第二节　法治领域改革的十年路线
（2012—2022 年）

建市至今的 40 多年间，深圳的法治城市建设历程一直伴随着市场经济的建立、发展、完善与改革创新一路前行，可以说深圳的经济发展、机制体制改革和科技创新倒逼着深圳的法治建设，同时深圳的法治建设也一路为市场经济的转型与发展、产业发展与科技创新、社会治理与改革的深入开展保驾护航。党的十八大以来，以拥有的双立法权为抓手，深圳始终坚持在法治建设领域开拓创新，为特区朝着创新城市、改革城市、文明城市、智慧城市、国际化城市建设的道路上保驾护航。总结党的十八大以来深圳的法治发展历程，特别是《关于支持深圳建设中国特色社会主义先行示范区的意见》（以下简称《意见》）出台之后在法治城市建设方面取得的成果，对推动深圳在更高起点上打造法治先行示范城市，具有重要的理论和实践意义。

一　从"提升立法质量"到"充分发挥立法对改革的引领、推动、规范和保障作用"

自1992年被授予特区立法权以来，深圳大胆借鉴国际惯例和国内先进经验，通过先行先试、灵活变通与创新立法，充分发挥"试验田"作用，制定了一系列法规和政府规章（截至2022年7月10日，累计制定法规259项、政府规章328项，其中党的十八大以来制定法规53项、政府规章75项。），形成了与国家法律体系相配套、与国际惯例相衔接、与深圳经济社会发展相适应的法规制度框架。党的十八大以来，深圳开展地方立法工作时，始终牢牢把握"符合中央政策"和"遵循宪法的规定以及法律和行政法规的基本原则"[①]等前提，重大改革需要立法授权的，认真做好请示汇报工作；另一方面，在行使设区市立法权时，准确把握地方立法权限。近年来，在坚持提升立法质量和效率的前提下，在探索处理立法与改革的关系方面先行先试，聚焦各项重大战略，充分发挥了立法对改革的引领、推动、规范和保障作用，更加注重从制度上、法律上解决改革发展中带有根本性、全局性和长期性的问题，先后结合深圳改革发展实际需要出台了《城市更新条例》《个人破产条例》《绿色金融条例》等特区法规，有利于把顶层设计同先行先试、探索创新有机结合起来，有力实现立法与改革决策相衔接。

二　从法治政府指标体系的率先推出到持续完善

2008年12月，深圳印发全国首份《深圳市法治政府建设指标

---

① 全国人民代表大会常务委员会：《关于授权深圳市人大及其常委会和深圳市人民政府分别制定法规和规章在深圳经济特区实施的决定》，https：//ishare. iask. sina. com. cn/f/avcFscBOyUY. html，1992年7月1日。

体系》（以下简称《指标体系》），让"法治政府"的概念首次实现具体化和制度化。十几年来，深圳深入贯彻党中央决策部署，持续根据实践情况完善《指标体系》，推动依法行政、建设法治政府方面的制度、体制和机制创新发展，使法治政府建设的"新深圳标准"更全面、更科学、更具国际视野。例如，建设全国首个法治政府信息平台、确定重大行政决策程序和决策过程记录制度、开展街道综合行政执法改革、出台《深圳市人民政府重大行政决策合法性审查办法》等，深入实施一系列政府行政行为的规范化，不断厘清政府的权力边界。近年来，在全国范围内的法治政府评比中，深圳屡获佳绩——在全国百城法治政府评估中连续三年名列前茅、六年五次获评中国法治政府奖、获得全国首批"全国法治政府建设示范市"称号等。另外，2017 年以来，深圳逐步实施公职律师制度和"1＋3＋3"市委法律顾问制度，结合已经设立 20 余年的政府法律顾问的运作体制，实现了行政机关从事法律事务公务员和政府法律顾问之间的工作互助和优势叠加，有利于提升行政决策的质量和效率。

三　从职业化改革"破冰"到打造司法体制改革"深圳样本"

2013 年 11 月，党的十八届三中全会对"建设法治中国"作出整体部署，随后中央层面即全面部署新一轮司法体制改革。2014 年 7 月，深圳法官职业化改革在全国率先启动，确立了从五级法官到一级高级法官共 9 个等级，法官按单独序列管理，法官等级与行政级别脱钩，在审判中更加注重本职要求。深圳检察官职业化改革在全国率先完成检察官、检察辅助人员、司法行政人员三类人员分类管理，打破行政体制内"论资排辈"的隐性规则，不断推动建立和完善员额管理、绩效考核、监督制约等制度机制。上述以去地方化、去行政化为核心的职业化改革，进一步压实司法责任，有效提升了司法人员专业化。在率先推进司法职业化改革的同时，深圳始终走在司法体制改革的最前列。从深圳法院在全国率先出台《落实司法责任制工作指引》，通过制度进一步保障司法责任制落实到位，到实施全口径、系统化案件繁简分流改革，推动全市基层法院精简机构幅度达 20%；再到深圳检察院率先启动"捕诉一体"办案模式改革，出台《关于充分发挥检察职能加强人格权司法保护的意见》等，始终坚持以一流的司法文明引领法治文明、助推城市文明。近几年来，深圳法院先后设立知识产权法庭、金融法庭、行政审判中心、破产法庭，在全国率先成立的环境资源法庭、实施个人破产制度、知识产权"三合一"审理机制，检察院先后成立未成年人犯罪、金融犯罪等办案团队，司法专业化成为近年来深圳的鲜明特质。

四　从"推动社会治理现代化"到"构建市域社会治理新格局"

在党的十八届三中全会期间，中央文件首次提出"社会治理"并强调："创新社会治理，必须着眼于维护最广大人民根本利益，最大限度增加和谐因素，增强社会发展活力，提高社会治理水平。"① 全会召开后，深圳通过制度构建、平台搭建等方式，不断拓宽公众参与社会治理和法治建设的深度和广度。例如，制定修改政府规章均按程序向社会公开征求意见，在市长签署法规议案或者发布规章的政府令后，通过政务网站统一反馈公众意见采纳情况；通过开展微信立法听证、完善政府立法联系群众机制、发放调查问卷等方式，将社会力量尽可能多的引入政府立法工作程序中等。自 2019 年党的十九届四中全会首次提出"加快推进市域社会治理现代化"以来，深圳制定《关于在营造共建共治共享社会治理格局上走在全国前列的工作方案》和《深圳市推进市域社会治理现代化三年（2020—2022 年）行动方案》等规范性文件，将整体方案细化为 16 个大项、45 个小项工作任务，以此明确推进市域社会治理现代化的具体工作要求，各项工作成效良好。特别是明确了以政治引领、自治夯基、法治保障、德治先导、智治支撑的"五治融合"为牵引，以法治思维和法治方式助推社会治理疑难杂症的解决、社会治理方式方法的改进和政府＋社会＋居民共治的良性互动，越来越多

---

① 《中共中央关于全面深化改革若干重大问题的决定》，人民出版社 2013 年版。

市域治理的"深圳样本"不断涌现。

五　从"依托香港、服务内地、面向世界"战略定位到建设"粤港澳大湾区核心引擎"

在深化改革开放进程中,深圳一直承担着特殊使命和特别期望。党的十八大以来,深圳持续发挥区位优势,特别是依托前海深港现代服务业合作区这一我国首个中国特色社会主义法治示范区,贯彻"依托香港、服务内地、面向世界"的发展理念,一些在涉外涉港澳台方面的交流合作机制在深圳陆续建立,工作亮点突出、富有成效。例如,在全国率先实行以法定机构为主导的法治化区域治理模式,出台了中国自贸区首份法治建设专项规划纲要,并先后推动全国首个国际仲裁海外庭审中心、首个粤港澳联营律师事务所、最高人民法院第一巡回法庭、第一国际商事法庭、粤港澳大湾区国际仲裁中心等落户;完善国际化多元纠纷化解平台与机制,成立前海"一带一路"国际商事诉调对接中心,与深圳市前海国际商事调解中心、中国国际贸易促进委员会深圳调解中心等39家调解组织建立合作关系,与香港和解中心、粤港澳调解联盟等9家域外调解机构建立沟通联络机制,提升调解国际化、专业化水平;探索开展外国法律查明机制,有序推进粤港澳大湾区的规则衔接、机制对接,公平可预期的良好法治环境和稳定透明的涉外涉港澳法治交流合作机制正在加速形成。

第三节　法治领域的改革典型

一　自贸区法治探索的"前海模式"

2012年12月,习近平总书记在党的十八大闭幕不久后首次离京视察就来到深圳,在前海发出了"改革开放再出发"的号召。2018年10月,习近平总书记时隔6年再次视察前海,"发展这么快,变成这个样子,说明前海的模式还是可行的"。"前海的制度创新做了很多的研究,也出了很多成果,有的已经推广到全国去了,要继续做好。"① 从决策、布局到指引，习近平总书记为前海开发开放注入了强大动力。正是在这样的实践过程中，逐渐形成了又好又快发展的前海模式。2022 年 3 月《前海法治发展报告 No. 4 (2021)》正式发布，报告指出，作为国家唯一批复的中国特色社会主义法治建设示范区，重视法治保障是前海有别于国内其他功能开发区和自贸区的突出特点，也是前海的核心竞争优势和主要驱动力。报告认为，前海在规则体系、政务公开、司法公开等方面在国内众多自贸区中处于领先地位，在法治建设方面大胆积极探索、先行先试，为深圳市、广东省法治建设发挥了模范和表率作用，为其他自贸区贡献了诸多值得借鉴的经验，为全国范围的法治改革提供了可参考的方案。

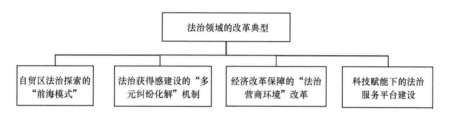

图 5 - 1　法治领域的改革典型

（一）前海模式：中央与地方联动模式的新探索

自贸区法治探索的"前海模式"是通过体制机制超常运作探索中央与地方联动的模式。例如，建立高规格、高水平的咨询服务体制机制。2012 年前海咨询委员会成立，中央同意时任全国人大常委会副委员长的华建敏同志兼任主任委员，前海咨询委员会成员都是政商各界的知名人士，其中内地与香港约各占 50% 的比例；在前海咨询委员之下，前海还组建了金融、法律、规划建设和青年事务等专业咨询委员会，形成了高端管用的咨询服务机制，最大限度集中各方智慧推动前海开发开放。

---

① 《深圳前海生机勃勃——写在前海蛇口自贸片区挂牌五周年》，光明网，https: // difang. gmw. cn/sz/2020 - 04/27/content_ 33790520. htm? s = mlt，2022 年 3 月 15 日。

（二）前海模式：以顶层设计为牵引的制度驱动发展模式

自贸区法治探索的"前海模式"是以顶层设计为牵引的制度驱动发展模式。自贸区或自贸片区需要大量制定符合自身特色的规范，确保自贸区方案落地，规范自贸区经贸发展，保障自贸区改革于法有据。目前，前海率先出台中国自贸区首份法治建设专项规划纲要，发布全国首个自贸区司法保障意见，出台全国自贸区首个法律服务业扶持政策，形成了以"三条例两办法"为基础性立法的格局，同时在规范性文件制定过程中充分征求公众意见，并对意见进行及时反馈，规范性文件实施过程中的修改或废止都及时有效。可以说，在规则体系建设方面，前海自贸片区在中国所有自贸片区中处于领先地位。

（三）前海模式：以深港合作为依托的全面对外开放模式

自贸区法治探索的"前海模式"是以深港合作为依托的全面对外开放模式。建立中国首个国际仲裁海外庭审中心、首个谈判促进中心、首个创客法律服务中心，在前海推广适用香港法或域外法审判经济纠纷案件，前海法院受理涉外、涉港澳台民商事案件数量达到全国第一，增强了外国与港澳台地区商事主体在前海投资创业的法治信心。实行最国际化的商事仲裁，先后成立了全国首家港澳台和外国法律查明基地，首家借鉴香港廉政监督模式的廉政监督局，首家粤港澳合伙型联营律师事务所，全国 11 家粤港澳联营律师事务所中有 7 家落户前海。首创适用香港法律审结经济纠纷案件，据不完全统计，已有 42 件经济纠纷案件当事人选择适用香港法律审理，其中适用香港法判决 14 件。2018 年，普华永道选用世界银行营商环境指标体系对前海营商环境进行评价，评估结果显示前海在全球190 个经济体中排名第 31 位，接近法国、西班牙等发达国家水平。

（四）前海模式：从零起步"画最美最好的图画"的新城建设模式

自贸区法治探索的"前海模式"是从零起步"画最美最好的图画"的新城建设模式。设立全国首个自贸区检察院、首个自贸区公证处，打造规则衔接与机制对接新高地，服务保障开放型经济发展，充分发挥集中管辖深圳市第一审涉外涉港澳台商事案件的独特优势，不断健全公正高效便捷的跨境商事纠纷解决机制，服务保障国家高水平对外开放新格局。同时，前海政务公开值得关注。首先前海管理局连续五年持续公开重大行政决策目录，并通过线上线下等多种方式邀请社会各界参与到重大行政决策的制定、实施与完善过程中。其次，针对来自社会各界的留言，前海能够做到每条留言必回复，每条留言必办理。前海在推动政务公开的同时，详细公开了购买服务的全过程，从招投标到项目验收再到项目抽查，都一一予以公开。

二　法治获得感建设的"多元纠纷解决机制"改革

党的十九届四中全会提出，要"完善社会矛盾纠纷多元预防调处化解综合机制，努力将矛盾化解在基层"[①]。2021 年 2 月，中央全面深化改革委员会第十八次会议审议通过了《关于加强诉源治理推动矛盾纠纷多元化解的意见》，强调"推动更多法治力量向引导和疏导端用力，加强矛盾纠纷源头预防、前端化解、关口把控，完善预防性法律制度，从源头上减少诉讼增量"[②]。源头防控、多元解纷社会治理理念的提出，回应了新时代我国社会主要矛盾变化的现实需求。近年来，深圳始终把多元化纠纷解决机制建设置于社会治理现代化的大局中谋划和推进，全面贯彻落实司法最终救济的原则，构建了一套有利于营造稳定公平透明、可预期的国际一流法治化营商环境，有利于推动深圳的高质量发展，实现深圳"双区"建设的既定目标任务的矛盾纠纷多元化解机制。

作为一座由外来人口融合而成的现代化城市，深圳的社会矛盾纠纷有自己的特点——既包含传统民间纠纷，又涌现一些新型民商事纠纷。通过制度机制创新，在化解矛盾纠纷过程中，形成了与上述矛盾纠纷特点、规律相适应的工作经验：一是矛盾纠纷分层分级化解机制已初步建成，劳动就业、收入分配、社会保障、医疗卫

[①] 《中共中央关于坚持和完善中国特色社会主义制度、推进国家治理体系和治理能力现代化若干重大问题的决定》，人民出版社 2019 年版。

[②] 新华社：《关于加强诉源治理推动矛盾纠纷多元化解的意见》，2021 年 2 月 19 日，http://www.gov.cn/xinwen/2021 - 02/19/content_5587802.htm。

生、道路交通等关乎民生的纠纷解决方式不断完善，商事调解组织不断涌现。二是充分发挥志愿者、社工、专业人士等参与矛盾纠纷化解的作用。三是发挥各类社会规范在协调社会关系、约束社会行为、维护社会秩序等方面的积极作用，推动社会成员遵守居民公约、行业规范、社会组织章程等社会规范，更大程度上实现自我约束与管理。四是一些大中型企业、工业园区管理委员会等单位建立了内部纠纷化解机制。五是一些大型展销会、博览会的举办方已经尝试设立常态化矛盾纠纷化解机制。这些已经形成并行之有效的矛盾纠纷化解经验，需要予以总结和提升。为提升、固化、推广这些宝贵经验，深圳通过制定《深圳经济特区矛盾纠纷多元化解条例》（以下简称《条例》），作出了相应的规定。

（一）赋予商事调解组织合法地位，促进商事调解事业发展

为解决长期以来商事调解组织难以成立的问题，《条例》明确规定了商事调解的适用范围和商事调解组织的设立程序等。一是明确商事调解适用范围；二是明确司法行政部门为商事调解组织的主管部门，负责调解组织设立条件审查，并对接相关法律规定，规定商事调解组织依法登记，通过这些制度设计，使商事调解组织可以依法获得"准生证"；三是明确了商事调解市场化收费制度、调解规则和调解员等信息公开制度，以及相关人员的保密义务。四是明确商事调解行业组织的职责，旨在培育行业自治，引导和促进商事调解健康发展。

（二）创设民商事纠纷中立评估机制

中立评估机制是指在案件进入诉讼但还未审理前，在特定规则的约束下，由中立第三方根据案件情况为双方当事人提供专业评估意见，是一种为当事人化解纠纷提供一定的评估、指引和帮助的纠纷解决机制，通常与调解、仲裁、诉讼等解纷方式并列使用，优势互补，产生合力，充分体现了纠纷排查与化解并重的现代纠纷解决理念。中立评估制度在国外应用较广，2016 年出台的《最高人民法院关于人民法院进一步深化多元化纠纷解决机制改革的意见》提出，探索民商事纠纷中立评估机制、调解中无争议事实记载机制，但《条例》出台前国内法律法规中尚无关于中立评估机制的规定。

《条例》借鉴国外的中立评估机制，基于深圳预防化解矛盾纠纷的实际需要，创设了具有深圳特色的中立评估机制——设立了将中立评估广泛运用于诉讼和非诉讼程序的机制，规定当事人可以委托中立第三方就矛盾纠纷事实认定、法律适用及处理结果预测进行中立评估，中立第三方评估机构的评估报告可以作为当事人和解、调解的参考等，这些规定对于预防和化解矛盾纠纷具有重大的积极意义。

（三）明确司法确认的适用范围

根据《最高人民法院关于人民法院进一步深化多元化纠纷解决机制改革的意见》的精神，立足深圳实际情况，《条例》对可以申请司法确认的调解协议范围进行了明确界定：一是经人民调解达成的调解协议；二是经法院特邀，调解名录中的调解组织或调解员调解达成的具有民事合同性质的调解协议。这就从立法上为各类非诉调解组织的良性发展提供了强有力的保障。

（四）创设民事案件诉讼相关费用杠杆机制

包括我国在内的各国实践表明，民事案件产生的相关诉讼费用是当事人进行程序选择时的重要考量因素。英美等国率先探索利用费用杠杆机制引导当事人参与诉前调解，此后澳大利亚、意大利、中国香港等越来越多的国家和地区运用上述费用杠杆机制引导当事人进行调解。前海合作区人民法院探索运用律师费杠杆机制的案例获评"2018年度广东省十大案例"和"全国法院百篇优秀裁判文书"，并得到最高人民法院的肯定。《条例》总结深圳司法实践经验，学习借鉴域外相关法律制度，明确规定：对方当事人无正当理由拒不参加调解或者在调解中恶意拖延等情形的，一方当事人与诉讼相关的合理费用可以提请由对方当事人承担。这一民事案件诉讼相关费用杠杆机制的建立，切合深圳实际需要，符合国际社会矛盾纠纷化解发展趋势，有利于激励、引导当事人进行诉前调解，引导当事人选择成本更低的调解方式化解纠纷。

三 经济改革保障的"法治营商环境"改革

率先加大营商环境改革力度是习近平总书记赋予深圳等特大城

市的光荣使命。一直以来，深圳把优化营商环境作为"一号改革工程"，形成了"领导小组＋专项小组＋工作专班"的多层次上下联动工作机制，成立由市委书记任组长、市长任常务副组长的市优化营商环境改革工作领导小组、设置分领域市领导挂帅的专项小组、组建市级优化营商环境改革工作专班。同时，成立由专业人士、中小企业家组成的营商环境咨询监督委员会，构建规范化的政企沟通机制，充分发挥"咨询＋监督"功能，进一步提升市场主体对营商环境改革的感受度、参与度。

在优化营商环境的过程中，深圳坚持"企业群众至上、助力产业发展"的理念，从 2018 年起，持续升级优化营商环境政策体系，先后出台"营商环境 20 条"、年度优化营商环境改革工作要点、建设国际一流营商环境改革创新试验区行动方案等系列制度文件，从 1.0"搭框架"到 2.0"夯基础"，再到 3.0"补短板"累计推出 500 多条改革举措，将营商环境改革向纵深推进。为推动营商环境政策再更新、再升级，2021 年再次升级推出营商环境改革政策 4.0 版本，聚焦 26 个领域提出 222 项改革任务，并在全国率先开展第二、第三产业用地混合利用、特殊工时管理制度改革等十大改革试点，打造公共资源交易信息化平台、"深 i 企"智慧化企业服务云平台等十个重点功能性平台，实施办税服务惠企便民、基层执法行为规范等十项市场主体获得感提升行动，推进数据、人工智能、细胞和基因产业等十大前瞻性立法项目，以点带面推动营商环境全面优化提升。

（一）创新司法保障举措

开展新领域新业态知识产权保护试点，探索人工智能、大数据、算法等新型数字化知识产权财产权益保护新模式，探索开源软件的司法保护规则。开展新商业模式知识产权保护试点，探索完善游戏直播、短视频传播、实景游戏等新型数娱游戏产业的保护规则。规范互联网平台不正当竞争行为，对数据爬取、大数据"杀熟"、过度收集用户信息等新型不正当竞争行为及时甄别和制止，建立公平竞争市场环境。①

---

① 解树森：《我市创新司法保障　助力营造国际一流营商环境》，《深圳特区报》2022 年 5 月 14 日。

（二）完善府院联动机制

推动个人破产制度试点中的府院联动成功做法，推广到企业破产领域，推动常态化召开部门联席会议，完善破产援助资金制度，建立办理破产"堵点""痛点"即时响应解决机制。联合发展改革、住建、规划、破产事务管理等部门出台制度，优化破产企业土地、房产、在建工程处置程序，优化破产财产查询、解封及处置机制。支持有关部门优化不动产登记业务办理流程，减少纷争诉累。建立健全政务诚信诉讼执行协调机制，定期梳理涉及政府部门、事业单位的失信被执行人信息，依法依规将数据推送至公共信用信息资源管理系统，并在深圳信用网开设政务诚信专栏予以公开，推动法治政府建设。①

（三）推动规则机制衔接

围绕粤港澳大湾区建设和全面深化前海合作区改革开放，提升法律事务对外开放水平，推动建立契合开放型经济发展的规则对接体系。建设"深圳市涉外商事一站式多元解纷中心"，探索第三方评估、微型审判等机制，组建跨境商事争议解决队伍，探索国际商事案件在线"联合调解""线上＋线下调解"等模式②。拓展港澳司法协助，简化涉港澳主体资格司法确认和授权委托见证，探索完善涉港案件诉讼文书跨境送达机制。拓宽域外法查明渠道，探索建立香港法律查明委员会和域外法查明专家库，完善港澳法律专家出庭提供法律查明协助制度。推动成立粤港澳大湾区司法研究平台，推进大湾区法律规则衔接和机制对接。

（四）提升司法服务水平

全面推行电子文件单套归档和电子档案单套管理，建立深圳法院数字档案馆。巩固司法专递面单电子化改革成果，开展电子送达集约管理改革，构建全流程在线送达机制。利用大数据、区块链等技术，优化律师身份和律师调查令等法律文书在线核验服务。建立破产事务一体化办理平台，上线破产资产投融资综合服务系统，实

---

① 深圳市中级人民法院《关于支持和保障营商环境创新试点的实施意见》
② 解树森：《我市创新司法保障　助力营造国际一流营商环境》，《深圳特区报》2022 年 5 月 14 日。

现与省市政务数据和信用信息平台对接，实现破产财产查控和事务办理"一网通办"、破产信息"一键查询"。推动完善政法跨部门大数据办案平台，实现案件信息的跨部门流转应用。

（五）提升案件审理效能

拓宽小额诉讼程序适用范围，降低小额诉讼程序案件收费标准，提高小额诉讼程序适用率。健全小额诉讼程序监督管理机制，运用信息化手段将监督管理嵌入办案流程。探索发回重审、改判案件"预瑕疵"评定处理机制，二审作出裁判时同步评价一审案件审判质量，全覆盖开展发改案件质量评查复核，监督二审裁判权规范行使，提高一审、二审整体质量，促进法律统一适用。

（六）推动立法巩固成果

积极推动特区立法，固化改革举措和改革成果，确保改革于法有据，构建常治长效机制。推进《深圳经济特区社会信用条例》立法工作，试行临时信用赋权，完善信用联合惩戒机制和修复制度。积极推动修改特区立法，探索在产品责任纠纷和生态环境、食品药品安全领域民事公益诉讼以及知识产权案件中，建立健全严重违法惩罚性赔偿和巨额罚款制度、终身禁入机制，构建最严格的民事权益与知识产权保护制度。

四　科技赋能下的法治服务平台建设

积极推进公共法律服务与现代科技创新深度融合，强化公共法律服务标准化、集成化、移动化、智慧化建设，是深圳法治建设中持续着力推进的重要方向。本部分以法院系统建设司法服务平台为例，简析在司法领域中，深圳以科技创新推进法治建设的具体举措。近年来，深圳推进设立河套深港科技创新合作区人民法庭，加快湾区现代科技法律服务中心建设，探索构建跨境商事争议解决机制、知识产权联合保护机制，打造"科技+法律"融合生态。

（一）"微"科技支撑加快智慧司法大格局建设

深圳运用"互联网+"思维，在"大数据"视域下不断推进互联网、云计算、人工智能等新一代信息网络技术在法院工作中的广泛运用，推动建设网络化、智能化的新型智慧法院。深圳中院通过与深圳市市场监管部门签订《商事主体法律文书送达承诺实施意见》，充分发挥电子送达系统效用；龙华区法院探索制定在线庭审进行"微规范"，明晰在线审理案件类型和在线示证方式；前海法院建立"金融审判＋区块链"审判体系，探索区块链技术在金融案件办理中的运用，打造完成金融案件从立案到判决全流程'链上'办理新模式，电子诉讼功能有力彰显。

（二）创新智慧平台建设提升法律服务水平

诉讼服务方面，2020年12月，深圳首个科技法律服务公共平台——北鹏前沿科技法律服务中心诞生，该服务中心依托福田区独特的区位优势和坚实的发展基础及科技法学会联系全国科技界和法律界的资源优势，将国内顶尖的科技法律研究和服务资源导入深圳，将围绕国家重大基础研究布局和深圳科技创新产业发展方向，在基础研究、技术攻关、成果产业化、科技金融、人才支撑各环节加强法律合规引导，提供高水平专项法律服务，保障科技创新产业的健康良性发展。律师服务方面，深圳律师协会在全国首创融合了大数据、云计算、移动应用等新技术的"深圳智慧律师系统"，该系统主要服务于律师日常法律工作和律所事务管理，功能涵盖案件管理、计划进程管理、客户管理、OA管理、财务管理、合同管理、人力资源管理、冲突管理、党建管理等多方面，律师和律所可以通过电脑、手机端免费使用，有助于提升深圳律师事务所管理水平和工作效率，促进深圳律师事务所规范发展。公证服务方面，深圳公证处在公证服务平台同步上线"赋强通""存证通"，打造标准统一、公开透明、便民高效的"互联网＋公证"新模式，帮助金融机构防范化解金融风险，提高纠纷解决效率，降低纠纷解决成本，促进公证职能转变和服务方式创新。该服务平台的上线实现了一举多赢，有利于解决市场主体融资难问题，有助于节约审判资源，破解执行难题。

（三）"科技＋"助力公共法律服务提质增效

"科技＋仲裁"方面，深圳市劳动人事争议仲裁院上线"深圳微仲裁"小程序，提供人脸识别与认证、线上庭审与调解、证据提交与质证、文书签署与送达等服务，利用科技手段落实疫情防控要求，全面实现劳动争议仲裁案件的全流程网上办理，切实解决了当事人因客观原因无法到现场参加仲裁活动的难题。"科技 + 人民调解"方面，宝安区上线"人民调解智慧平台"，可对重大矛盾调解过程进行监督管控，对通过平台开展的业务进行数据统计分析，从而更好掌握矛盾纠纷发生的重点区域和需要关注的焦点，促进调解工作线上和线下无缝对接，及时进行预警并协调有关部门迅速处置。龙华区龙华街道创建"法律 ATM"，借助数字技术，将包含人民调解在内的各类公共法律服务整合到统一服务终端，提供不间断的公共法律服务，极大提高了法律服务工作效能。

第四节　深圳特区"法治城市"的先行示范

深圳建设中国特色社会主义法治先行示范城市是党中央为进一步深化改革开放战略擘画的伟大蓝图，是建设社会主义法治国家的重要探索、支持"双区"建设的重要举措、实施深圳综合改革试点和全面深化前海深港现代服务业合作区改革开放的重要支撑，也是推动城市治理体系和治理能力现代化的重要路径。站在向第二个百年奋斗目标进军的历史新起点上，深圳如何进一步深入学习贯彻习

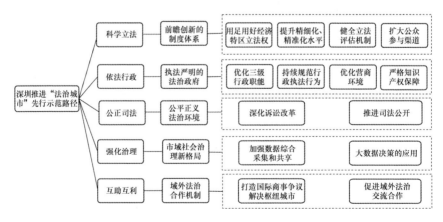

图 5 - 2　深圳特区"法治城市"先行示范的实践路径

近平法治思想，准确把握建设中国特色社会主义法治先行示范城市建设的总体要求，找准"国家所需"和"深圳所能"的交汇点，系统谋划、高质量推进法治先行示范城市建设是摆在特区法治工作者面前的一个重大课题。

一　科学立法，不断完善前瞻创新的制度体系

随着《意见》和《法治先行示范城市意见》的出台，国家对深圳提出了新任务，并确立了新的定位。下一步，在立法工作方面，深圳要不断健全和落实党领导立法工作的制度机制，用足用好经济特区立法权，以高质量立法推动高质量发展，立足深圳改革开放、创新发展需要，统筹立改废释纂，遵循立法工作程序、严守立法权限，加强重要领域和新兴领域立法，探索开展"小切口""小快灵"立法，切实以良法引领改革、推动发展、保障善治。要提升立法的精细化、精准化水平，时间服从质量、数量服从质量，健全立法立项论证、重大立法社会稳定风险评估、常态化立法后评估等机制，推动基层立法联系点"扩点提质"，尽最大努力保障人民群众的知情权、参与权、表达权和监督权，让立法真正聚焦群众所需所想、所急所盼。

二　依法行政，着力建设执法严明的法治政府

探索行政执法标准化、协作化，实现全面依法行政应当是深圳法治先行示范城市建设中持续努力的方向。一方面，要进一步优化市、区、街道三级行政职能，完善政府权责清单，构建简约高效的基层管理体制，全面推进公共服务与社会管理"区街联动、分级处置"机制，用法治给行政权力定规矩、划界限，推动更多资源、服务、管理向基层倾斜。另一方面，要把持续规范行政执法行为和全面深化行政权力监督结合起来，推进行政执法行为标准化、流程信息化，提升行政执法品质，规范做好行政执法流程记录，加快行政复议工作规范化、专业化、信息化建设，实现执法全过程动态、留痕和可回溯管理；严格执行重大行政决策出台前的各项程序规定，做好法律咨询、社会稳定风险评估等。在优化营商环境方面，深圳

要持续深化"放管服"改革，进一步缩减市场准入负面清单，开展"一业一证"改革试点，推广"一件事一次办"模式，建立"接诉即办"涉企咨询投诉工作机制，加快"i深圳"平台中"深i企"的后期建设，为特区政务服务迈上新台阶做好技术支持。要加强《深圳经济特区优化营商环境条例》的执行监督力度，确保各项制度规定落实落地，持续营造公平竞争市场环境，激发各类市场主体活力。要积极推动《中华人民共和国民法典》全面准确适用，持续构建最严格知识产权保护体系，实施最严格知识产权保护制度，探索建立专利快速预审机制、海外知识产权纠纷应对机制等，真正为创新者撑腰鼓劲，让侵权者寸步难行。

三　公正司法，持续营造公平正义的法治环境

2020年11月最高人民法院发布《关于支持和保障深圳建设中国特色社会主义先行示范区的意见》，提出优化营商环境司法保障机制、加大知识产权保护力度、深化破产制度改革等一揽子支持保障措施。以此为遵循，深圳要在深化诉讼改革方面深入探索——民事方面，在前期进行小额诉讼程序和独任制审判适用范围探索的基础上，深化繁简分流和快速处理机制改革，着力解决积案难题，努力实现分流减负；刑事方面，贯彻"少捕、慎诉"原则，继续推进刑事合规改革试点，探索完善公益诉讼制度，切实让司法工作守护"大民生"；司法体制综合配套改革方面，深入推进执行难综合治理、源头治理，加快形成"多元共治、联动共享"执行工作格局，探索建立类案强制检索报告和民事行政诉讼监督、羁押必要性审查等制度。同时，要大力推进审判、检务、警务、狱务公开，通过搭建平台推动案件信息数据共享，健全对司法程序的常态化全流程监督。

四　强化治理，逐步构建市域社会治理新格局

2021年11月，第四次市域社会治理现代化试点工作交流会在北京召开，会议提出要学习贯彻党的十九届六中全会精神，推动"智治"在市域社会治理现代化中发挥重要支撑作用。"智治"是社

会治理现代化的重要方式，是体现新科技革命的重要标志，也是提升党委和政府社会治理科学决策能力的有益路径。深圳近年来在探索"智治"方面先行先试，部分有益举措已经顺利走出"试验期"，正在逐步铺开使用。下一步，运用系统思维健全基层社会治理机制，打造市域社会治理智治平台，织密采集数据的网络，加强数据综合采集和数据共享，力争实现政府治理同社会调节、居民自治良性互动；推动从依靠经验决策向依靠大数据决策转变，特别是在疫情防控应对、极端天气预警、社区基层治理等重要事件和重要节点，持续增强风险的提前警示、趋势判断、应急处置能力。要健全生态环境法治保障机制，坚持以最严格制度、最严密法治保护生态环境，加快制定碳达峰、碳中和路径，加强执法监管和司法保护力度，构建市域协同治理机制，形成全社会共同推进环境治理良好格局。

五　互助互利，完善涉外涉港澳法治合作机制

随着粤港澳大湾区建设的深入推进，涉外、涉港澳法治交流合作必将越来越频繁，不同法系之间的法律冲突解决需求也必将越来越迫切。在持续推进《横琴粤澳深度合作区建设总体方案》《全面深化前海深港现代服务业合作区改革开放方案》实施的基础上，进一步加强与港澳和域外法治领域交流合作，更好服务国家发展大局是下一步的核心方向。要全力打造国际商事争议解决枢纽城市，健全与国际商事争议解决相适应的管辖制度和诉讼规则，拓展国际仲裁业务领域，加强域外法律查明平台、前海深港国际法务区、国际法律服务中心和国际商事争议解决中心的建设。持续深化粤港澳合伙联营律师事务所试点改革，提升深圳律师队伍国际化水平。要全力促进涉外涉港澳法治交流合作，积极开展相关法治交流活动，努力传播好中国法治声音。

第六章　城市文明典范：文化强市的担当作为

　　1980 年是特区的诞生之年，改革开放的先驱们披荆斩棘，深圳这座崭新的城市应时代而生，随时代而变。党中央作出兴办经济特区重大战略部署以来，深圳敢闯敢试、敢为人先、埋头苦干，高举改革开放的旗帜，创造了世界城市发展史上的奇迹。40 多年岁月荏苒，从敢闯敢试到先行示范，深圳推出一系列务实创新的改革举措，经济特区各项事业取得显著成绩，已成为一座充满魅力、动力、活力、创新力的国际化创新型城市。中共中央办公厅、国务院办公厅印发《深圳建设中国特色社会主义先行示范区综合改革试点实施方案（2020—2025 年）》，高屋建瓴地指出经济特区要践行社会主义核心价值观，构建高水平的公共文化服务体系和现代文化产业体系，成为新时代举旗帜、聚民心、育新人、兴文化、展形象的引领者。《中共中央国务院关于支持深圳建设中国特色社会主义先行示范区的意见》对深圳的未来发展进行了精准把握，首次提出"城市文明典范"，指出深圳要在文化建设方面"努力创建社会主义现代化强国的城市范例"。"城市文明典范"的战略定位，展现了党中央对社会主义文化繁荣兴盛的现代城市文明的重视，这是对深圳文化建设"先行先试"的肯定，同时也意味着深圳具有担当"典型示范"的新时代作为。

　　本章首先通过回溯深圳文化 40 多年的建设征程，说明"人文湾区"与"中国特色社会主义先行示范区"的新时代召唤所赋予深圳的新担当。其次，本章分别从创意阶层、创意环境、创意场、创意经济四个维度梳理深圳发展创意城市的实践路径，通过坪山区文化建设的跨越式发展来说明区域文明典范的创新作为。最后，本章将深圳的"创意先行"概括为融合"新经济治理""智慧治理""合作治理""参与式治理"在内的四位一体创意城市治理模式，进而对深圳打造全球文化标杆城市的使命和路径进行展望。

第一节　城市文明典范的深圳定位

一　深圳打造城市文明典范的历史回溯：深圳文化四十年

（一）建市以来的特区精神文明建设（1979—1999年）

深圳历史最早可以追溯至东晋咸和六年（331）设置东官郡治宝安县，① 其郡治和县治位于今天深圳南山区南头古城一带，"唐更东莞，至明而新安之名始著"②。深圳地处沿海边陲，是岭南海防军事要塞，承担着巩固海防、抗击倭寇、支持海上贸易等边防功能。自古以来具有浓厚的海洋特色，渔业与农业是新安县居民的主要生产活动。明朝时期，今罗湖区一带的蔡屋围、湖贝村、向西村等村庄相继建成，围绕着这些村庄进行贸易的"深圳墟"（今罗湖区东门老街一带）也逐渐成型。1931年，中华民国政府设立深圳镇（今蔡屋围一带），管辖区域内村镇集市。深圳墟与深圳镇地处中国内地与香港边界，因此承担了两地交通、贸易往来等重要角色，宝安县政府也于1953年由南头迁至深圳镇。1979年3月，国务院正式批复广东省宝安县改为深圳市，同年11月设为地级市。1980年8月，五届全国人大常委会第十五次会议审议通过由国务院提出的《广东省经济特区条例》，批准在深圳设置经济特区。

---

① 东晋时期的宝安县包括今天除横岗、龙岗、坪地、坪山、坑梓以外的深圳，及东莞、中山部分区域和珠海、香港、澳门等地。唐肃宗至德二年（757）宝安县改名为东莞。1573年明万历年间扩建东莞守御千户基地，建立新安县，辖地包括今天的深圳及香港。清末签订的《南京条约》《北京条约》和《展拓香港界址专条》使港岛、九龙和新界割让、租借给英国，深圳与香港从此分治。民国三年（1914）广东省新安县复称宝安县，县治在今南头古城区域。

② 黄玲：《从深圳历次修志看深圳历史》，《广东史志》2002年第2期。

　　深圳经济特区创立的外部环境是国际生产体系分工向亚非拉等国家及地区转移，内部环境则是中共十一届三中全会结束"以阶级斗争为纲"，把工作重心转移到经济建设上来。这一时期的特区是在计划经济体制的中国探索一条社会主义市场经济体制和管理制度的新道路，以扩大对外开放和构建出口导向型经济为其独特的实践方案。因此，深圳作为改革开放的试点地区有着别开生面的意义。深圳坚持对外开放，充分发挥毗邻香港的地域特点，立足国内与国际两种市场环境的优势，积极探索中外合资、外商独资、中外合作等模式，融合"引进来"与"走出去"，广泛地开展国际交流与合作。简言之，深圳经济特区为我国外向型经济的战略部署和对外开放格局的确立起到了引领作用。以开发蛇口工业区为起始点，外来技术和原材料的引进、罗湖边检口岸的开放等系列举措一步步提升了特区的开放程度，深圳在 20 世纪 80 年代迅速实现农业社会向现代工业社会的转型。为进一步实现把深圳建设成为外向型、多功能的国际性城市的战略目标，中共深圳市委、深圳市人民政府于 1992 年印发《关于深圳经济特区农村城市化的暂行规定》，为深圳实现从"小渔村"转向现代工业城市奠定坚实基础。

　　早期的特区产业结构偏轻型化而非重化工业，一方面多以"三来一补"[①] 为特点的外资投资项目，充分发挥毗邻香港的地缘优势，通过外商独资或合资实现产业结构布局，发展自主工业化道路；另一方面，经济特区的历史定位与产业结构布局使深圳早期引进的资金很少投向文化建设。"经济绿洲，文化沙漠"[②] 的发展困境与 21 世纪以来国内外形势变化的背景[③]，促使建市初期的深圳市委、市政府开始加大地方财政投入文化建设。在党的十四届六中全会《关于加强社会主义精神文明建设若干重要问题的决议》指导下，深圳

---

①　"三来一补"特指来料加工、来件装配、来料制造和补偿贸易。

②　王为理：《深圳城市文化标签与符码分析》，《南方论丛》2007 年第 3 期。

③　国内外形势变化指深圳在经济发展 20 年后面临"土地、能源、人口、环境"四个难以为继的发展困境，同时全球经济从制造业转向服务业的产业结构调整。因此高科技含量、高人力资本投入、高附加值、高产业带动力、高开放度，低资源消耗、低环境污染的高端服务业成为大势所趋。详见李丹舟《新城市·新文化：深圳城市更新背景下文化嵌入机制与路径研究》，中国社会出版社 2019 年版，第 17 页。

市委、市政府相继颁布《深圳经济特区社会主义精神文明建设大纲》（1985 年）、《深圳精神文明建设"八五"规划》（1991 年）等政策文件，探索与社会主义市场经济体制、外向型经济发展相适应的文化基础设施建设，对外来文化的接受既保持开放心态，同时也抵制西方腐朽文化的渗透，初步展开特区文化的理论研究工作。21 世纪前后，随着社会主义市场经济体制改革，进入新型工业化阶段的深圳提出建设现代文化名城创新设想（1993 年）和科教兴市战略（2000 年），逐步提高对文化建设的重视程度：一方面，以"现代文化名城"为建设目标，构建具有深圳特色的社会主义先进文化和城市主流价值观；另一方面，通过"新八大"等现代化文化设施建设、"读书月"主题活动的举办和文化体制机制改革等举措，全面推进现代化、国际化城市建设。

（二）从"文化立市"到"文化强市"（2000—2020 年）

2001 年 9 月，国务院经济体制改革办公室要求深圳在文化体制改革方面进行超前探索。同年 11 月，深圳成立文化体制改革领导小组及办公室，着手深圳文化体制改革和文化产业发展的相关事宜。2003 年，深圳确立以城市综合实力为基础的文化建设新理念，提出"文化立市"战略，主张全方位提升城市文化发展水平，将文化作为一种软实力积极融入城市现代化进程之中，颁布《深圳市建设"图书馆之城"实施方案（2003—2005）》，实施"两城一都一基地"①，陆续完善"新八大"与"新六大"文化设施建设②。同年，深圳市委审议通过《深圳市文化体制改革综合试点工作方案》，加快推进文化体制机制改革，促进文化事业繁荣发展。深圳文化事业也逐渐从强调文化基础设施建设和文化活动开展迈向构建完备的公共文化服务体系，建设公共文化服务标准化、城市文化品位整体提升、外来劳工文化民生工程有所保障的文化城市。2004 年 11 月，首届中国（深圳）国际文化产业博览交易会

---

① "两城一都一基地"指"图书馆之城""钢琴之城""设计之都""动漫基地"。

② "新八大"指关山月美术馆、深圳画院、深圳书城、深圳特区报业大厦、深圳商报大厦、深圳有线电视台、华夏艺术中心、何香凝美术馆；"新六大"指深圳少年宫、深圳电视中心、深圳图书馆（新）、深圳音乐厅、中心书城、现代艺术中心。

在深圳举办，吸引数十万人次观展，丰富市民精神文化需求。"文博会"现已成为深圳一大文化品牌，为全国文化体制改革提供特区经验。

　　2005 年，深圳市委、市政府相继出台《深圳市文化发展规划纲要（2005—2010）》《中共深圳市委深圳市人民政府关于大力发展文化产业的决定》等一系列重要文件，提出要"不断加强文化发展战略研究，深化文化制度改革，加快文化事业文化产业发展"，将深圳打造为"文化绿洲"。① 2011 年，深圳市委、市政府提出"文化强市"的战略目标，要将深圳建设为"我国社会主义核心价值体系建设示范区""全国公共文化建设示范区""中国文化'走出去'的重要基地""文化产业龙头大市"。2003 年至 2018 年前后，在"政府导向、市场驱动、科技助力三重作用下"②，深圳文化产业步入高速成长期，逐步形成"文化＋旅游"③"文化＋科技"④"文化＋金融"⑤"文化＋互联网"⑥ 全方位布局的深圳文化产业发展格局。2016 年由深圳市人民政府办公厅颁布的《深圳文化创新发展2020（实施方案）》是"十三五"时期深圳文化建设的新契机，旨在将深圳进一步打造为国际文化创意先锋城市，努力建成与现代化、国际化、创新型城市相匹配的文化强市。

---

　　① 新浪新闻中心：《深圳涵养"文化绿洲"——写在首届"文博会"闭幕之际》，http：//news. sina. com. cn/o/2004 - 11 - 24/04404327543s. shtml，2022 年 7 月 23 日。
　　② 毛少莹：《深圳文化产业 40 年发展历程及主要成就》，《深圳社会科学》2020 年第 5 期。
　　③ 李蕾蕾、张晗、卢嘉杰等：《旅游表演的文化产业生产模式：深圳华侨城主题公园个案研究》，《旅游科学》2005 年第 19 期。
　　④ 王京生：《文化与科技结合的深圳之路》，《艺术百家》2013 年第 1 期；李凤亮、宗祖盼：《文化与科技融合创新：演进机理与历史语境》，《中国人民大学学报》2016 年第 4 期。
　　⑤ 李凤亮、潘道远：《文化自信与新时代文化产业的功能定位》，《深圳社会科学》2018 年第 1 期；申海成、陈能军、张蕾：《深圳文化金融全产业链平台构建路径研究》，《现代管理科学》2018 年第 12 期。
　　⑥ 李凤亮、谢仁敏：《文化科技融合：现状·业态·路径——2013 年中国文化科技创新发展报告》，《福建论坛》（人文社会科学版）2014 年第 12 期。

表6-1　　　　　　　　深圳建市四十年的相关文化政策

时间	政策文件	主要内容
1981 年	《关于加强深圳特区思想文化建设的初步规划》	凡是有利于社会主义精神文明建设的事业以及活跃人民群众文化生活的设施，都要有计划、有步骤地建设起来，把它纳入市政建设的总体规划，分期分批去实施①
	《关于深圳特区思想文化建设的初步意见》	各种宣传、文化设施做到布局合理，规模适中，项目适应需要，技术比较先进，并在对外竞争中能够发挥实际效应②
1985 年	《深圳经济特区社会主义精神文明建设大纲》	把特区人民逐步培养成为有理想、有道德、有文化、有纪律的一代新人；用共产主义思想、道德教育特区的广大干部群众，反对资本主义腐朽思想的侵蚀③
1991 年	《深圳精神文明建设"八五"规划》	通过加强思想建设和文化建设，进一步提高全体市民的思想道德素质和科学文化素质，弘扬深圳精神，为特区建设事业提供精神动力，培育"有理想、有道德、有文化、有纪律"的社会主义新人④
1996 年	《深圳精神文明建设"九五"规划》	在文化建设上，弘扬主旋律、提倡多样化，繁荣文学艺术，创作一批优秀作品，大力发展新闻出版、广播电影电视事业，满足人民群众日益增长的精神文化需求，提高市民的文化生活质量⑤

---

①　深圳市史志办公室编：《中国经济特区的建立和发展》（深圳卷），中共党史出版社1997年版，第147页。

②　吴松营、段亚兵：《深圳精神文明建设》，海天出版社1996年版。

③　深圳市史志办公室编：《中国经济特区的建立和发展》（深圳卷），中共党史出版社1997年版，第311页。

④　深圳市史志办公室编：《中国经济特区的建立和发展》（深圳卷），中共党史出版社1997年版，第313页。

⑤　白天、李小甘、段亚兵：《深圳精神文明建设》（文件集），海天出版社1999年版，第114页。

续表

时间	政策文件	主要内容
1998 年	《深圳市文化事业发展（1998—2000）三年规划及 2010 年远景目标》	深圳文化事业发展的总体目标是：与建设现代化国际性城市的要求相适应，努力把深圳建设成为社会主义现代文化名城①
2000 年	《中共深圳市委深圳市人民政府关于加快实施科教兴市战略推进教育现代化的决定》	把推进教育现代化作为深圳市现代化建设的战略重点；加快教育发展，构建终身教育体系；加大教育改革力度，建立充满生机活力的教育体制机制；全面实施素质教育，努力培养创新人才②
2001 年	《中共深圳市委深圳市人民政府关于进一步加强社会主义精神文明建设的决定》	加快发展教科文卫体育事业，促进社会全面进步。全面实施"科教兴市"战略，完善科技创新体系，积极发展社会主义文化事业③
2003 年	《深圳市建设"图书馆之城"实施方案（2003—2005）》	至 2005 年年底，深圳实现每 15 万人拥有一座公共图书馆，每 1.5 万人拥有一座社区图书馆；实现全市公共图书馆书目数据统一检索，初步实行图书借还"一卡通"；以实现文化部"文化信息资源共建共享工程"为契机，加快图书馆数字化、网络化建设④

---

①　白天、李小甘、段亚兵：《深圳精神文明建设》（文件集），海天出版社 1999 年版，第 243 页。

②　深圳年鉴编辑委员会：《深圳年鉴（2001）》，深圳年鉴社 2001 年版，第 595 页。

③　《中共深圳市委深圳市人民政府关于进一步加强社会主义精神文明建设的决定》，深圳政府在线，http://www.sz.gov.cn/zfgb/2001/gb222/content/post_4985543.html，2001 年 4 月 28 日。

④　毕九江：《论图书馆的科学规划——关于深圳市建设"图书馆之城"若干问题的思考》，《图书馆》2005 年第 4 期。

续表

时间	政策文件	主要内容
2003 年	《深圳市文化体制改革综合试点工作方案》	实现政府文化管理职能从以办文化为主向以管文化为主转变，从以管理直属单位为主向管理全社会文化转变，从以行政手段管理为主向以经济和法律手段管理为主转变；通过改革重塑文化发展微观运行机制①
2004 年	《深圳市实施文化立市战略规划纲要》	到 2010 年，基本建立起适应社会主义市场经济要求、达到国际先进水平的城市文化发展格局、文化管理体制及运行机制，具有先进配套的文化设施、充满活力的文化体制、一流的文化精品、强大的文化产业、繁荣有序的文化市场、独具特色的现代化的海滨城市文化形象、丰富多彩的群众文化生活，文化产业成为新的经济增长点、文化发展主要指标全国领先、文化综合实力和国际竞争力达到国际先进水平②
2005 年	《深圳市文化发展规划纲要（2005—2010）》	在文化产业发展上，要重点发展八大优势产业，形成文化支柱产业；深圳文化资源特点和国际化城市建设要求，举办一系列新的有影响力的文化节庆活动；四大改革消除文化体制障碍；实现"一轴两翼"布局，构建五大文化系列，构造文化设施新格局③

①　《深圳文化体制改革》，《南方日报》，http：//news. sohu. com/2004/04/08/63/news219 776346. shtml，2004 年 4 月 8 日。

②　《深圳实施"文化立市"战略，建设高品位文化城市》，《南方日报》，http：//news. sina. com. cn/c/2004 - 03 - 03/09572987578. shtml? source = 1，2004 年 3 月 3 日。

③　广东省文化和旅游厅：《〈深圳市文化发展规划纲要（2005—2010）〉解读》，http：//whly. gd. gov. cn/open_newwjjd/content/post_2797662. html，2005 年 1 月 22 日。

续表

时间	政策文件	主要内容
2005 年	《中共深圳市委深圳市人民政府关于大力发展文化产业的决定》	充分认识发展文化产业的重要意义，把发展文化产业摆在更加突出的位置；创新文化产业管理体制和运行机制，推进文化领域投融资体制改革，培育和规范文化市场体系；加大扶持文化产业发展的力度，营造良好的文化产业发展环境①
	《深圳市文化局关于进一步完善公共文化服务体系的实施方案》	构建结构合理、发展平衡、网络健全、产品丰富、运营高效、服务优质的覆盖全市的公共文化服务体系②
2007 年	《深圳文化产业发展"十一五"规划》	以把文化产业发展成为第四大支柱产业为目标，将深圳建设成为国内文化产业发展中心城市和先锋城市之一；产业结构进一步调整优化，文化产业科技进步贡献率进一步提高，文化产业核心层的比重进一步加大③
2007 年	《深圳市进一步完善公共文化服务体系实施方案》	形成公共文化产品生产供给比较充足、设施网络比较齐全、资金人才技术保障比较有力、组织支撑和运行评估比较完善的、覆盖全社会的公共文化服务体系，市民和外来建设者的基本文化福利得到较大改善，基本文化权利保障程度进一步提高④

---

① 《中共深圳市委深圳市人民政府关于大力发展文化产业的决定》，深圳政府在线，http：//www. sz. gov. cn/zfgb/2005/gb470/content/post_4943153. html，2005 年 12 月 2 日。

② 深圳年鉴编辑委员会：《深圳年鉴（2006）》，深圳年鉴社 2006 年版，第 493 页。

③ 《深圳市文化产业发展"十一五"规划发布》，深圳政府在线，http：//www. sz. gov. cn/cn/xxgk/zfxxgj/zwdt/content/post_1605614. html，2007 年 12 月 20 日。

④ 广东省人民政府：《深圳市将加大力度与投入，强力推进公共文化服务体系建设》，http：//www. gd. gov. cn/govpub/zwdt/dfzw/200706/t20070629_17489. htm，2007 年 6 月 29 日。

续表

时间	政策文件	主要内容
2007 年	《深圳市文化事业发展"十一五"规划》	到 2010 年，文化立市的框架基本形成，高品位文化城市建设初具规模；完善公共文化服务体系，实现市民和外来建设者文化权利；全面推动文化创新，培育城市文化品牌；大力发展文化传播事业，促进广播影视出版发行事业繁荣；加强文化遗产保护，延续深圳历史文脉；扩大文化交流与合作，提升城市文化形象；加强文化管理，维护文化安全；推动文化体制改革，完善文化运作机制①
	《深圳市文化产业发展规划纲要（2007—2020 年)》	深圳市未来 15 年文化产业的发展思路是：一个主攻方向（数字内容产业）、六个发展策略（创新引领、集群发展、品牌提升、人才高地、外拓合作、走出去）、三个紧密结合（文化产业与高新技术产业发展、文化产业的发展与城市功能优化、文化产业发展与深港共建国际大都会)、三个重要抓手（健全与完善文化产业促进体系、知识产权保护、大项目带动)②
2008 年	《深圳市文化产业促进条例》	市、区政府应当制定文化产业发展规划，并将其纳入国民经济和社会发展规划以及城市总体规划；鼓励和支持非公有制文化企业的发展；有关部门应当在各自职责范围内促进文化产业发展，提供创发展、出口、资金、人才培养与引进等扶持③

　　① 《深圳市文化局、深圳市发展和改革局关于印发〈深圳市文化事业发展"十一五"规划〉的通知》，深圳政府在线，http：//www. sz. gov. cn/zwgk/zfxxgk/zfwj/bmgfxwj/content/post_6573515. html，2007 年 7 月 17 日。
　　② 《深圳市文化产业发展规划纲要（2007—2020)》，深圳政府在线，http：//www. sz. gov. cn/szzt2010/wgkzl/jcgk/jchgk/content/post_1341934. html，2021 年 11 月 19 日。
　　③ 深圳市史志办公室：《深圳年鉴（2009)》，深圳史志办公室 2009 年版，第 537 页。

续表

时间	政策文件	主要内容
2011 年	《深圳文化创意产业振兴发展规划（2011—2015 年）》	明确发展目标为文化创意产业年均增长25%，2015 年增加值达 2200 亿元；每年集中 5 亿元设立文化创意产业发展专项资金；实施会展平台、技术支撑、产业集聚、文化金融、传播推广五大重点工程；重点发展创意设计、文化软件、动漫游戏、非遗开发等十大产业①
2012 年	《深圳市文化发展"十二五"规划》	到 2015 年，形成与深圳经济特区经济社会发展相适应，与国家创新型城市、全国经济中心城市和现代化国际化先进城市相匹配的文化发展水平；城市文明水平持续提升，公共文化服务体系更加完善，文化产业竞争力和文化发展活力显著增强，城市文化品位和影响力大幅提升②
2014 年	《深圳市文体旅游局全面深化改革实施方案（2014—2016 年）》	以三大重点项目为抓手进行文化体制改革，即建立协调机制让公共文化资源共享、推动多元化供给实现公共文化供需对接、建立法人治理机制，实现对公共文化场馆决策、执行和监督的有效制衡③
2015 年	《公共文化服务体系建设协调机制工作方案》	成立"公共文化服务体系协调组"，协调推进制定公共文化服务重大政策，建立公共文化服务保障机制，促进公共文化服务均等化、一体化发展④

---

① 付莹：《深圳重大改革创新史略（1979—2015）》，社会科学文献出版社 2017 年版，第 174 页。

② 《深圳市人民政府办公厅关于印发深圳市文化发展"十二五"规划的通知》，深圳政府在线，http://www.sz.gov.cn/zfgb/2012_1/gb778/content/post_4998457.html，2012 年 3 月 6 日。

③ 付莹：《深圳重大改革创新史略（1979—2015）》，社会科学文献出版社 2017 年版，第 174 页。

④ 付莹：《深圳重大改革创新史略（1979—2015）》，社会科学文献出版社 2017 年版，第 175 页。

续表

时间	政策文件	主要内容
2016 年	《深圳文化创新发展 2020（实施方案）》	进一步提升城市文化综合实力，促进深圳文化大发展大繁荣，努力建设与现代化国际化创新型城市相匹配的文化强市，创新城市形象标识，构建以国际先进城市为标杆的文化品牌体系①
	《深圳市文化发展"十三五"规划》	通过深化改革和加大投入，显著提高文化发展水平和质量，将深圳打造成为国际文化创意先锋城市，努力建设与现代化国际化创新型城市相匹配的文化强市②
2019 年	《粤港澳大湾区发展规划纲要》	坚持以人民为中心的发展思想，积极拓展粤港澳大湾区在教育、文化、旅游、社会保障等领域的合作，共同打造公共服务优质、宜居宜业宜游的优质生活圈③
	《中共中央国务院关于支持深圳建设中国特色社会主义先行示范区的意见》	支持深圳率先塑造展现社会主义文化繁荣兴盛的现代城市文明，全面推进城市精神文明建设，发展更具竞争力的文化产业和旅游业

二　新时代深圳打造城市文明典范的责任担当

以往谈起深圳，人们往往会认为年轻的特区城市是我国改革开放的"试验田"，最早探索以市场经济为导向的中国特色社会主义道路，但在文化层面则显得较为缺少底蕴。2010 年 8 月深圳经济特

---

① 《深圳文化创新发展 2020（实施方案）摘要》，《中国文化报》2016 年 1 月 22 日第 3 版。

② 《深圳市文化发展"十三五"规划》，深圳政府在线，http://www.sz.gov.cn/szzt2010/wgkzl/jcgk/jchgk/content/post_1330527.html，2016 年 11 月 9 日。

③ 《深圳年鉴》编辑部：《深圳年鉴（2020）》，《深圳年鉴》编辑部 2020 年版，第 561 页。

区建立 30 周年之际评选出来的"十大观念"①，适时为这座以经济体制改革和科技创新转化能力为内在动能、以成百万上千万外来移民为人口构成的新兴现代化都市写下恰如其分的文化注解。诚如王京生对"十大观念"作出的精辟阐释："在体制突破中，它是前进的冲锋号；在建设道路上，它是特区经验的升华；在文明模式转换中，它是城市再生的灵魂。"② 因此，深圳的文化自觉可概括为"促进了一系列完全不同于计划经济的新观念、新价值的诞生和社会文化的当代转型"③。一方面，"十大观念"既有敢为天下先的胸襟气魄与脚踏实地的改革创新，又有尊重知识的学习型城市建设与普惠于民的公共文化服务，更有着兼收并蓄的开放品格与宽容失败的包容大度，这些来自民间社会的"深圳表述"与社会主义核心价值观一脉相承；④ 另一方面，"十大观念"意味着敢想敢干、敢闯敢试，在探索中国特色社会主义市场经济道路上"杀出一条血路"，其围绕着以公有制经济为主体而展开的一系列市场化改革所彰显出来的开拓精神是对邓小平理论"南方谈话"的成功实践。⑤ 作为一座建市历史仅有几十年的新兴城市，与西安、开封等以文化积淀论为特征的历史文化古城不同，深圳文化的理论内核为"文化流动理论"⑥，意即文化是流动的、变化的、多样的、创造的和更新的。深圳在文化资源的跨境流通与配置、文化产业发展和"文化＋科技"业态创新、文化体制机制改革等层面为中国乃至世界提供了"改革开放新时期城市文化流动的新样本"和"丰富例证中国特色社会主

---

①　这十条"深圳观念"分别为：①"时间就是金钱，效率就是生命"；②"空谈误国，实干兴邦"；③"敢为天下先"；④"改革创新是深圳的根、深圳的魂"；⑤"让城市因热爱读书而受人尊重"；⑥"鼓励创新，宽容失败"；⑦"实现市民文化权利"；⑧"送人玫瑰，手有余香"；⑨"深圳，与世界没有距离"；⑩"来了，就是深圳人"。彭立勋编：《文化强市建设与城市转型发展：2011 年深圳文化蓝皮书》，中国社会科学出版社 2011 年版，第 129—131 页。

②　王京生：《文化的魅力》，人民出版社 2014 年版，第 181 页。

③　王京生：《我们需要什么样的文化繁荣》，社会科学文献出版社 2014 年版，第 223 页。

④　王京生：《城市文化"十大愿景"》，中国人民大学出版社 2015 年版，第 41 页。

⑤　王京生：《观念的力量》，人民出版社 2012 年版，第 82—85 页。

⑥　王京生编：《文化流动与文化创新研究报告》，广东人民出版社 2016 年版，第 31 页。

义的典型样本"。①

从特区初创时期的社会主义精神文明建设到 21 世纪以来的"文化立市""文化强市"，从"文化沙漠"到国际文化创意产业先锋城市，深圳现已形成以创新型、智慧型、包容型与力量型为特点的城市人文精神，为中国乃至全世界提供了改革开放新时期城市文化流动的成功案例、展现中国特色社会主义优越性的城市典范。40 多年风雨征程，特区文化建设的跨越式发展，印证了国家领导人对南粤大地的殷切关怀②：1992 年邓小平同志"南方谈话"要求进一步解放思想、推进改革开放；2000 年江泽民同志要求广东增创新优势，更上一层楼，率先基本实现社会主义现代化；2003 年胡锦涛同志要求广东加快发展、率先发展、协调发展，在全面建设小康社会、加快推进社会主义现代化进程中更好地发挥排头兵作用；2017年春，习近平总书记要求广东坚持党的领导、坚持中国特色社会主义、坚持新发展理念、坚持改革开放，为全国推进供给侧结构性改革、实施创新驱动发展战略、构建开放型经济新体制提供支撑，努力在全面建成小康社会、加快建设社会主义现代化新征程走在前列。2019 年，《粤港澳大湾区发展规划纲要》及《关于支持深圳建设中国特色社会主义先行示范区的意见》相继出台，为深圳带来"人文湾区"与"中国特色社会主义先行示范区"的新目标、新使命与新征程。③

第二节　城市文明典范的十年经验
（2012—2022 年）

2020 年 10 月 14 日，习近平总书记在深圳经济特区建立 40 周

---

① 王京生：《中国文化的历史流变与当今的文化选择》，红旗出版社 2014 年版，第 227—235 页。

② 温诗步编：《深圳文化变革大事》，海天出版社 2008 年版，第 40 页。

③ 毛少莹：《深圳文化产业 40 年发展历程及主要成就》，《深圳社会科学》2020 年第 5 期。

年庆祝大会上的讲话中深刻指出，经济特区要"坚持两手抓、两手都要硬"，在物质文明建设和精神文明建设上都要交出优异答卷。这既是对深圳以更大魄力在更高起点上推进改革开放的充分肯定，也要深圳在打造城市文明典范方面展现新的更大作为、迈出更具前瞻性的步伐。

纵观世界范围内城市文明典范的迭代更新，一个重要的转捩点是20世纪下半叶以来，随着工业文明转向后工业文明，全球城市纷纷以"创意城市"①为新的城市发展理念，突出文化创新的价值，强调艺术、发明与创造力对城市经济和社会的深刻影响。无论是"时尚之都"的巴黎、"设计之都"的米兰，还是作为全球金融中心的伦敦、纽约，"创意"已经成为这些城市各具辨识度的文化品牌。在此背景下，自2011年"文化强市"以来，深圳针对制造业外移、经济结构调整而进行的特区文化建设探索，既是积极探索全球城市"一起向未来"的创新方案，也充分彰显出深圳致力于以"创意"引领、打造新的城市文明典范的坚定信心。

创意阶层（creative class）、创意环境（creative milieu）、创意场（creative field）、创意经济（creative economy）分别从四个维度构建创意城市的理论体系，所指涉的要素可进一步落实到人、环境、制度、产业四方面，一一对应创意专业人士和新中产阶级、创意的"硬基础"与"软环境"、创意的社会组织结构与社会关系、有创造力的经济。具体而言，一座好的创意城市需具备以下四方面特点：（1）创意产业和创意经济蓬勃发展；（2）富有创意的公共政策设计和治理模式创新；（3）以知识密集的高科技产业为支撑的技术创新与人才分工网络；（4）拥抱创意人才的城市氛围。通过创意城市的构成要素，可以看出深圳的创意城市建设有其独特的话语实践。

---

① 创意城市的概念最早在20世纪80年代的欧美城市出现，作为发达国家解决晚期资本主义大规模且持续性的城市衰退和经济转型的对策建议而提出，指充分运用人的想象力来思考、规划和行动，以此来实现一种新的都市规划策略。［英］查尔斯·兰德利：《创意城市：如何打造都市创意生活圈》，杨幼兰译，清华大学出版社2013年版，第51页。

一　创意阶层："最年轻的城市"

"最年轻的城市"拥有全中国最为丰富、活跃、灵动、个性化的创意阶层。"创意阶层之父"佛罗里达指出，美国有近 4000 万就业人口属于创意阶层，他（她）们分布在科学与工程、建筑与设计、教育、艺术、音乐与娱乐、商业与金融、法律、医疗保健等多个领域，其职业构成包括艺术家、工程师、音乐家、计算机专家、作家、企业家等。佛罗里达进一步将创意阶层的特质概括为"重视创新、个性、差异和价值"——正是基于观念的共性，创意阶层能够突破贫穷/富裕的二元结构，贫困的街头艺术家与小康的中产阶级设计师都是创意城市全球网络上的重要节点（node）。[①]

作为一座人口平均年龄 33 岁的城市，深圳引进人才的平均年龄是惊人的 27.07 岁，青年人口占据全市人口总数的一半以上。腾讯大数据公布的《2018 全国城市年轻指数》显示，深圳已经连续三年获评"最年轻的一线城市"。[②] 源源不断的年轻人怀抱着梦想来到深圳打拼，人口红利使深圳具有创建"青年发展型城市"的潜能。与 20 世纪八九十年代南下务工大军有所区别，纵观这些来深发展青年的职业背景，既有自主创业的年轻创客，也有来深就读的大学生，还有为"志愿者之城"默默付出的无数青年志愿者。在 2019年五四青年节深圳市团委组织召开的一次座谈会上，各行各业的青年无一不谈到对深圳的感受——这是一座圆梦之城、融合之城。"来了就是深圳人"，这句朗朗上口且深入人心的口号给予深圳精神最好的注解。宽松包容和鼓励创新的城市氛围，让街头音乐家随性地在市民中心广场随性表演，让中外年轻创客可以在 Hax 硬件创业加速器打造全球最先锋、最酷炫的硬件，让"深圳设计周"的青年设计师探索千万流动人口的城市美学，让海内外建筑师在两年一度

---

① Florida R. L, *The Rise of the Creative Class: and How It's Transforming Work, Leisure, Community and Everyday Life*, New York: Basic Books, 2002.

② 极目新闻：《QQ 大数据发布 2018 全国城市年轻指数："最年轻城市"武汉排名第七》，https://baijiahao.baidu.com/s? id = 1599513805647648532&wfr = spider&for = pc，2018 年 5 月 14 日。

的深港双年展上共同思考"什么才是好的城市",等等。

二　创意环境:"创生态"空间布局

日趋完善的"创生态"空间体系为创意阶层的行为和活动提供有力的环境支撑。兰德利将创意环境解释为能够使城市场所释放足够创造力的"硬性"或"软性"基础设施,前者一般指的是建筑物、街道设施、文化体育设施、艺术机构、教育和科研院所等硬体空间,后者则多指供创意阶层交流的对话平台、城市个性或文化氛围等软性场域。[1] 沿此思路,创意环境既可以是文化基础设施或创意产业集群等物理性环境,同时也可以是创造思维火花碰撞的虚拟场景。

深圳这座城市为数众多的空间形态正在催生富有创造性的构思、发明和活力:华侨城文化创意园区 OCAT 当代艺术中心的"文化事件策动模式"在空间运营过程中积极探索当代艺术的公众对话、社会参与和市民精神培育;招商蛇口的"艺术园区"模式对老工业区电子厂房和玻璃厂房进行文化园区改造,分别侧重于创意产业集群和文化艺术活动策划;蛇口港的"邮轮旅游"模式顺应新兴中产阶级文化消费需求的同时,也成为整个蛇口港片区空间升级的未来方向;益田假日广场的文化艺术营销通过异域与地方文化融合来开辟一个汇聚世界各地多元文化的新空间,注重景观元素设计和文化艺术形式包装;欢乐海岸盒子艺术空间作为兼具日常性和艺术性的商业综合体,尝试让艺术品走出传统美术馆的规范,寻求当代艺术与市民对话的新通道;海岸城购物中心的年轻消费者生活方式输出模式通过创意化场景设置,在品牌招商和活动营销方面强调年轻化、个性化和体验性;华强北国际创客中心的文化品牌孵化模式诉诸电子信息产业上下游全产业链向高端服务业的转型,并紧密结合跨境电商这一服务于中小微企业的外贸模式,来打造中国新品牌;雅昌集团的"艺术 +"服务业全产业链模式在"互联网 +"语境下,全方位拓展"艺术 + 数字化""艺术 + 教育"和"艺术 + 社交"等业

---

① Landry C, *The Creative City-A Toolkit for Urban Innovation*, London: Earthscan, 2000.

务领域；大湾区国际创客峰会 Maker Faire 的创客集聚效应，验证了这座城市正在成为粤港澳大湾区乃至全世界创客的一方热土。

三　创意场："塔形双创体系"

独具特色的创意社会组织结构和管理制度成为激活城市创新能力的坚强后盾。文化社会学者斯科特用"创意场"（creative field）的概念，说明一种能够培育创意和创新效应的组织结构和新型社会关系，也就是能够为创意阶层之间的交流互动、创意环境之间的平台对接提供新的社会惯习或组织体系。斯科特认为"创意场"已跳脱传统的地理空间层面，转而叩问：一种更强调创意性的制度能否形成一套全新的、互通有无的网络框架？他进一步将"创意场"拆分为三个层面：第一层是城市文化经济，包括各种文化生产和消费活动；第二层是城市文化环境，主要指博物馆、空间景观、文体设施、生活环境、教育培训、社交网络等；第三层则是城市文化治理，特指城市的管理制度和群众参与。①

应该注意到，深圳现已形成自身的"创意场"，体现为正在打通城市文化经济和城市文化环境的"塔形双创体系"——"以制度环境优化、创新要素集聚为支撑，以民营企业为主体，以高科技产业为方向"②，这是深圳创意阶层和创意环境得以聚合并产生无尽活力的关键所在。此外，深圳的城市文化治理发力较多，正在构建一条以空间正义与移民归属感为目标的、通往城市公共性的道路。一是在治理结构创新层面，深港城市/建筑双城双年展通过创意专业人士和社会组织的公共对话平台搭建，批判性地反思快速城镇化进程中暴露出来的注重问题；鳌湖艺术村通过返乡青年艺术家的公共艺术实践来使城郊边缘空间焕发魅力，类似的一些具有感性经验对话和情感力量介入的空间改造案例正在深入拓展"政府—社会"双元主体治理结构的内涵。二是在治理工具创新层面，迄今已举办了20 届深圳读书月，以公共阅读来彰显城市转型升级的文化自觉，通

① Scott A., "Entrepreneurship, Innovation and Industrial Development: Geography and the Creative Field Revisited", *Small Business Economics*, 2006, pp. 1–24.
② 王京生等：《"双创"何以深圳强？》，海天出版社 2017 年版，第 80 页。

过以公共图书馆建设、民间阅读组织推广、阅读品牌活动策划、数字化阅读等为代表的多样化模式进一步推动市民文化权利的实现；"数字图书馆"则为扩大公共文化服务的供给面、盘活公共文化服务资源和加快公共文化服务的现代传播能力提供解决之道。三是在治理目标创新层面，出自民间表述的"十大观念"精准地抓住了这座城市的文化精髓，这十条通俗易懂的口号概括了一个争分夺秒、奋发进取、脚踏实地、创新引领、海纳百川、热爱阅读、和乐融融的形象化深圳，也道出了与西方"创意场"不同的城市灵魂——在改革开放的伟大进程中促成了一系列不同于计划经济时代的新观念、新价值和新文化。

四　创意经济："新航母 + 独角兽 + 满天星"的头部经济引领

以创意经济为引领的头部经济将推动粤港澳大湾区的科技创新与文化深度融合。英国学者霍金斯将"创意"概括为"催生某种新事物的能力"，创意与经济的联姻意味着在传统的产业结构中嫁接出新的经济形态。[①] 以"文化创意产业"为例，有学者已指出该概念的内涵植根于文化的精神价值、道德信仰、文学艺术、生活方式等创造力的层面，但在外延上又可拓展至不同的产业门类以及产业间的跨界、裂变与聚合。金元浦进一步让"创意经济"跳出既有的文化产业范畴，转而将之视作一种融会型的前沿经济形态，能够跨越邻近产业的边界而充分关注到"创意"在现代经济生活中的动力功能。这种新经济本质上属于知识经济，将为创意阶层、创意环境、创意社会之间的交互联结起到积极的推动作用。[②]

目前在深圳，"创意"已成为创新经济发展模式的重要驱动力量。仅就七大战略性新兴产业的发展现状而言，存在三种模式：一是领军企业的"新航母"模式，华为、腾讯、中兴等上市企业集群逐渐向集经济、科技、文化、创意于一体的"航母舰队"升级，改

---

① Howkins J., *The Creative Economy: How People Make Money from Ideas*, London: Penguin, 2001.

② 金元浦：《创意经济是 5G 背景下粤港澳大湾区综合融会发展的头部经济》，《深圳大学学报》（人文社会科学版）2019 年第 3 期。

写国际分工和国际贸易的旧有格局；二是创意企业的"独角兽"发展模式，腾讯音乐、大疆、微众银行、柔宇科技、优必选、大地影院等20家深圳企业入选胡润研究院发布的大中华区独角兽指数，仅次于北京、上海、杭州，排名第四，这些企业拥有10年内10亿美元估值且未上市，上榜企业和负责人都呈现年轻化的趋势；三是百万创客的"满天星"模式，近年来，深圳的创客空间、"双创"基地、创客联盟、双创周、创客展等以"创客"为关键词的空间景观和主题活动层出不穷，创客的创意集聚效益凸显，为培养一批具有专业技能和创新能力的创意阶层奠定基础。

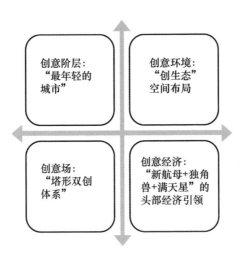

图 6 - 1　"创意深圳"的要素构成框架

五　个案观察：文化深圳的坪山发力

从"文化立市"（2003 年）、"文化强市"（2010 年）到《深圳文化创新发展 2020（实施方案）》（2016 年），快速发展的文化创意产业、机制健全的公共文化服务体系、"月月有主题、全年都精彩"的文化艺术活动已成为深圳文化的创新例证。在全面推进中国特色社会主义先行示范区、紧抓粤港澳大湾区战略的时代内涵下，深圳建设文化先行示范区和全球文化创意标杆城市的步伐更为坚实。地处深圳、东莞、惠州及河源、汕尾"3＋2"经济圈地理中心位置，作为粤港澳大湾区向东辐射的重要门户和广深港澳科技创新走廊的重要节点，坪山应如何承担社会主义先进文化践行者和引领者的改革使命，实现文化建设的"全面先行"与"全程示范"？以"创意文化带动地区的整体发展"思路提出"坪山文化聚落平台"项目，在半月环中心公园附近布置剧场、美术馆、图书馆、影院等多样化文化艺术空间，这一系列举措显示出坪山努力建成区域文明典范的担当作为。

建区五年来，坪山已从过去公共文化服务体系相对薄弱的原特区外城区与工业大区成为今日深圳的东部文化高地，在"双区建设"的战略机遇下开启"坪山文化现象"：2018 年坪山图书馆聘任著名文化学者周国平担任首任馆长，"书话坪山""坪山夜话"等沙龙活动吸引一大批文化名家；2019 年坪山美术馆聘任著名建筑师、"深港城市/建筑双城双年展"学术委员刘晓都担任馆长，打破传统的行政级别和编制管理模式，以理事会、专家咨询委员会等制度为坪山公共艺术空间的专业化运营带来广阔的视野与创新的思路；2020 年 6 月坪山文化智库会议围绕"后疫情时代下的文化之变"主题展开讨论，就疫情环境下坪山文化艺术事业如何发展、文化艺术如何应对疫情的挑战等议题展开富有启迪的学术讨论；2020 年 8 月14 日，坪山大剧院成功奏响郎朗 2020 巴赫《哥德堡变奏曲》世界巡演中国首站，为坪山人民的生活注入跳动的音符。坪山将文化作为一种软实力积极融入城市发展建设之中，"坪山文化"的新时代担当也充分彰显了深圳城市文化建设的创新实践。

坪山文化的累累硕果离不开坪山文化智库的"建言献策"。习近平总书记在党的十九大报告中指出，要"深化马克思主义理论研究和建设，加快构建中国特色哲学社会科学，加强中国特色新型智库建设"[①]。坪山文化智库的成立是强化新型智库建设的文化选择，也为深圳公共文化服务体系均等化、标准化和科学化提供重要的智力支持。2017 年 11 月 15 日，坪山文化智库正式成立，首批加入智库的专家涵盖不同层级、不同文化领域的知名专家与学者，也包括在专业领域有着突出建树的深圳本地知名文化艺术人士，充分体现

---

① 《习近平谈治国理政》第 3 卷，外文出版社 2020 年版，第 33 页。

多元化及合理化的智库发展思路。为推动文化智库高效运转、汲取智库专家的宝贵建议，坪山区相继出台《坪山区文化智库章程》《关于实施坪山区文艺精品创作促进工程的意见》等系列文件，坪山文化智库能够实实在在地为城市文化建设指点迷津、为老百姓的公共文化权利积极发声，让坪山的每项文化建设工作落到实处、见到实效。可以看到，坪山文化智库正在推动文化管理走向政府与社会合作互动的社会治理，这也是深圳打造共建共治共享新格局的文化典范。①

　　坪山美术馆位于坪山区中心公园，是坪山区艺术展览机构的重镇。美术馆的主体建筑采用底层架空和公共平台的设计模式，通过将人群引入建筑群落内部的巧思，最大限度地激活公众参与的创意动能。以"打开世界，超越边界"作为艺术策展的出发点，坪山美术馆侧重于关注时代与社会变迁中科技、媒介、环境、思想、人性带给艺术的跨界融合及裂变，尤其关注艺术在空间中的不同形态与表现，保存、收藏、传播艺术的能量与远见。通过独特的观展体验、学习经验、在线在地等方式，坪山美术馆致力于把当代艺术产生的心灵震撼与创意活力带给深圳本地以及国内国际的观众，促进国际间的当代艺术文化交流。由此，坪山美术馆在建成后相继成立坪山美术馆学术委员会、坪山美术馆理事会等学术组织与管理组织，力求通过美术馆法人治理结构改革，建立一套完善的美术馆研究、典藏、展览、教育和管理体系，为深化公共文化机构体制机制改革提供创新样本。坪山美术馆在发挥美术馆的大众化功能、探索文化艺术审美教育"下沉"上均有着深度的探索。作为开馆展览，"未知城市：中国当代建筑装置影像展"策划出一个无限复杂的城市，在展览中看到城市表面的差异性与多样化，同时也能体会到城市精神内核的同一性。深圳是展览主题"未知城市"的代表，它年轻、无拘束的姿态为城市建筑文化和当代艺术领域带来积极正面的思考。"未知城市"展览打破了固有观念，邀请建筑师、城市规划师等不同领域、不同地域的艺术家一并探讨城市空间的未来价值，

————————

① 张一鎏：《打造东部文化高地　坪山是"认真"的》，《南方都市报》2018年11月23日第SA42版。

借此引导观众反思城市未来的诸种可能性。2019—2020 年跨年期间，坪山美术馆承办"啁·啾——艺术扎营"2019 深圳（坪山）公共艺术季，近 15 组艺术家及团体在坪山美术馆和周边艺术空间内进行现场艺术创作，公众可以深度参与艺术创作过程并与艺术家进行交流互动。公共艺术季跨年活动是一种具有强烈的流动性和日常性的艺术实验，坪山美术馆副馆长、策展人李耀表示："希望扎营的生活方式和当代艺术的公共事件联姻，在公共空间中演绎艺术实践链接他者的在地性、参与性、超越性等内涵。"① 坪山美术馆的新型艺术实践打破了传统艺术固守于艺术空间建筑方盒子内的叙事模式，将艺术融入公共及户外空间，在游弋、营建、对话和创作中实现跨媒介创新。

图 6 – 2　坪山美术馆

（作者拍摄）

---

①　坪山美术馆：《啁·啾：来扎营吧！2019 深圳（坪山）公共艺术季开营啦！》，https：//mp.weixin.qq.com/s/1snR0AW8SBV98UFPl0jhTw，2022 年 7 月 22 日。

"图书馆之城"是深圳市委、市政府建设学习型城市的一项重要举措，旨在将阅读作为一项核心文化品牌来实现市民的文化权利，体现出"城市推崇阅读，阅读改变城市"的人文关怀。在这个"来了就是深圳人"的移民城市里，深圳通过推进公共图书馆总分馆建设及开展全民阅读活动等创新举措，不断提高阅读文化基础设施的覆盖面和利用率，将公共阅读融入市民的日常生活。受益于信息时代的互通有无和数字平台的技术支撑，坪山也逐步纳入深圳的阅读文化版图，成为"书香城市"别具魅力的区域品牌之一。坪山图书馆位于坪山文化聚落的中心地带，除传统图书馆空间之外还设有星光书屋、儿童绘本馆、公共阅读文化体验馆、大家书房、音乐图书馆等特色功能区域，是深圳"全城一个图书馆"网络体系下成立的一座全新的图书馆，这也是深圳东部的文化新地标。坪山图书馆在遴选馆长事务上，打破旧有事业单位选人用人标准的硬性规定，按照"政事分开、管办分离、品质运营、专业管理"的原则，使坪山文化建设的"先行先试"有了更为广阔的试验空间。2018年11月19日，通过历时3个月的全国公开遴选，坪山图书馆成功地把一位极具品牌辨识度的"现象级"文化名人迎进坪山——当代著名哲学家、作家、学者周国平正式出任首任馆长。周国平馆长在建馆之初曾表示，要把坪山图书馆打造为一个开放的大学，通过藏书、入驻专家学者、课程讲座等方面的文化引领，使坪山图书馆成为一个高质量的文化品牌孵化器及创意能量源。在内容建设上，坪山图书馆坚守"开启人生的智慧，传承精神的高贵"的办馆理念，坚持"好书一本不漏，坏书一本不进"的馆藏思路，定期举办"坪山夜话"沙龙、"与周国平共读一本书"、"书话坪山"等文化活动及"明新大课堂"等面向市民开设的公共课堂，将周国平及其"文化朋友圈"的影响力聚焦坪山。在推进数字化阅读上，坪山图书馆也与时俱进，于2020年6月上线新版"线上图书馆"，为市民提供搜索全市公共图书馆馆藏资源、在线办理读者证等服务，同时整合海量数字阅读资源，建立专属于坪山图书馆读者的线上阅读空间与在线听书模块，以满足不同年龄、不同偏好读者的阅读需求。2020年上旬，新冠肺炎疫情给图书馆工作带来了巨大冲击，全球各大文化艺术机构工作被迫转向线上。"后疫情时代"的坪山图书馆以"周国平馆长：只有一个人生"线上直播讲座形式开启新的全民阅读热潮。2020 年 8 月 2 日，周国平与来自全国各地 9 位优秀读书笔记读者进行连线云互动，针对《给孩子的哲理》"塞涅卡"篇内容进行思想交流，当日直播间超 3 万人同时观看直播实录。诚如周国平馆长在 2020 年 3 月 22 日坪山图书馆一周年"云上讲座"中表示的："一个有阅读和思考习惯的人面对独处，会更加积极和充实，心态也会更平和、愉快。"[1] 如今，坪山图书馆已成为"坪山人爱读书，爱书人聚坪山"的精神家园。从"坪山智慧"、公共艺术的在地参与，再到全民阅读的热潮，创新的文化在坪山这片沃土上生根发芽，文化艺术已然成为坪山气质的重要组成部分，为坪山注入"月月有精彩、季季有突破"的深圳速度与活力。

第三节　深圳的"四位一体"城市文化治理机制

创意城市高度重视文化，以文化作为战略资源统摄城市的整体发展。兰德利精辟地指出："文化资源是城市的原料，也是它的价值基础，其中的资产取代了煤、钢铁，或黄金。"[2] 在创意城市多样化的治理模式中，可发现一种大写的文化观念，并在城市治理过程中具体化为文化的不同能指，包括文化产业、文化科技、文化认同、文化归属感等。创造力的植入不仅意味着在城市设计中充分融入创意（比如舒适的空间、便捷的交通、良好的环境），更重要的是在城市发展中吸纳善于创新的人才、打造灵活开放的企业文化、培育激发创新的城市氛围。因此，深圳打造创意城市的独特性体现在创造一套能够有效地平衡领导战略与制度弹性的权力结构，进而

---

① 坪山图书馆：《坪山图书馆一周年，周国平馆长"云上讲座"·实录》，https：//mp. weixin. qq. com/s/7yNsczP6oy9u4jJXdgyUWA，2020 年 3 月 30 日。

② ［英］查尔斯·兰德利：《创意城市：如何打造都市创意生活圈》，杨幼兰译，清华大学出版社 2013 年版，第 51 页。

在全球城市竞争中塑造自身的吸引力，本质上是在探索有创意的城市治理何以可能，文化资源能否在城市管理制度优化的过程中发挥有效作用，这也充分展现了深圳以创意为驱动、打造城市文明典范的创新作为。

一　"新经济治理"：创意空间集群与都市夜间经济

作为创意城市的一种治理模式，"新经济"意味着通过创新企业的设立和企业活动的创意集聚，以实现城市在经济层面的创新。创意城市一大显著的空间特征是拥有一些高度创新且开放联结的街区，这些地方往往由具有创新特质的企业引领周边公共设施、公共交通以及城市环境的整体发展，共同塑造城市欣欣向荣的品牌形象。流行于18世纪西欧社会的咖啡馆文化，充分体现了当时萌芽的资本主义文明催生新的城市商业，而这种新的组织文化进一步推动城市空间的变化——商人、艺术家、作家、科学家、记者等不同身份的群体在咖啡馆接触和交流，使一种独特的创意氛围得以萌生。与工业时代的城市经济不同，20世纪下半叶以来，随着技术的进步、产业的创新以及大众文化的兴起，不断涌现的新创意和新商品逐渐使文化与科技的融合成为城市永续创新的一大亮点。就像硅谷的创新科技和好莱坞的电影产业带动了地方的崛起，现代城市的创意往往是通过新的企业组织与信息科技相结合来带动城市的文化振兴。因此，纵观21世纪以来涌现的创意城市，可以发现创意文化产业不仅通过创意空间集群改变城市的固有空间形态，更重要的是通过"新经济"的创新引领而极大地改变城市经济结构，为城市创造相当可观的就业岗位和经济效益。这些产业从狭义层面讲，包括设计、出版、表演艺术、流行音乐、出版、媒体等，整体上呈现出与第一产业和第二产业不尽相同的服务化和信息化特点；从广义层面讲，则可延伸至城市观光、遗产旅游等都市休闲经济的范畴，因为"新经济"的品牌形象也是城市形象的重要组成部分，这些产业在吸引商业投资的同时，也在唤起游客对城市的好奇心。

深圳以"新经济"推动城市振兴的案例不在少数，尤以工业遗产的活化再利用为代表，主张将"文化"植入工业空间的转型升级之中，目的在于发展以都市休闲娱乐为方向的体验式旅游，通过城市新空间的点状分布来打造具有鲜明品牌特色的城市新文化。由此衍生的文化创意园区、工业景观、建筑遗产、创意产业集群、工业旅游等诉求体验经济的新空间在深圳大量出现，一改工业时代以工厂厂房、工人宿舍等为特点的空间形态。与此同时，以商业零售、休闲、体育、娱乐、会展、遗产旅游等为特点的第三产业成为拉动城市经济增长的动力源，不仅与餐饮、酒店等其他服务行业形成联动、创造就业机会，更重要的是通过形形色色的艺术活动介入建筑、街区和基层社区，有力地推动了城市形象的"更新换代"。比如，以创意园区和公共艺术为运营理念的华侨城集团，通过举办多场位于 OCAT 的当代艺术沙龙和展览来培育公众参与的市民精神，在旧厂址改造后的艺术空间运营过程中积极探索当代艺术的社会参与和公众对话；以创意集群和港口旅游为整体定位的招商蛇口集团，侧重于以创意产业集群和文化艺术活动驱动介入老工业区电子厂房、玻璃厂房的园区改造，通过策划南海意库、价值工厂的文化创意活动以及太子港的国际邮轮旅游项目来开拓新兴中产阶级的审美文化和消费需求，业已成为整个蛇口港片区空间升级的未来方向。

　　"夜间经济"这一概念源自 20 世纪 70 年代英国为改善城市中心地区夜晚空巢现象而提出的经济学命题，指的是当日 18：00 至次日 6：00 期间，以本地市民和外地游客为消费主体，以休闲、购物、健身、旅游观光、文化、餐饮等为主要形式的现代城市消费经济。① 2019 年 8 月，国务院办公厅《关于进一步激发文化和旅游消费潜力的意见》中提出到 2022 年要建设 200 个以上国家级夜间文旅消费集聚区，促使夜间经济迎来新一轮的机遇。2019 年年初，深圳市商务局牵头起草了《深圳市关于进一步优化供给释放潜力促进消费增长的若干措施（征求意见稿）》和《深圳市繁荣夜间经济实施方案》。② 同年龙华区印发《龙华区推进夜间经济发展、提升城市

---

　　① 左雨晴：《夜间经济：灯火下的城市发展新风口》，《新产经》2019 年第 9 期。

　　② 沈述红：《夜间经济的深圳样本》，http：//www.eeo.com.cn/2019/1105/368817.shtml，2019 年 11 月 5 日。

夜间消费活力工作方案》，布局民治上河坊、大浪商业中心等七个夜间经济示范圈，投入 9000 万元升级改造示范点市容环境，带动商圈主体投入 4.89 亿元升级内部环境及消费业态，形成消费集聚效应和规模效应。① 为做好大浪商业中心夜间经济示范点工作，龙华控股集团全面暂停到期物业租赁以确保空间载体，同时与项目运营方积极磋商谈判，确定合作模式，加快推进项目建设。② 此外，罗湖、南山、龙岗等区也先后出台促进夜间经济发展的工作方案，特别是罗湖区荣登"2021 中国夜经济繁荣百佳县市"榜单十佳榜，这在一定程度上说明罗湖区政府在推进夜间经济发展上作出了不少实效性的工作。罗湖区健全发展夜间经济的政策体系，探索以分管区领导为"夜间区长"，以夜间经济示范街区龙头企业负责人为"夜间首席执行官"的模式，在设立分时制步行街、增设夜间停车位、批准户外活动、允许临时性外摆等方面"先行先试"。③ 在夜间经济示范区建设上，罗湖区重点打造东门、重点培育贝丽北路夜间经济示范街区。比如，区政府对东门商圈进行升级改造，将东门步行街纳入全国高品位步行街试点建设，在夜间经济上突出餐饮、娱乐消费，注重提升餐饮特色及文化内涵，强化沉浸式虚拟游戏、游乐场、运动场馆等娱乐体验项目，引入的深圳"文和友"在短期内引爆了东门夜间经济。④ 在项目和品牌打造上，区政府策划实施"夜购罗湖""夜品罗湖""夜悦罗湖""夜游罗湖"系列项目，塑造了"潮深圳·夜罗湖"消费品牌。在具体活动开展上，区政府策划举办"罗湖时尚之夜促消费"活动及各类文化活动，其间派发夜间专项消费券，由政府部门组织、指导和监督，平台企业赋能辖区

① 龙华区大浪街道办事处：《大浪商业中心推动夜间经济发展》，http：//www. szl-hq. gov. cn/jdbxxgkml/dljdb/dtxx_124654/gzdt_124655/content/post_7871539. html，2020 年 7 月 9 日。

② 龙华区大浪街道办事处：《大浪商业中心推动夜间经济发展》，http：//www. szl-hq. gov. cn/jdbxxgkml/dljdb/dtxx_124654/gzdt_124655/content/post_7871539. html，2020 年 7 月 9 日。

③ 王斗天、肖兵峰：《全国夜经济　罗湖列第八》，《深圳商报》2021 年 12 月 7 日第 3 版。

④ 张一鎏：《罗湖获评"夜经济繁荣百佳县市"十佳》，《南方都市报》2021 年 8 月 3 日第 4 版。

商户，商户具体实施并投入商业资源，形成政府、平台、商户资源
共享、优惠叠加的夜间消费热潮。① 2020 年，中国首艘综合性高端
湾区游船"大湾区一号"从蛇口邮轮母港起航，营运深圳湾和港珠
澳大桥 2 条海上旅游航线，这也标志着 2017 年开始运营的"海上
看深圳"项目正式升级为"海上看湾区"。② 作为全国夜游的重要组
成部分，江河湖海游船备受游客欢迎，如浦江夜游、珠江夜游等都
极具人气。而深圳依托海洋、港口资源开发了一系列海上旅游航
线，若积极利用"夜间"的时空氛围，必将吸引深圳本地及全国游
客，从而在夜间游船领域发挥标杆作用，成为深圳旅游的一张新
名片。

二 "智慧治理"：公共文化服务体系的数字化创新

"智慧治理"指的是通过信息科技来为城市决策和运行提供全
方位的技术支撑，以推动城市在社会管理层面的创新。知识经济时
代的财富积累方式转向了信息资本，数据的多元联结改变了产业经
济时代的生产机制，同时也创造了一种基于网络经济的新的社会组
织形态，这对城市的空间布局与管理方式带来新的挑战。一方面，
过去集聚在城市中心的工业建筑转化为适应金融、科技、信息、服
务、互联网、传媒等知识企业的新地标，与之相适应的快递、外
卖、便利店等配套服务也成为城市新现象；另一方面，主打信息生
产的后福特主义经济具有生产端与消费端相融合、凸显个体创意、
项目导向、侧重共享结盟等扁平化特点，信息技术的虚拟性、移动
性也使工业时代那种标准化、机械化、层级化的城市组织形态不得
不发生转变。体现在城市治理层面，自上而下式的权力结构逐渐转
向公部门、私有企业、社会组织等不同治理主体的协作模式，城市
间的跨国、跨区、跨域治理也悄然兴起，而促成这种共生共创的城

---

① 深圳市罗湖区工业和信息化局：《罗湖区工业和信息化局 2020 年上半年工作总结》，ht-
tp：//www. szlh. gov. cn/lhgyhxxhj/gkmlpt/content/8/8151/post_8151983. html#12243，2020 年 9 月
29 日。

② 蛇口邮轮母港：《公司介绍》，http：//www. cmskchp. com/about，2022 年 3 月
10 日。

市竞合机制的推手恰恰是网络社会的崛起。信息的即时传播使得人们对某一特定地方的归属感不断消解，对城市建筑、风俗技艺、民间传统等文化所一贯秉持的地方性和"遗产性"产生巨大冲击；但资讯的分散流通也创造了一种超越时空距离的"同时性"，这使得文化资源可以通过数字化的博物馆、美术馆、图书馆、音乐厅等跨媒介平台而真正实现文化的"公共化"。

"南山文体通"公众号是深圳市南山区区委宣传部与区文体旅游局运营的官方公共文化服务平台。作为南山区公共文化服务体系创新的重要项目之一，该平台于 2015 年 11 月正式运营，主要功能包括信息汇集、在线服务和意见反馈。[①] 2017 年 5 月，"南山文体通"2.0 版上线，版面重新改版设计，采用 app 交互体验模式，整合服务内容资讯，丰富优化内容供给，提升了平台的易用性和可用性。2019 年 6 月，"南山文体通"小程序正式上线，以融媒体的方式提升公共文体惠民服务。上线短短一个月内，用户数量超过 2 万人，并于当年 7 月荣获深圳"十大最具融媒行动力奖"。[②] 目前，"南山文体通"主要分为"畅游南山""文化日历""文体通小程序"三个板块，功能丰富的系统设置有助于平台进行全面及时的数字化信息推送。截至 2019 年 12 月 31 日，2019 年的南山文体通公共文化服务平台共推送 285 次。在单次推送编辑多条消息的前提下，平台共更新了 888 条消息，涵盖图书馆、博物馆、文化馆活动、艺术展览、沙龙讲座、读书会等丰富内容。平台平均每天更新 2.4 条活动消息，为广大市民群众提供最新讯息。[③] 南山区市民仅凭一部智能手机便可掌握该区公共文化服务的资讯，参与本区公共文化服务活动，大幅提升了公共文化服务信息资讯的知晓率和公共文化设施的可利用率，让文化成果为更多市民所共享。根据南山文体通服务商深圳市腾讯计算机系统有限公司提供的数据显示，2019 年

---

① 《公共文化服务平台"南山文体通"上线》，南方网，http：//sz. southcn. com/content/2015 - 11/16/content_136990631. htm，2019 年 8 月 14 日。

② 黄玮、程昆：《深圳融媒致敬盛典举行　打造"融媒爆款"秘诀在此揭开》，《南方都市报》2019 年 8 月 1 日第 1 版。

③ 陈世香、唐玉珍：《政务微信提升公共文化服务效能的模式分析——深圳"南山文体通"的个案研究》，《图书情报工作》2020 年第 17 期。

7月"南山文体通"小程序上线后，截至12月，小程序后台用户数量已接近6万人，同期微信公众号粉丝数亦接近18万人。① 在文体通小程序版块提供"活动补贴""抢券""报名""在线订场"等惠民服务，是"南山文体通"平台政府公益性在线补贴机制的具体落实，也是其最具特色的在线服务模式。在公益性文化活动和政府补贴场馆的在线订场订票与支付方面，"南山文体通"走在了深圳乃至全国前列。自2013年起，南山区委宣传部和区文体旅游局开展一系列文化惠民工程，实施高雅艺术低票价补贴政策，对区内保利剧院、华夏艺术中心、文体中心等剧院的部分演出门票进行定额现金补贴优惠，让市民能够以优惠价格购得门票，降低市民欣赏高雅艺术演出的经济负担。补贴范围包括戏曲、音乐、舞蹈、话剧、歌剧、舞剧、儿童剧等。此外，该类补助还辐射到高水平体育赛事、大型体育活动之中。市民通过线上平台实名领取政府补贴后的补贴票，持"兑票二维码"到活动现场进行纸质票兑换；而政府则依据后台显示的现场兑换票数，给予演出开展单位应获取的相应补贴。这种在线补贴购票方式，一方面有利于扩大各类文艺演出尤其是高雅艺术演出的受众面，引导和营造全区浓厚的文化艺术氛围，提升市民审美水平；另一方面，将文化服务的选择权利充分交给了市场和受众，促使被补贴单位高度重视市场和观众的消费需求和喜好口味，有效地提升了文化惠民工程的实施效果。

文化新基建是指大数据、VR、5G全面应用于文化产业，利用"文化＋科技"的产业优势，营造全新的文化消费场景、精准对接市民的文化需求，推动城市文化的高质量发展。灯光秀（light show）指的是以光影艺术为载体，在深度挖掘本地历史和文脉、整合当地文化科技资源的基础上点亮城市，可被视作公共艺术在文化新基建背景下的新试验。现代灯光秀突破了城市审美照明的单一维度，赋能城市夜间生活的多重场景，将城市的建筑群、主干道、广场、地标与灯光秀交相辉映，通过内容演绎将当地城市文化资源、地方性知识、文化传统按照特有的逻辑勾连起来，展现出更清晰的

---

① 陈世香、唐玉珍：《政务微信提升公共文化服务效能的模式分析——深圳"南山文体通"的个案研究》，《图书情报工作》2020年第17期。

城市面孔和更鲜明的城市性格，使城市本身成为一件尚未完成的艺术作品。以往的城市公共艺术或者城市文化菜单往往都以美化城市环境、履行政府公共文化服务职能等单一实用性目标为诉求，但灯光秀有助于推动社会各界参与大型公共艺术活动，激活市民作为城市居住者通往城市的权利。这是因为灯光秀通过官方引导、企业参与、科技赋能、民间叙事的方式，以公共艺术的方式介入城市实体空间，全面激活市民的公共交往、维系公共情感、促进和谐的人际关系，达到宣传城市、书写城市、理解城市的目的。在以移民城市为特点的深圳，灯光秀以庆祝"改革开放四十周年"为契机，逐渐走入公众视野，随后以一种日常化的公共艺术装置的方式嵌入城市生活，丰富了市民的夜间娱乐生活，很快成为深圳市民最喜欢的城市公共艺术项目之一。以福田中心区灯光秀为例，其各个环节均体现出政府、企业、艺术家以及社会力量的广泛参与，进而形成了一种良好的文化共治生态。比如，天健集团、名家汇等参与灯光秀项目基础设施搭建的企业既是城市文化建设者、阐释者、参与者，又是灯光秀艺术的技术保障，一定程度上代表了城市文化新基建的技术创新力量。与此同时，灯光秀所使用的150万套灯具，约有90%由深圳市本地企业生产和提供，正是这些文化科技企业通过灯光秀的艺术实践向全国乃至全世界展现"深圳智慧"。

三　"合作治理"：公共艺术的城市共同体联动

"合作治理"是指将作为战略资源的文化贯穿到城市的整体规划、决策和管理层面，通过一种基于文化的城市共同体之间的协作关系，探索城市在组织关系层面的创新。创意城市主张运用一种全盘性的思考方式来审视城市的永续发展问题，强调以文化作为价值观、生活方式和公共政策来突破固有的城市决策思路。无论是城市空间的美学呈现，还是产业发展的创意元素，抑或城市居民的多元身份，甚至城市管理部门和基础设施的公共服务，均把"文化"放在公共政策的中心位置，探讨"以人为本"、灵活全面、批判冒险又重视传统的"文化地思考方式"（culturally thinking）如何推动治理观念的革新，并在交通、住宅、教育、卫生、建筑与规划、社会服务等多个城市利益共同体之间达成一种协同创新的治理伙伴关系。一方面，创造性的思考意味着集思广益地为城市的未来进行前瞻设计，每一个居住在城市中的个体应思考"什么样的城市是好的"，并在社区层面形成沟通、分享、批评的参与机制，以期搭建城市居民描绘心目中城市愿景的开放性讨论平台。另一方面，创造性的规划意味着城市的公部门、私部门、社会组织、市民团体等利益主体之间形成集体学习和共同行动的组织架构，确保城市公共领域的有序运行。兰德利发现城市共同体的合作治理模式可细分为"相对不注重咨询的魅力领袖主导模式""植根于传统部门策略的市政当局主导模式""商业导向模式""合作导向模式"四种类型，①尽管治理主体的构成和比重有所不同，但目标都是探索一种更为高效且具有执行力的城市权力结构。

深化城市文化体制机制改革是从文化治理层面探究城市治理能力现代化的一项创造性行动。如果说当前城市文化管理存在着行政主导、单一主体、粗放式管理等问题，那么科学的城市文化治理应以简政放权为基本原则，一方面政府应通过制定城市文化发展的规划纲要、强化文化事业和文化产业发展的各类政策引导，确保在城市文化管理宏观领域的领导权；另一方面则应在经营性的文化领域减少不必要的行政干预，充分发挥市场在城市文化资源配置中的基础性作用，构建大部制的纵横结合式管理机制，规避"政出多门"导致的"执行难"等弊端。城市文化治理共同体意味着在法治的基础上，以精细化、个性化、分类化的多元主体合作机制参与城市的公共文化事务，广泛吸纳行业协会、非政府和非营利组织等"第三方"共同参与文化产品和服务供给，广邀文艺团体、艺术家、文化学者、有影响力的社会人士参与文化咨询和文化政策的决策、执行过程。通过"政府＋专业机构/专家"的合作治理模式，城市文化管理的科学性、规范性、民主性才能得以实现。与此同时，提升社会力量参与城市文化决策的广度、深度和精度，也有助于培育公众对所在城市与日俱增的认同感。

---

① ［英］查尔斯·兰德利：《创意城市：如何打造都市创意生活圈》，杨幼兰译，清华大学出版社2013年版，第263—265页。

建市时间短的深圳，其公共艺术起步晚、势头猛。深圳公共艺术发展可以追溯至 1998 年深圳雕塑院（现更名为深圳市公共艺术中心）策划的国内第一个真正意义上的公共艺术作品——群雕《深圳人的一天》。该作品高度纪实，以 18 位不同社会阶层的深圳市民一天真实的动作行为和服饰作为雕塑的主题，在消解传统城市雕塑叙事的同时没有破坏城市雕塑的纪念意义，体现了公共艺术的开放性与公众的参与性。其中，艺术空间在推动深圳当代艺术的纵深发展上发挥了重要作用，通过这些公立艺术机构或民营美术馆、画廊等空间的联动策展，深圳当代艺术生态得到了极大的丰富。比如，1998 年 11 月，何香凝美术馆与深圳雕塑院联合举办了"深圳国际当代雕塑展"，以推动当代雕塑、环境空间的发展为诉求，该展览第一次整体地将中国当代雕塑艺术中颇具代表性的作品纳入公共空间，接受公众的检验和评判。2005 年，OCT 当代艺术中心（OCAT）创立，并以当代视觉艺术的研究与展示为主体，辐射实验戏剧、影视、设计、音乐、建筑等综合艺术领域，整合调动国内外当代艺术资源和多维度的艺术交流活动。同年 12 月，首届深圳城市建筑双年展在 OCT 当代艺术中心展出，后发展为"深港城市/建筑双城双年展"，展览立足于珠三角地区急剧城市化的地域特点，关注全球普遍存在的城市问题，充分利用设计、装置、戏剧、影像、公共艺术、专题研究和对话等多种方式，展示了深港、中国乃至全球城市化进程和人居状态的多元维度。2009 年，深圳雕塑院正式更名为深圳市公共艺术中心，成为全国首家以"公共艺术"命名的事业单位，承担起深圳公共艺术的研究、创作、推广等工作，推动深圳公共艺术的交流与发展。借助与国际接轨的地理位置，深圳各类型艺术机构也不遗余力地推动大型艺术展览的发展，以期由此带动公共艺术的协同发展。其中既有何香凝美术馆、OCT 当代艺术中心等事业单位每年设置不同公共艺术相关议题并以展览的形式引起公众共鸣，也不乏成立于 2010 年的后起之秀——坪山新区美术馆举办的 2019 深圳（坪山）公共艺术季等跨媒介互动公共艺术节。

海上世界文化艺术中心是由招商局集团旗下的招商蛇口所创立的深圳世界级设计艺术新地标，充分发扬蛇口先锋精神，沉淀蛇口发展历史，强调文化与创意设计对于城市发展的重要性，鼓励深圳设计行业的成长与发展，以国际化视野的设计与展览相互作用，为城市发展提供可持续的创意源泉。为积极回馈社会，履行作为文化艺术综合体的社会责任，设计互联成立"设计互联学院"，倡导"与社会共设计"理念，通过"设计思维课程"和"去！设计社区节"两大品牌，将专业的设计实践和创新文化转变成每个人都能了解和参与的活动。同时，招商文化协同招商局慈善基金会、蛇口社区基金会、万科公益基金会、华为云、英国 V&A 博物馆等各界机构，共同营造蛇口的文化艺术氛围，从生态营造、创新教育、可持续发展等多个维度呈现蛇口社区的国际化风貌。2020 年 11 月，招商蛇口举办首届"蛇口文化艺术季"，围绕海上世界文化艺术中心举办 13 个公共艺术项目，涉及展览、演艺、读书社群等艺术形式，为本土艺术创作者提供发声平台，同时积极承担社会责任，举办蛇口社区无车日、"我不是外星人——关爱特殊儿童计划第二期"特殊儿童戏剧课程成果展等公益项目。在公共艺术项目筹办之初，海上世界文化艺术中心团队已深入走访蛇口的社区、学校，开展"去！设计社区节"，鼓励居民与设计群体共同参与设计营造，培育蛇口片区居民的城市文化认同感与归属感。2020 年第四届"去！社区艺术节"创造性地设计出"企业＋学生＋公众＋艺术"的由各创意阶层汇集而成的组合：华为云提供前沿技术支持，学生运用 AI 与云技术，结合田野调查，挖掘蛇口的历史与社区生活问题，产出一系列艺术项目，带动公众积极参与其中。这种合作治理的模式激活了民间艺术机构参与城市文化事务的创意动能，通过公共艺术实现居民与社区之间的动态联结。

四 "参与式治理"：社区艺术参与和文化归属感

较之"合作治理"侧重在政府与机构之间形成动态平衡的治理结构，"参与式治理"则更为关注城市个体发挥自身的创意与创造力，在一定的政策框架内运用社会行动去发起公共领域的参与、对话、协商，旨在以高度的社会责任感来实现个人愿望与城市愿景的有机结合。兰德利将此界定为"市民创意"，意即"应用在公益目标上的创造性解决问题的能力"。① 这不仅意味着要在市民群体中形成以公共性为价值目标的政治氛围，同时也需要创意个体具有前瞻性、想象力、说服力等领导技巧，才能在公领域和私领域之外实现覆盖面更广、社会效益更好的治理效果。参与式治理的特殊性体现为市民创意的不确定性、冒险精神和生机活力，特别是创意个体对"什么是公益（public good）"的反思也创造了一种城市公共对话的新机制，这对现代城市文化治理体系的结构化运作无疑带来新的契机。

　　20世纪下半叶以来出现的参与式艺术，以其"命名性""事件性""在场性"等特点成为当代艺术最具生命力的实践形式，城市社区往往是这类艺术生产的重要场域。值得注意的是，当艺术家从工作室内的创作者转向艺术事件的现场策动者时，也揭示出一种基于"参与"的艺术实践正在介入社区重建、社会改造与日常生活，展现出审美现代性对启蒙现代性的前卫批判精神。作为情境（situation）策划者的艺术家，作为不间断或长期合作项目的艺术作品，作为合作者的观众——以其独有的审美自律性，共同构成了一股生产城市新动能的力量。这种超越传统美术馆、博物馆体制束缚的公共艺术，以差异化地呈现观点、立场和意义阐释的方式，通过推动不同社群之间的交流而积极参与到城市公共性的对话与合作之中。就像尼古拉斯·布里欧认为，"经由激浪派的偶发艺术和行为表演予以理论化的观众'参与'，开始变成艺术实践的常态了……这项特殊的生产不只是决定了一种意识形态和实践场域，也界定出新的形式领域"②，这种向公众敞开的"共活关系"（convivial relation）也意味着在美学层面探索一种真正意义的"参与"究竟何以可能，以及作为一种关系性生产的艺术如何介入社区、介入生活、介入城市。

　　发起于深圳的"握手302计划""卤味高清频道""鳌湖艺术

---

　　① ［英］查尔斯·兰德利：《创意城市：如何打造都市创意生活圈》，杨幼兰译，清华大学出版社2013年版，第266页。

　　② ［法］尼古拉斯·布里欧：《关系美学》，黄建宏译，金城出版社2013年版，第22—27页。

村""西丽计划"等"艺术城建"实践，均体现出艺术家以个体之姿态介入空间再造的集体行动。2013 年，留深美国人类学家马立安（Mary Ann O'Donnell）、前深圳雕塑院公共艺术家张凯琴、吴丹、刘赫与雷胜五人将实践地点定于白石洲上白石村二坊 49 栋 302 号，以"握手 302"（深圳市握手三〇二艺术中心）的名称开始在城中村进行艺术实践。策划的活动包括工作坊、讲座、舞蹈、话剧、讨论等形式，内容涉及人文、社会、生活、艺术、教育、建筑等领域。除了独立艺术空间与城中村内的实践，团队成员出资注册成立一家机构，希望借助平台将每个人对于雕塑、公教、设计等领域的专业能力与政府等机构深度合作。艺术家们所做的是以艺术介入城中村、以参与建立情感连接，借助不同的作品引导不同背景的观众、参与者探讨"在城中村能学到什么？""紧凑的握手楼、人烟稠密的街道、熙熙攘攘的小广场如何改造成为文化空间？""创造性干预如何激励深圳居民跨越文化和经济差异参与讨论我们共同的城市状况？"等多个问题。"互不干涉、没有太多圈子、保持清晰的边界感"的氛围是"握手 302"团队进行艺术实践所享受的深圳城中村独特文化，这也使"握手 302"成为一个设立于城中村、以艺术的形式窥探深圳不同阶层生活形态的显微镜。自成立至今，"握手 302"已在白石洲及深圳各地进行数十项艺术实践项目，他们的活动目的不是为了生产具体的静态实物，而是为了在公共空间内与参与者协作，完成对城市历史记忆、新移民的文化认同感、城市权利归属等问题的探索。在讨论新移民在深圳生活成本与人际关系的"算数"和"单身饭"、2017"深双"大浪分展场"迁徙——故乡与他乡，客家历史再发现与中西文化交流"、驻留城中村项目"白鼠笔记"、城市"漫游"活动"城市骨骼与肉体：发现深圳"等艺术项目中，具有强烈"深圳"特质的艺术现场得以真实地展现。高生活成本与婚恋压力、历史遗存的关内/关外和户籍问题、居无定所的"游牧式"居住状况、"谁是深圳人"，正是这些微观的艺术参与生态编织出一种富有张力的深圳城市文化个性。或许难以将"参与"框定在稳定的权力结构之内，但边界开放的公众参与氛围也在使一种"自发自为的"城市文化归属感成为可能。

　　可以看到，深圳围绕着都市夜间经济的场景营造、公共文化服务的智慧治理、都市公共艺术的民间表述、城市社区更新的艺术介入，已经逐步构建出涵盖"新经济治理""智慧治理""合作治理""参与式治理"在内的四位一体城市创意聚合机制和网状治理机构，这也为城市文明典范的全球版图提供具有鲜明辨识度的深圳经验。

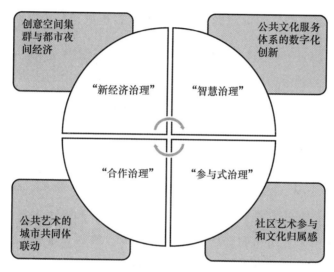

图 6 - 3　深圳"四位一体"的创意城市治理模式

第四节　深圳打造全球文化标杆 城市的使命与路径

　　当前，世界范围内的城市纷纷从工业文明迈向后工业文明。不过，西方以工业文明建立起来的现代城市本质上是一种"物本位"的城市文明。在全球化与后工业背景下，中国的新型城镇化旨在突破"物"的城镇化，追求以人为本的"人"的城镇化，也是效率与和谐并存、向善的城市文明。与此同时，近几十年来，非西方国家迅速崛起，由原来东方从属于西方转向多极化的世界格局。中国经历"两个一百年"重大转换时期，从发展中国家逐渐走向引领世界潮流、推动新的世界秩序建立的全球大国。因此，作为"复数文明"的中国方案之一，深圳的城市文明典范瞄准的是更高度的文明，因此具有先行示范的意义。为加快塑造展现社会主义文化繁荣兴盛的现代城市文明，打造全球文化标杆城市，深圳应对标国际，夯基础、补短板，在以下四个方面持续发力。

一　发挥文化的价值引领作用，纵深推进城市精神文明建设

习近平总书记在党的十九大报告中指出："文化是一个国家、一个民族的灵魂。文化兴国运兴，文化强民族强。没有高度的文化自信，没有文化的繁荣兴盛，就没有中华民族伟大复兴。"[①] 城市精神文明建设是贯彻落实社会主义文化大发展大繁荣的必然要求，是创新城镇化发展理念的"助推器"，是提升城市品牌辨识度和文化竞争力的重要构成要素。近年来，联合国教科文组织相继发布《杭州宣言：将文化置于可持续发展政策的核心地位》（2013 年）、《变革我们的世界：2030 年可持续发展议程》（2015 年）、《文化：城市的未来》（2016 年）、《城市、文化、创意：利用文化与创意实现可持续城市发展与包容性增长》（2021 年）等系列报告，强调了文化之于城市可持续发展的重要性。习近平总书记在深圳经济特区建立 40 周年庆祝大会上的讲话中深刻地把深圳精神文明建设的经验总结为"实现了由经济开发到统筹社会主义物质文明、政治文明、精神文明、社会文明、生态文明发展的历史性跨越"，进一步指出深圳要在"加强理想信念教育，培育和践行社会主义核心价值观""弘扬以爱国主义为核心的民族精神和以改革创新为核心的时代精神""深入开展群众性精神文明创建活动""加强公共文化设施建设，推动文化产业高质量发展"等层面着力，以期"更好地满足人民精神文化生活新期待"。[②]

40 多年来，孕育于特区沃土的"十大观念"深入人心。1996年的十四届六中全会决议提出开展文明城市建设活动，指出"要以

---

① 《习近平谈治国理政》第 3 卷，外文出版社 2020 年版，第 32 页。
② 习近平：《在深圳经济特区建立 40 周年庆祝大会上的讲话》，《人民日报》2020 年 10 月 15 日第 2 版。

提高市民素质和城市文明程度为目标，开展创建文明城市活动，到2010 年建成一批具有示范作用的文明城市和文明城区"。2004 年 9月，中央文明委颁发《全国文明城市测评体系（试行）》。截至2021 年，全国文明城市建设活动开展了 25 年，深圳已经连续六届蝉联"全国文明城市"，实现全国双拥模范城"七连冠"，获评全国十大美好生活城市。为持续加强社会主义精神文明建设，深圳应坚持规划引领、"多规合一"，把握《粤港澳大湾区发展规划纲要》《关于支持深圳建设中国特色社会主义先行示范区的意见》方案下深圳精神文明建设的新起点、新机遇，统筹《深圳文化创新发展2020》《深圳市旅游发展"十四五"规划》《深圳市扩大文化旅游和体育消费实施方案》《加快文化产业创新发展的实施意见》《深圳市博物馆事业发展五年规划（2018—2023）暨二〇三五年远景目标》等文化发展规划，注重与城市文化总体规划、区域发展规划形成整体衔接。深圳也应全面融入粤港澳大湾区发展战略，从文化创意空间布局、公共文化服务配套、历史街区品位提升等多领域入手打造城市精神文明建设的多维版图，推动国际化程度高的文化资源汇聚，优化文化产业、文化景观与公共文化设施合理布局。以全国文明城市创建为契机，促进城市文化建设的整体推进，引领粤港澳城市群的迭代升级，为粤港澳大湾区的协同创新提供深圳力量。

二 培育对标国际的文化产业新型增长极，推进"文化＋旅游"深度融合

《中共中央国务院关于支持深圳建设中国特色社会主义先行示范区的意见》指出要"发展更具竞争力的文化产业和旅游业，支持深圳大力发展数字文化产业和创意文化产业，加强粤港澳数字创意产业合作"。《2021 年深圳市政府工作报告》指出"十四五"时期是深圳在高质量全面建成小康社会基础上，乘势而上开启新时代全面建设社会主义现代化新征程的关键时期，要"发展数字文化产业、创意文化产业和时尚产业，创建国家级文化产业示范园区，建设大浪时尚小镇，擦亮'设计之都'品牌。创建国家全域旅游示范区。加快新大主题公园、光明小镇、冰雪综合体等项目建设，建成金沙湾国际乐园，推动小梅沙片区等旅游景区升级改造，打造城市特色旅游品牌"。中共中央、国务院印发《横琴粤澳深度合作区建设总体方案》，强调要"发展文旅会展商贸产业，加强对周边海岛旅游资源的开发利用，推动粤港澳游艇自由行。支持粤澳两地研究举办国际高品质消费博览会暨世界湾区论坛，打造具有国际影响力的展会平台"。上述文件均为深圳文化产业的高质量发展指明了未来方向。

英国在1998年颁布的《创意产业界定文件》（*The Creative Industries Mapping Documents*）中，将创意产业解释为个体创造性和技能之集聚以创造就业和财富的新兴产业，具有创意性的产业最终能够服务于整体经济的创造力。[①] 2016年12月19日，国务院正式印发《"十三五"国家战略性新兴产业发展规划》，首次将数字创意产业与新一代信息技术、高端制造、生物、绿色低碳产业一并列为战略性新兴产业新支柱。2017年4月19日，文化部2017年文化产业工作会议正式颁布《文化部"十三五"时期文化产业发展规划》，指出依托于数字技术的"互联网+"业已渗透到文化创作、生产、传播和消费等多个环节，在培育文化新业态、推进转型升级以及跨界联动发展等方面发挥着创新驱动的战略意义。基于此，深圳应积极推进"前海国家文化金融合作试验区""蛇口滨海文化创意产业带""湾区时尚总部中心""口岸文化集聚带""滨河文化景观带""东部黄金海岸旅游带"等区域文化地标的示范先行，构建现代文化产业体系，培育文化产业总部经济，发挥创意设计和科技创新两大核心优势，探索"文化+科技""文化+旅游""文化+金融"等文化新业态。以新兴信息技术为代表的技术革新和协同创新正在推动文化产业进入3.0时代，深圳要紧随国际文化产业更新的潮流，不断探索文化产业转型升级，对接文化领军企业的项目落地，构建高新、精尖、优质的产业融合新模式，积极创建"国家文化和科技融合示范基地"。深圳应继续增加对文化产业的财政投入和政

---

① Department for Digital, Culture, Media & Sport, *Creative Industries Mapping Documents* 1998, https://www.gov.uk/government/publications/creative-industries-mapping-documents – 1998, 9 April 1998.

策扶持，完善金融支持体系，营造良好的营商环境，充分发挥文博会、高交会、深圳文交所、中国文化产业投资基金、国家对外文化贸易基地（深圳）、深圳国际版权交易中心等国家级平台的带动效益，以国际一流标准提升辖区创新载体建设，做大做强国家级文化产业平台建设。深圳应顺应粤港澳大湾区城市群的深度融合及一体化趋势，推动深港澳创意设计联盟、深港澳数字创意设计三城展、蛇口国际邮轮母港等城市间的创意联动机制，与香港、澳门合作建设高品质进口消费品交易中心，构建高品质消费品交易产业生态，推动传统贸易数字化转型，推动区域文化产业跨境投融资和对外文化贸易"走出去"，打造"文化产业看深圳"的品牌辨识度和创新创意生态圈层。

三　开展标志性的文体旅游赛事，深入推进普惠性、高质量、可持续的城市公共文化服务体系创新

在世界范围内，公共文化的标志性地标已经成为一个城市乃至一个国家形象的艺术象征，无论是纽约自由女神像还是丹麦哥本哈根美人鱼雕像，它们都成为一种艺术表达的集体方式，传达区域或国家的文化精神与公共态度。《中共中央国务院关于支持深圳建设中国特色社会主义先行示范区的意见》指出要"支持深圳规划建设一批重大公共文化设施，鼓励国家级博物馆在深圳设立分馆，研究将深圳列为城市社区运动场地设施建设试点城市"。《2021年深圳市政府工作报告》指出，面对"双区"驱动、"双区"叠加的历史新机遇，深圳要"基本建成'新时代十大文化设施'，建设世界级旅游目的地和国际著名体育城市，加快打造区域文化中心城市和彰显国家文化软实力的现代文明之城"。该工作报告进一步指出要"开工建设深圳改革开放展览馆、国深博物馆、深圳创意设计馆等重大文化设施，推进深圳党史馆、国家方志馆特区分馆规划建设，继续办好文博会、'一带一路'国际音乐季、深圳读书月、深圳设计周暨环球设计大奖、深圳时装周等活动"。

中共中央办公厅、国务院办公厅印发《深圳建设中国特色社会主义综合改革试点实施方案（2020—2025年）》指出，深圳要完善

文化体育运营管理体制，强调要"支持建设使用国际通用规则的文化艺术品（非文物）拍卖中心。支持开展体育消费城市试点，推进体育产业创新试验，创新促进体育赛事发展的服务管理机制和安保制度"。为建成具有全球影响力的创新创意之都，深圳应对接市级、区级、街道、社区，积极承办国际化文体旅游赛事和文化艺术活动，持续打造"月月有主题、全年都精彩"的"城市文化菜单"。应深入推进深圳歌剧院、深圳改革开放展览馆、深圳创意设计馆、国深博物馆、深圳海洋博物馆、深圳自然博物馆、深圳科技馆、深圳美术馆新馆、深圳创新创意设计学院、深圳音乐学院等"新时代十大文化设施"的全面建成。应支持具有国际影响力的大型会议、会展和文体旅游赛事落户深圳，继续承办深圳国际水墨画双年展、深圳设计周、深圳时装周、中国（深圳）国际文化产业博览交易会、深圳国际摄影大展、深圳国际创客周、中国杯帆船赛等重大国际展出和文体赛事，提升城市品牌影响力。

2021 年，《国家发展改革委关于推广借鉴深圳经济特区创新举措和经验做法的通知》指出，深圳颁布实施全民阅读促进条例，制定基本公共文化服务实施标准等系列配套政策，基本构建了"一个平台、二层架构、三级垂直、四方联动"的特大城市图书馆总分馆体系，纵深推进"图书馆之城"建设，这是深圳创新优质均衡的公共文化服务供给体制的率先示范。深圳应继续立足《深圳市基本公共文化服务实施标准（2016—2020 年）》，以步行 10 分钟为服务半径，统筹设置公共文体设施，推动公共文化场所向市民免费开放，努力建成以市民精神文化需求为导向的"十分钟文化服务圈"。整合各辖区范围内的文化资源，按照"传统、新兴、特色、平台"的要素分类打造包括主题文化馆、公共图书馆、博物馆、文化广场、公园、公共艺术、地铁、表演艺术、街道风情、数字云文化等在内的复合文化功能模块，推动公共文化产品及服务"沉下去"，使深圳市民能够享受优质、就近、便利、无差别和均等化的公共文化供给。深圳应优化"互联网＋公共文化"的文化便民服务模式，继续推进"南山文体通""福田文体通""罗湖文体通"等公共文化数字服务平台，运用"互联网＋"思维整合辖区文体设施和活动项目，为市民提供文化体育资讯、场馆预订、活动购票、讲座报名、展演交流、会员服务等主题文化服务，打造"一站式"公共文化数字平台。以"数字图书馆"和"数字书城工程"为契机，推动公共阅读数字化，优化"城市街区 24 小时自助图书馆""乐读社区"等全民阅读项目，传递低碳环保和共创共享的阅读新理念。引入"数字＋文化馆""数字＋美术馆""数字＋博物馆"等运营模式，实现公共文化场所 WIFI 全面覆盖。深圳要坚持创新"深圳学习讲坛""百课下基层""市民文化大讲堂""社科普及周"等思想理论平台载体，将全民阅读活动下沉到基层，建成"书香街区"和"学习型街区"。

四　推进城市文化品位的显著提升，优化城市文化创新的"软环境"

《2021 年深圳市政府工作报告》指出，作为"十四五"时期发展目标和重点任务之一，深圳要"深入实施习近平新时代中国特色社会主义思想传播工程，积极践行社会主义核心价值观，持续开展市民文明素养提升行动，推动物质文明和精神文明全面发展"。通过"全面实施文化软实力跃升行动"，深圳要在 2035 年"成为城市文明典范"，"开放多元、兼容并蓄的城市文化特征更加鲜明，城市品位、人文魅力充分彰显，时尚创意引领全球"。纵观世界范围内的城市文明的演进与变迁历程，20 世纪下半叶以来，"后工业"与"全球化"坐标下的城市越来越把"文化"视作城市振兴的内生动力，因为文化意味着以创意产业和创意经济的发展来推动城市经济结构的重组，也意味着以富有创意的公共政策设计和治理模式革新来提供艺术文化设施的便利服务，还意味着以知识密集的高科技产业为支撑的技术创新来吸引具有活力的创意人才，更意味着以拥抱创意人才的城市氛围来提升城市品牌竞争力。

为助力深圳建成彰显国家文化软实力的现代文明之城，应重视旧村、旧厂、旧城改造中的历史文化保护问题，推进南头古城、大鹏所城、大万世居、华强北中国电子第一街、大浪时尚小镇、大芬油画村、观澜版画基地、甘坑客家小镇、蛇口海上世界、华侨城创意文化街区等"十大特色文化街区"的提升改造，推进老深圳的"咸淡水文化"与新深圳的创新特质相融合。深圳应完善"时尚消费节""体育消费节"等兼具国际化水准和深圳特色的消费文化节庆，加速现代服务业向高端、品质、体验经济等方向转型，引入"百年老字号""深圳老字号"等具有业界匠人精神的商业文化品牌，推动"东门老街""蛇口海上世界步行街"等街区品牌的迭代升级，推广24小时无人零售、跨界零售等消费新模式，打造丰富多彩的文化消费地标。深圳应吸引海内外高层次艺术文化人才进驻，注重人才政策房、艺术人才聚集园区等配套建设，创造适合艺术文化人才发展的制度环境。优化科学的人才评价体系，在激励机制上大胆创新，突破束缚人才引进和发展的条条框框，不拘一格吸引人才，增加人才对城市认同感与归属感。深圳应完善文化建设的制度保障，加强组织领导，强化协调联动，营造浓郁的创新氛围，向世界展示深圳开放、包容、务实、高效的发展理念和注重文化发展、文化民生的城市追求，使深圳成为一座令人向往的"文化宜居"之城。

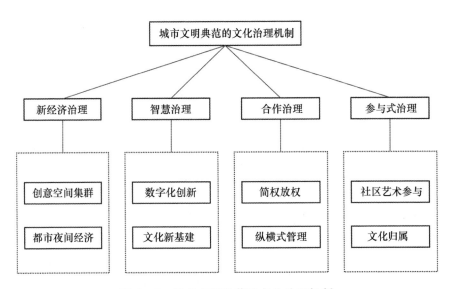

图 6 - 4　城市文明典范的文化治理机制

第七章 民生幸福标杆：民生服务的追赶超越

民生幸福是人类社会发展的核心议题，也是人类不懈追求的目标。深圳经济特区建立40多年来，从落后的边陲农业县转变为先进的国际创新之城，创造了经济发展的世界奇迹；同时，人民生活发生了翻天覆地的变化，民生幸福内涵也发生深刻变化；尤其是进入中国特色社会主义新时代以来，深圳人民对于美好生活需要日益广泛且要求日益增长，民生服务供给不平衡不充分问题突出。这十年，面对民生服务供给与需求矛盾，深圳全面贯彻以人民为中心的发展思想，不断推动教育、医疗、养老、住房、救助等多领域改革，多项惠民利民便民举措落地落细，不断增强人民的幸福感、安全感和获得感，全力打造民生幸福标杆。

第一节 民生服务改革的动力机制

一 理论内驱力：党中央的精神指引

党的十八大以来，以习近平同志为核心的党中央从战略规划高度对民生服务事业进行谋篇布局，围绕满足人民幸福美好生活作出重要指示批示，指引着深圳这十年的民生服务改革。

面对新时代民生服务建设面临的新情况、任务和目标，习近平总书记提出了中国特色社会主义民生建设的新理念、目标、原则和思路。[①] 一是坚持为人民谋幸福的初心使命。习近平总书记指出：

---

① 张远新：《习近平关于保障和改善民生的理论创新要论》，《思想理论教育导刊》2020 年第 2 期。

"我们搞社会主义，就是要让各族人民过上幸福生活。"① 让人民过上好日子是共产党人的奋斗目标。习近平总书记在党的十九大报告中指出，共产党人的初心和使命是为中国人民谋幸福和为中华民族谋复兴，归根到底在于实现民生幸福。二是坚持以人民为中心发展民生，保障社会公平正义。习近平总书记在党的十九大报告中指出，"坚持在发展中保障和改善民生，增进民生福祉是发展的根本目的"。习近平总书记指出，"带领人民创造幸福生活，是我们党始终不渝的奋斗目标"；并进一步强调，"保障和改善民生没有终点，只有连续不断的新起点"，同时要求广大干部"要多谋民生之利、多解民生之忧，在发展中补齐民生短板、促进社会公平正义"。"抓住人民群众最关心最直接最现实的利益问题，全力做好普惠性、基础性、兜底性民生建设，让各族群众有更多获得感、幸福感、安全感。"② 三是拓宽民生服务发展新目标。习近平总书记强调要优先发展教育事业、稳步提高就业质量、全面提高居民收入水平、抑制住房价格快速上涨、全面建设健康中国、构建多层次社会保障体系、营造共建共治共享社会治理格局，确保幼有所育、学有所教、劳有所得、病有所医、老有所养、住有所居、弱有所扶，促进人的全面发展和共同富裕。此外，习近平总书记还指出，新时代保障和改善民生应坚持"实事求是，尽力而为，量力而行；持之以恒，循序渐进；人人尽责，人人享有；公平正义，惠及全体"的四项基本原则，③ 并提出"守住底线，突出重点，完善制度，引导舆论"的民生服务工作思路。④ 上述民生服务新理念、目标、原则和思路，为深圳民生服务改革提供了明确方向。

深圳作为改革开放的排头兵，始终肩负着探索中国特色社会主

---

① 《习近平春节前夕赴四川看望慰问各族干部群众》，《人民日报》2018年2月14日第2版。

② 《习近平眼中的民生》，光明网，https://m.gmw.cn/baijia/2021-02/09/34612061.html，2022年2月12日。

③ 习近平：《决胜全面建成小康社会　夺取新时代中国特色社会主义伟大胜利——在中国共产党第十九次全国代表大会上的报告》，人民出版社2017年版，第45页。

④ 何毅亭：《学习习近平总书记重要讲话》（增订本），人民出版社2014年版，第14页。

义发展路径的重要使命；在中国特色社会主义新时代新起点上，中共中央部署深圳建设中国特色社会主义民生幸福先行示范区和打造民生幸福标杆，《中共中央国务院关于支持深圳建设中国特色社会主义先行示范区的意见》（以下简称《意见》）提出要建设成为民生幸福标杆，率先形成共建共治共享共同富裕的民生发展格局；构建优质均衡的公共服务体系，建成全覆盖可持续的社会保障体系，实现幼有善育、学有优教、劳有厚得、病有良医、老有颐养、住有宜居、弱有众扶。① 近年来，深圳根据中共中央的打造民生幸福标杆战略部署，积极推动民生服务改革，为全国民生幸福城市建设积累了丰富改革经验。

二　现实驱动力：回应人民美好生活需要

"人的需要"和"生产发展"的辩证运动关系变化，推动社会矛盾的演变发展。② 改革开放初期，我国的主要矛盾为人民日益增长的物质文化需要同落后的社会生产之间的矛盾，伴随着改革开放的全面深入，生产力水平全面提高，经济发展总量持续壮大；人民的物质文化需要随着经济发展的上升而水涨船高，人民对更好的医疗、教育、社会保障、充分的就业等美好生活有更高的期待，但当前生产发展仍然存在经济与社会发展不平衡，区域、行业等不平衡，以及民生供给等不充分的问题。在中国特色社会主义新时代，社会主要矛盾演变成为人民日益增长的美好生活需要和不平衡不充分的发展之间的矛盾。在全面提升经济社会发展质量和效益的基础上，着力解决其中的不平衡不充分问题，满足人民日益增长的美好生活需要，实现共享发展成果和共同富裕的民生幸福梦，是对当前社会主要矛盾的积极回应。

深圳经济特区经过 40 多年的敢闯敢试、敢为天下先的开放创新实践，创造了世界经济发展史的奇迹；成长成为中国经济最发达的

---

① 本书编委会：《中共中央国务院关于支持深圳建设中国特色社会主义先行示范区的意见》，人民出版社 2019 年版。

② 魏志奇：《社会主要矛盾变化对共享发展的新要求》，《当代世界社会主义问题》2019 年第 1 期。

城市、中国营商环境最好的城市和全球最具创新力的城市之一。然而，相比于经济高速发展，深圳的民生幸福供给仍存在不平衡不充分问题；医疗、教育、住房、社会保障等供给仍然滞后于人民群众的美好生活需求；与北京、上海等国内其他一线城市和纽约、伦敦等全球一线城市相比，仍然存在较大的差距。推动民生服务改革，打造民生幸福标杆，率先构建共建共治共享的社会治理发展格局，让人民群众共享经济高质量发展成果，是解决当前社会民生供给不平衡不充分和全面提升人民幸福感、安全感、获得感的客观需要。

第二节　民生服务改革的十年路线
（2012—2022 年）

党的十八大以来，深圳在发展中保障和改善民生，十年来民生服务不断追赶超，教育、就业和收入分配、医疗保障、养老服务、社会保障等民生服务事业取得长足进步，人民的生活水平不断提高，民生福祉水平不断提升。特别是《意见》发布以来，始终坚持以人民为中心的发展思想，以打造民生幸福标杆为目标方向，推动民生服务的优质均衡发展，让经济特区建设成果惠及更多深圳市民。

一　幼有善育：从普惠到优质

教育关乎千家万户、个人的成长和城市的未来，学前教育是国民教育体系不可或缺的部分。近十年来，深圳积极推动学前教育综合改革，促进学前教育公益普惠、优质均衡发展；以高标准办好学前教育，不断向幼有善育目标迈进。

深圳幼儿园数量从 2012 年的 1186 所增长到 2020 年的 1881 所，幼儿园在园儿童从 2012 年的 316929 人增长到 2020 年的 559674 人，学前教育公共服务体系不断向广覆盖、保基本、高质量迈进，公益普惠性和整体办学质量迈上新台阶。

（一）学前教育普惠性广覆盖

伴随着深圳学前教育儿童数量规模的不断扩大，深圳较早在全国探索社会力量参与学前教育办学的模式。2012年深圳在全国率先启动普惠性幼儿园试点，摒弃简单的公办和民办的二元区分，以公益性为核心，以财政定向奖补为调控方式，撬动民办幼儿园向普惠园发展，基本形成政府主导、财政支持的学前教育公益普惠发展模式。经过8年的发展实践，深圳多所民办幼儿园与政府签约成为普惠园，截止到2020年深圳建成普惠性幼儿园超1400所，占全市所有幼儿园数量3/4以上；截止到2021年年底普惠性幼儿园（含公办园）在园儿童占所有儿童比例达87.5%，超出国家既定的80%目标。

在建成普惠性幼儿园之后，深圳加大对普惠性幼儿园的经费和资源投入，健全学前教育成本合理分担机制、公共资源配置机制和财政经费保障机制，较大程度缓解了学前教育"入园难、入园贵"的问题。首先，合理分担学前教育成本。自2013年起，深圳市、区财政加大对普惠性幼儿园的财政支持，普惠性幼儿园所在园的班级每年获得不低于4万元经济补助；2021年后这一补助标准得到提升，从原有的每班每年不低于4万元提高到每名在园儿童平均6000元，全面提升教师待遇和幼儿园基础设施建设。其次，调控民办园收费。深圳对在园的55万儿童每人发放1500元健康成长补贴，抵扣家长缴纳的保教费等相关费用，降低民办幼儿园的收费价格。最后，提升保教员教师待遇。深圳幼儿园专任教师数从2012年的24154人增加到2020年的40438人，深圳全面提升普惠性幼儿园教师薪酬待遇，民办幼儿园从教满3年以上的津贴从2013年的每月300—1000元增加到2017年的450—1500元；普惠性幼儿园教师个人最低工资标准由全市职工最低工资标准的1.5倍提高至2.5倍。

（二）公办园建设进入加速期

2019年4月深圳出台《关于进一步深化改革促进学前教育普惠优质发展的意见》，提出大力建设公办幼儿园，促进学前教育高质量发展。一方面，加大财政投入。深圳全市财政公共预算学前教育投入从2018年的20.79亿元提升到2020年年初的72.14亿元，财政投入年均增长率达到86.28%。另一方面，加快公办园建设。

2019年《深圳市小区配套幼儿园治理工作试试方案》指出，深圳各区通过新建公办幼儿园、回收政府产权幼儿园、回购非国有产权的小区配套幼儿园、鼓励非国有产权小区配套幼儿园转为公办园等多种手段，加快公办园的建设和转设工作，全面提升了深圳公办园的比例。公办幼儿园儿童所占比重从2018年的不到4%提升到2021年的51.6%。深圳市教育"十四五"规划提出，将多途径发展公办园，到2025年全市公办园在园幼儿所占比重不低于55%，每个社区原则上至少有1—2所公办园。

（三）学前教育质量迈上新台阶

在广覆盖和保基本的普惠发展基础上，深圳积极推动学前教育从外延扩张向内涵优质发展转型。一是打造学前教育质量品牌，深圳打造了100所在综合管理、课程实践、保育保健等方面各具特色的优质特色示范园，并通过优质特色示范园办分园、扶持相对落后幼儿园的发展，提升学前教育整体水平。同时加强对幼儿园的规范化建设和管理，截止到2020年，深圳全市规范化幼儿园达98%以上，省一级幼儿园位居全省第一位，达到134所，市一级幼儿园达733所。二是加强学前教育高素质人才培养，通过建立人才培养基地、强化培训、完善激励、畅通向上发展渠道等多种举措，提高学前教育的专业化水平。

二　学有优教：从扩学位到提质量

教育强市是建设社会主义现代化强国城市范例的基础工程，直接关系到民生福祉的增进。深圳从基础教育到职业教育、高等教育改革均取得实质性突破，教育事业取得大跨步发展。

（一）基础教育从排斥外来人口到包容性发展

深圳是一座移民城市，因改革开放的活力吸引全国各地的流动人口，流动儿童数量位居全国前列。为了全面满足流动儿童的教育需求，深圳秉承包容性教育发展政策，促进流动儿童共享发展成果。首先，不断降低流动儿童入学门槛。2005年《深圳市暂住人口子女接受义务教育管理办法》规定，凡年满6—15周岁，父、母在深连续居住1年以上，且在深圳有稳定住所、就业，符合计划生育政策的流动人口子女，可以申请接受深圳市义务教育阶段公办学校；2018 年《深圳市非深户籍人员子女接受义务教育办法》，进一步降低流动儿童在深圳接受义务教育的门槛，不再将计划生育政策作为申请深圳公办义务教育的门槛条件。其次，加大教育学位供给，不断满足常住人口的教育需求，深圳小学数量从 2012 年的 333 所增加到 2020 年的 347 所，普通中学从 2012 年的 302 所增加到 2020 年 435 所。小学在校人数从 2012 年的 683058 人增加到 2020 年的 1091179 人，中学生在校人数从 359643 人提升到 2020 年的 517630 人。《深圳市教育发展"十四五"规划》进一步明确了 2025 年的建设目标，将全力保障常住人口的入学需求，5 年内将新建基础教育学位 90.8 万个；其中公办义务教育学位 67.3 万个。最后，提升教育的公平性。流动儿童平等享受深圳公办义务教育的机会不断增大，截止到 2020 年，深圳 63% 的义务教育学位提供给非户籍流动儿童，相应比例位居全国第一位；同时深圳还将港澳籍人员子女入学纳入义务教育公共服务供给。此外，在非义务教育的高中阶段，符合条件的非深户学生可以参加深圳中考，并有机会被公办和民办普高、职高录取；截止到 2020 年，深圳 40% 以上高中学位提供给非深户学生。

（二）职业教育从产教分离到产教融合

城市产业的现代化离不开职业教育现代化。深圳将职业教育发展放在重要战略位置，经过多年的探索，深圳已经初步构建起中高等职业教育互相衔接、专业优化、创新开放多元的现代职业教育体系，打造产教融合的新模式。深圳拥有中高等职业院校 31 所，其中中等职业学校学生人数从 2012 年的 32067 人增加到 2020 年的 39134 人。深圳积极探索政府—企业—学校共建共治的产教融合模式，建成职教融合实训基地 219 个，政府按照生均不低于 1 万元的标准向实训基地提供建设经费支持，累计投入经费 3.5 亿元；职业院校与华为、比亚迪、平安科技等世界 500 强或龙头企业合作，协同打造一批集人才培养、技术研发和标准研制于一体的特色产业学院，共同建设高水平专业、开发课程标准、设立研发中心等；共同开发高端证书认证，把证书标准和内容融入人才培养方案和质量评价体系，把企业产品、技术、服务标准转为人才认证标准，促进职业教育与产业生产的深入对接。

（三）高等教育从扩大规模到内涵发展

刚建立深圳经济特区时，深圳没有高等教育学校；但经过40多年的发展，深圳通过自办高校和引进办学方式，集聚国内外优质高等教育资源，扩大高等教育规模和提升教育质量，促进高等教育从零起步到跨越式发展。深圳的大学数量从2012年10所到2020年的14所，普通高等学生数量从2012年的75570人增加到2020年的136184人，专任教师数量从2012年的3889人增加到2020年的8047人。深圳技术大学、天津佐治亚理工深圳学院于2019年获得教育部批准成立，正式进入办学阶段。"十四五"期间深圳还将继续扩大高等教育办学规模，筹建深圳创新创意设计学院、深圳海洋大学、深圳理工大学、深圳音乐学院等高校。自从建市以来，深圳为了建设与城市发展水平相适应的高等教育，探索出了一条引进国内外一流大学到深圳办学的高等教育创新发展之路，先后引进北京大学、清华大学、哈尔滨工业大学、香港中文大学、中山大学、北京理工大学、天津大学、中国社会科学院等科研院校到深圳办学；在推进先行示范区建设期间，深圳将持续开展高水平中外合作办学，全面推动"本地优势产业＋本地优势学科＋世界一流学科"合作计划，全力构建国际化开放式创新型高等教育体系，为深圳先行示范区建设提供人才和科技支撑。自先行示范区确立以来，深圳高等教育发展不断突破，深圳大学、南方科技大学多次上榜国内外大学排行榜，南方科技大学更是入选2021年全国"双一流"高校建设名单，办学综合实力和竞争力得到较大提升。

三　劳有厚得：从有保障到节节高

劳有厚得意味着劳动者通过付出劳动，可以获得更高的收入、更好的待遇和更有力的保障[①]。居民的收入增长与人民的美好生活需要能否得到满足直接关联，是改善生活福祉的重要基础。近十年

---

① 禹明：《率先实现"劳有厚得"在收入分配制度改革上先行示范》，《特区实践与理论》2020年第1期。

来，深圳持续推动收入分配体制改革，运用多元手段增强居民收入，居民的收入不仅得到合法保障，而且也全面提升。

（一）居民收入得到合法保障

居民收入在宏观收入中所占的比重持续得到提升，2012年人均可支配收入仅占人均GDP的1/3（34.98%），2020年该比例上升到40.72%，增加约5.7个百分点。最低工资标准及其调整是国民收入初次分配的重要环节，也是国民收入分配改革的重要内容之一。深圳市的最低工资标准逐年提升，全日制就业劳动者最低工资标准从2012年的每月1500元提高到2022年的2360元，非全日制就业劳动者小时最低工资标准从2012年的8.61元提升到2022年的22.2元。

平均工资反映收入的初次分配情况。高工资一直成为深圳吸引全国各地青年的重要因素。在岗职工的年平均工资从2012年的59010元提升到2020年的139436元，2020年是2012年的2.36倍。劳有厚得还不离开现代企业制度和完善的劳动权益保障机制。深圳华为、腾讯等企业推出员工持股计划，让员工充分享受企业发展红利，获得相对丰厚的回报。2018年深圳推行《深圳经济特区欠薪保障条例》，通过打击欠薪企业和设立欠薪保障基金垫付欠薪等一系列举措，全面维护劳动者的劳动报酬合法权益，让劳动者的收入更加有保障。

（二）居民可支配收入水平持续提升

劳有厚得的前提是城市拥有雄厚的经济实力。近十年来，深圳的GDP处于全国领先地位，GDP从2012年的13496.27亿元增加到2020年的27670.24亿元，年均增幅约6.2%。根据国际划分标准，人均GDP超过2万美元的为低度发达国家；超过3万美元属于中等发达国家；深圳的人均GDP已经迈入低度发达行列，向中等发达行列迈进。深圳人均GDP从2012年的116470元增加到2020年的159309元；人均可支配收入从2012年的40742元增加到2020年的64878元。

表 7 - 1　　　　　　　　　深圳居民可支配收入情况

	2012 年	2015 年	2018 年	2020 年
常住人口（万人）	1195.85	1408.05	1666.12	1763.38
GDP（亿元）	13496.27	18436.83	25266.08	27670.24
人均 GDP（元）	116470	135271	155320	159309
人均可支配收入（元）	40742	44633	57544	64878
人均可支配收入/人均 GDP（%）	34.98	32.99	37.04	40.72
在岗职工的年平均工资（元）	59010	81034	111709	139436

资料来源：深圳市统计局：《深圳统计年鉴 2021》，中国统计出版社 2021 年版。

（三）居民收入多元化促进收入增长

居民收入的多元化格局逐步形成。党的十八大以来，居民可支配收入构成中的工资性收入从 2012 年的 30817.09 元增加到 2020 年的 53676.77 元，增幅达 74.2%。财产净收入从 2019 年的 2572.75 元增加到 6452.25 元，增加约 1.5 倍。

四　病有良医：从以治病为中心到以健康为中心

民众健康是城市的重要人力资本和繁荣富强的重要标志，"良医"是民众健康的"守护神"，实现"病有良医"是建设中国特色社会主义的题中之义。十年来，深圳积极推动医疗、医保、医药"三医联动"改革，加快完善相关医疗卫生制度，逐步推动医疗卫生服务从"以治病为中心"到"以健康为中心"转变。

（一）医疗卫生服务体系不断整合

为解决"看病难"问题，深圳不断加大医疗卫生资源供给，医疗卫生设施建设取得长足进步。从 2012 年到 2020 年，深圳医疗卫生机构数从 2008 个增加到 4686 个，2020 年比 2012 年增长 2678 个。医院数量从 2012 年的 115 家增加到 2020 年的 144 家；其中三甲医院 23 家，基本实现每个区至少配置 1 家区域医疗中心和基层医疗集团，每个社区配置 1 家社康机构。

2019 年深圳市卫健委出台《关于深入推进优质高效的整合型医疗卫生服务体系建设的实施意见》，提出将打造"顶天立地促健康"

的卫生健康事业发展新格局，市属公立医院和区属公立医院分别牵头建设区域医疗中心和基层医疗集团，到2025年全市分别组建23家区域医疗中心和23家基层医疗集团，区域医疗中心负责危重病症和疑难杂症，基层医疗集团聚焦常见和基础疾病，两者相互配合。此外，深圳公共卫生服务体系不断完善，深圳推动全市810个社区居委会设立公共卫生委员会，形成"市—区—街道—社区"四级公共卫生服务体系，全面深化社区疫情防控、优化公共卫生宣传和服务。

（二）医疗卫生服务能力和专业化水平不断提升

床位数从2012年的27984张增加到2020年的62904张，其中2020年比2012年多出34920张。医疗卫生服务人员队伍不断扩大，卫生工作人员数量从2012年的76684人提升到2020年的130324人，2020年比2012年增加53640人；其中卫生技术人员从2012年的61961人增加到2020年的106261人，执业医师的数量从2012年的22831人增加到2020年的40757人。2014年深圳推出"三名工程"以来，截止到2020年深圳累计引进了253个医疗团队，吸引1012位高层次人才来深工作，共建了6家合作办名院，建立了10家名医医疗中心，全面提升深圳的医疗专业化水平。

（三）医疗保障体系不断覆盖

经过多年的努力探索，深圳基本建成以医疗保险为主体，商业保险、慈善救助等共同发展的多层次医疗保障体系。截止到2020年，全市基本医疗保险覆盖1609万人；不断提升基本医疗保险支付比例，基本医疗保险一档、二档、三档政策范围内住院支付比例分别达93%、89%和77%。积极把促进健康融入医疗保障政策，创新高血压、糖尿病的门诊用药保障机制，医保待遇与是否签约家庭医生关联，签约和未签约的统筹基金支付比例分别为80%和50%。创新性地把中医药纳入医疗保障政策体系中，在全国率先探索的中医疗诊疗项目药品和服务打包收费试点，针灸等中医药项目在社康机构纳入"打七折"范畴，医保付费向中医临床价值高的病种倾斜。

五　老有颐养：从广覆盖到高水平

第七次人口普查数据显示，深圳 60 岁以上老年人为 940716 人，所占比重为 5.36%，其中 65 岁以上为 565217 人，所占比重为 3.22%；随着来深建设者老去，深圳未来老龄人口数量将不断增加。近年来，深圳积极探索多元化的养老服务发展道路，加速构建高标准养老服务体系，推动老有所养向老有颐养转变。

（一）养老服务供给显著增强

深圳坚持以老年人需求为导向，基本形成"政府主导 + 社会参与 + 市场运作"的多元养老服务供给格局。从 2012 年到 2020 年，深圳的社会养老机构数从 31 家增加到 44 家，全市养老床位数从 2012 年的 5194 张增加到 10562 张。全市建成 7 家街道敬老院，社区老年人日间照料中心（含社区长者服务站）113 家，星光老年之家 600 家，长者饭堂及助餐点 255 家，居家养老定点服务机构 76 家，服务网点 200 多个，社区党群服务中心 683 家，基本实现居民社区养老服务覆盖。2020 年深圳市出台《关于开展"0580"老年人家庭适老化改造试点工作的通知》，在深圳福田、罗湖、盐田、宝安、大鹏 5 区的 450 户家庭试点开展适老化改造，每户给予 1 万元的资助，2021 年改造完成 1200 余户，较大程度改善了老人居家养老环境。

（二）福利保障从特定人群走向适度普惠

深圳不断加大福利保障投入，提升福利保障的覆盖面。全市基本养老保险年末参保人数逐年提升，从 2012 年的 812.04 万人增加到 2020 年的 1269.69 万人，养老金实现逐年增长，2022 年企业退休人员人均养老金达到 4072 元/月。深圳每年为 65 周岁及以上的常住老人（包含非深户）提供免费健康体检服务；试点开展老年人心理健康关爱项目，为社区 65 岁以上老人开展心理健康评估；为本市基本医疗保险参保的 60 岁以上的老人免费接种流感疫苗和新冠肺炎疫苗。深圳还在国内最早建立高龄津贴制度，发放标准为全国最高，70—79 岁、80—89 岁、90—99 岁和 100 岁以上的老人分别每人每月可以领取 200 元、300 元、500 元和 1000 元津贴。

（三）养老服务能力显著提升

养老服务人才队伍建设直接关系到养老服务水平。2018年深圳成立全国首家健康养老学院，由深圳职业技术学院和市民政局共建。从2020年起深职院新设老年服务管理专业，每年招收学生80名。健康养老学院联合招商局慈善基金会打造"乐龄"伙伴养老人才品牌；加大家庭护老者培养，每年培训1万人；深圳还借力"南粤家政"工程项目，扩大养老服务培训，每年组织开展培训5000人次以上，全面加快养老人才培养和提升养老队伍的服务能力。

六　住有宜居：从控房价到保供给

住房是民众"安居乐业"的重要保障；是民众幸福生活的重要条件之一。随着经济社会的发展，民众对住房的需求从"遮风挡雨"的住有所居逐渐向住有宜居转变。十年来，深圳坚持"房子是用来住的，不是用来炒的"定位，全面深化住房保障制度改革，完善多层次、多主体、多渠道住房供应和保障体系，满足民众的住房需求。

（一）房地产市场调控政策不断优化

面对房地产投机炒房行为，深圳不断加强房地产市场调控，2020年深圳发布《关于进一步促进我市房地产市场平稳健康发展的通知》，出台最严格户籍家庭限购政策，在深圳落户满3年且连续缴纳36个月个人所得税或社会保险，才可购买商品房；非户籍居民需连续缴纳5年个人所得税和社会保险才可购商品住房；严格限制离异家庭购房套数；率先在全国建立二手房成交价发布机制，引导二手房交易市场逐步回归理性。

（二）住房供应和保障体系逐步完善

面对房价快速上涨和房地产市场形势的变化，深圳积极完善住房市场体系和住房保障体系。2018年深圳出台《关于深化住房制度改革加快建立多主体供给多渠道保障租购并举的住房供应与保障体系的意见》，推动住房制度改革，优化住房供应结构，市场商品房、人才住房、安居型商品房、公共租赁住房的供应比例分别为40%、20%、20%、20%，将努力构建"4＋2＋2＋2"的住房供应和保障体系。截止到 2020 年年初，全市住房总量增加到约 1082 万套；人均住房面积为 22.58 平方米；全市累计供应各类保障性住房和政策性住房 50.63 万套，2020 年和 2021 年深圳累计建设筹集公共住房 21.7 万套，到 2025 年将增加到 40 万套。2021 年深圳还发布《关于既有非居住房屋改造保障性租赁住房的通知》，加大保障性住房供应，引导既有非居住用房改造为保障性租赁住房，面向流动人口、青年等出租，并规定年度租金涨幅不超过 5%，全面缓解住房困境。

（三）住房品质不断提升

城中村是深圳特殊的载体和重要单元，承载深圳大部分实际管理人口，城中村的居住环境直接关系到住房品质。深圳于 2018 年出台《深圳市"城中村"综合治理行动计划（2018—2020 年）》，完成全市 1547 个城中村改造，基本消除了城中村的安全隐患，实现视频门禁、管道燃气、微型消防站等全覆盖；改造了城中村的基础设施，通畅下水管通道、理顺空中管线、整洁路面、美化墙体等，改变以往"脏乱差"局面，建设成为安全、干净、和谐、有序和文明的新村，在较大程度上改善了深圳市民的居住品质。

七　弱有众扶：从"兜底型"到"发展型"

为弱势群体提供政策托底保障，让弱势群体拥有更多的幸福感，是民生幸福标杆的重要任务。近年来，深圳不断完善长效、多元救助帮扶机制，加快构建多层次综合社会救助体系，推动"兜底型"救助向"发展型"帮扶转变。

（一）多元化救助体系基本建立

社会救助是保民生、托底线、促公平的制度安排。深圳不断在社会救助上探索创新，逐步构建起多元化救助体系。1997 年深圳在全国率先确立最低生活保障制度，逐年提高保障标准，最低生活保障标准从 2012 年人均 560 元/月增加到 2021 年的 1300 元/月，特困人员供养金标准从 2019 年的 1856 元/月提升到 2080 元/月。在最低生活保障制度、特困人员供养基础上，深圳还配套完善、医疗、教育、住房、就业等专项救助；强化临时救助，深圳加大因新冠肺炎疫情陷入临时困境群体的救助范围，在全市为他们开设52个临时庇护点；加大临时救助力度，突破临时救助的政策上限，从12个月低保标准提高至18个月低保标准。

（二）社会力量参与救助帮扶更充分

深圳在做好政府兜底保障的同时，积极调动社工、慈善组织等多元社会力量参与救助帮扶。针对来深建设者，深圳充分调动慈善力量成立"来深建设者关爱基金"，为支持来深建设者发展提供专项资助，截止到2020年，已经累计资助来深建设者约2万人次。针对贫困学子，深圳民政局联合慈善会打造了"雏鹰展翅计划"。针对困难群体和特殊群体，深圳推动街道、社区两级社工服务站（点）全覆盖，利用专业社工力量，为困难群体和特殊群体提供心理疏导、能力提升和社会融入等多元服务。

第三节　民生服务改革模式

党的十八大以来，深圳不断提升民生领域的治理体系和治理能力现代化，深化民生服务供给侧结构性改革，创新优质均衡的民生服务供给体制，通过整合型改革、均等化改革、智慧化改革、人本化改革等，为市民提供更加高效、公平、便捷、人性化的服务。

一　整合型改革：构建整合型服务体系

不同层次、不同类型的民生服务主体相互分割、各自为政，在功能定位、责任划分、风险共担、资源共享等方面缺乏明确的协作机制，缺乏有效的服务融合、资源融合、信息融合等，将导致服务的碎片化或服务重叠，难以为民众提供全方位的民生服务。深圳在教育、医疗、养老等方面积极推行整合型改革，形成整合优质高效的民生服务体系。

在教育整合型改革方面，深圳推动学前教育学区化治理和中小学教育集团化办学，努力推动幼有善育、学有优教。2022年深圳出台《关于推进学前教育学区化治理的实施意见》，各行政区教育部门按照地理位置相近、合理配置教育资源的原则，将辖区内的各类幼儿园（包括公办园、普惠性民办园、民办园）组合划分为若干学区，学区内搭建优质共享平台，促进园区管理经验、课程、教师、教学科研资源等互联互通，强化学区内多园协同，抱团发展，以优质园带动薄弱园，缩小学区内园际差距，促进园际之间的优质均衡发展。自 2015 年深圳在基础教育中小学方面推行大学区制和教育集团以来，截止到 2021 年南山已有 8 个教育集团，罗湖有 13 个教育集团等；经过努力探索，深圳于 2022 年出台《深圳市公办中小学集团化办学实施方案》，实施"名校＋在办校""龙头校＋新办校""直管学校＋委托管理学校"等多种集团化办学和联盟式发展模式，推动集团内部教师流动、教育资源共享、教学科研合作等方式，优化辖区教育资源均衡配置，缩小基础教育质量差距，提升基础教育发展的平衡性和协调性。

在医疗整合型改革方面，深圳 2019 年出台《关于深入推进优质高效的整合型医疗卫生服务体系建设的实施意见》，2020 年出台《深圳经济特区健康条例》，均明确要求建立基层医疗联合体，建立 23 个医疗区域中心＋23 家基层医疗集团，形成"顶天立地"的医疗卫生新格局，市、区医院分别牵头建立医疗区域中心和基层医疗集团，医疗区域中心主攻各类疑难病症，打造学科建设高地，基层医疗集团专注各类常见多发疾病，做好"健康守门人"；同时，完善社康运营管理体制机制，形成医院与社康、医疗与预防融合发展，以及全科与专科协同发展的分级诊疗方式，打造基层医疗服务共同体。

在养老服务整合型改革方面，2020 年深圳出台《关于构建高水平"1366"养老服务体系的实施方案（2020—2025 年）》，搭建深圳市统一的智慧养老服务管理平台，整合政府、社区和家庭三方力量，夯实政府保基本、居家社区联动、机构专业照护三类服务，强化市—区—街道—社区—小区—家庭六个层级，提高养老服务质量。2021 年深圳出台《深圳经济特区养老服务条例》，全面打造街道—社区—小区—家庭"四级养老服务网络"，建立街道长者服务中心、社区长者服务站、小区长者服务点，形成"居家养老 15 分钟生活圈"，为老年人提供整合优质养老服务。

二　均等化改革：推进民生服务均等化

推进基本公共服务均等化是中国共产党处理不平衡不充分问题的重要举措，也是坚持以人民发展为中心的内在要求，更是中国式现代化的本质特征。习近平总书记在深圳经济特区建立40周年庆祝大会上的讲话中指出，"深圳要把提高发展平衡性放在重要位置，不断推动公共资源向基层延伸，构建优质均衡的公共服务体系，建成全覆盖可持续的社会保障体系"。[①] 这十年来，深圳在教育、医疗、养老、住房等方面加强均等化改革，推进民生保障均等化。

在教育均等化改革方面，深圳持续推动义务教育供给侧改革，将大部分义务教育学位提供给随迁子女，一方面，允许持有深圳居住证、连续居住1年、参加社保1年的外来人口随迁子女，通过免试就近入学和积分入学办法，在深圳接受义务教育。另一方面，对符合义务教育公办学校申请资格，但由于资源限制未能就读公办学校的随迁子女，按照一定标准向民办学校义务教育学位发放补贴。截至2020年年底，深圳共有86万外来人口随迁子女，其中在公办学校就读39万人，深圳将41%的公办义务教育学位提供给外来人口随迁子女。

在基本公共卫生均等化改革方面，2016年深圳颁布《深圳经济特区医疗条例》，强调优化资源配置，提升基本公共服务均等化。2019年深圳出台《深圳市基本公共卫生服务管理办法》，面向全体常住市民免费提供基本公共卫生服务，人均基本公共服务经费补助标准为70元，比国家卫健委规定的高出25元；在国家12项基本公共卫生服务基础上，加入35项"自选项目"，覆盖婚前孕前免费检查、幼儿、老年人等全生命周期健康服务。

在公共就业服务均等化改革方面，2017年深圳出台《关于做好当前和今后一段时期就业创业工作的实施意见》，强调健全劳动者平等就业制度，公共就业服务机构为外来务工人员提供均等化、普

---

① 习近平：《在深圳经济特区建立40周年庆祝大会上的讲话》，《人民日报》2020年10月15日第2版。

惠化的公共就业服务，加强对异地就业人员的技能培训；根据新生代农民工就业创业特点，强化职业培训，拓宽新生代农民工就业创业渠道。

在住房保障均等化改革方面，2016 年深圳发布《住房建设规划（2016—2020）》强调多渠道安排筹建保障性住房和人才住房 40 万套，"十三五"期间深圳共筹集公共住房 44 万套。2018 年深圳发布《深化住房制度改革加快建立多主体供给多渠道保障租购并举的住房供应与保障体系的意见》，强调到 2035 年深圳将筹集各类公共住房 100 万套，符合条件的来深建设者均可以申请。

三　智慧化改革：强化智慧民生服务体系

习近平总书记指出："运用大数据、云计算、区块链、人工智能等前沿技术推动城市管理手段、管理模式、管理理念创新，从数字化到智能化再到智慧化，让城市更聪明一些、更智慧一些，是推动城市治理体系和治理能力现代化的必由之路，前景广阔。"[①] 对于民生而言，推进民生服务智慧化改革，有助于提升服务供给效率和增强服务便捷性，全面提升民生获得感。近年来，深圳积极推动教育、医疗、养老等服务智慧化改革，为民众提供高效便捷的民生服务。

深圳加快推进"智慧民政"信息平台建设，搭建"一中心、四平台"（智能指挥中心、智慧政务平台、服务平台、监管平台、应用平台），促进民政信息平台在市—区—街道—社区四级互联互通，统筹推进多级联动的智能化服务，促进民政业务的高效办理和协同治理。

在教育服务智慧化改革方面，2018 年深圳福田区建立"631 学位供需智能预警系统"，根据福田人口数量结构、增长趋势、已有学位分布情况，对学校、学生、教师数量、师生比、入学情况等数据进行分析和匹配，利用大数据直观展示学位供需情况，并对未来

---

① 新华社：《习近平在浙江考察时强调　统筹推进疫情防控和经济社会发展工作奋力实现今年经济社会发展目标任务》，http://jhsjk.people.cn/article/31657786，2020 年 4 月 1 日。

学位供需趋势进行分析、预测和预警。教育管理者根据学生供需大数据分析报告，提前规划教育资源，合理布局，为学生提供充分优质的教育学位。此外，福田区还推动 AI、大数据、区块链等现代信息技术与学科教学的深度融合，率先推出"福田教育频道"，以优质教育资源为基础，面向全市学生、老师和家长开放共享。2021 年深圳市启动"基于教学改革、融合信息技术的新型教与学模式"，为全市 100 所实验学校授牌，并开启"智慧教育示范区"；宝安区努力探索建成智慧教育中心，促进优质教育资源共建共享，优化教育治理体系。

在医疗服务智慧化改革方面，深圳推动医疗服务与互联网、人工智能等信息技术的深度融合，为居民提供便捷高效的医疗服务，提升医疗服务获得感。

深圳以实施全民健康信息化"12361"工程，完善健康信息标准化，促进智慧健康服务信息与资源的共建共享；建成人口信息库、电子病例库、电子健康档案库和医疗卫生服务资源数据库；2018 年深圳打通医院间的检验、影像检查结果互联互通互认。深圳还开发"社康通"小程序、"健康深圳"APP 和深圳健康网，为市民提供"互联网＋"医疗服务；在全国率先试点运行社康微信医保支付，减少患者排队支付，提升居民的就医体验。建设"一网式"智慧健康应用平台，集成预约挂号、导诊、候诊、缴费、报告领取、住院管理、健康体检等整个医疗服务环节，为居民提供个性化、智能化服务；深圳市第三人民医院、罗湖医院等积极探索"5G＋"智慧医院，全面提升医疗服务能力。

在养老服务智慧化改革方面，深圳不断拓宽互联网、大数据、人工智能等信息技术的应用场景，为老人提供多样化的智慧养老服务。2020 年开始深圳向全市老人发放智慧养老颐年卡，整合分散在各个领域的为老服务，集身份识别、银行储蓄、深圳通、敬老优待等多功能于一体，促进养老服务全覆盖。此外，深圳还建设智慧养老管理系统，建立互联互通的老年人数据库，精准筛选符合领取高龄老人津贴者，提升养老服务的精准性。同时为全市的特殊老年配备智能养老产品，依托智慧养老服务平台，及时处理老年人的诉求，并开展相关服务。同时，深圳还为全市孤寡老人安装智能手表，智能守护孤寡老人安全。深圳龙岗、盐田、宝安等六区积极开展智慧养老服务试点，探索出"李秘书"智慧健康养老服务项目、智慧举家养老服务 e 站、互联网医院等，提升智慧养老服务的便捷性、可及性。

四　人本化改革：推动需求导向民生改革

习近平总书记强调，解决民生问题必须坚持以人为本的原则，坚持把人民群众的利益放在第一位；领导干部要树立正确的政绩观，并不能一味搞形象工程和政绩工程，要解决群众最关心、最迫切需要解决的问题。① 近年来，深圳民生发展坚持"以人为本"原则和"以人民为中心"的发展理念，从市民对美好生活需要出发，全面推进民生服务改革，促进民生服务高质量发展。

基于群众的民生服务需求，2015 年深圳在全国率先推行"百姓点菜、政府买单"的民生微实事改革；针对社区居民关注度高、受益群体广、热切期盼的惠民服务小项目，由社区两委和群众"点菜"提议，社区居民议事会根据议事制度进行决议，市区两级财政配套相关财政资金，支持项目运作，实现"百姓点菜、政府买单"，精准对接民众的民生服务需求。自 2015 年深圳推出民生微实事项目改革以来，截止到 2021 年已经有 197 个项目征集入库和三批次64 个项目出库，目前项目库共有 133 个，涉及健康、医疗、养老、救助等多项服务，自建立以来市级项目库共落地 2484 次。在市级建立民生微事服务类项目库基础上，各区参照建立区级项目库。据南山区统计，截止到 2020 年 11 月 30 日，全区累计实施民生微实事项目 1740 个，投资金额超过 1 亿元，全面促进民生服务由政府配菜向百姓点菜转变。

深圳坚持以人民为中心的发展理念，利用互联网、大数据、人工智能等信息技术手段，推动民生诉求受理机制改革，建立"民有所呼、我有所应"的民生诉求响应机制；整合政务服务热线 12345、

① 《习近平的民生思想：始终把人民放在最高位置》，人民网，http：//world. peo-ple. com. cn/n1/2016/0511/c1002 – 28342499. html，2016 年 5 月 11 日。

政府信箱、数字城管、信访系统、网格管理、微信、微博等多个民生诉求受理渠道，建成汇聚"集中受理、统一分拨、全程监督、闭环运转"为一体的民生诉求分拨系统，同时建立首问负责制、首办负责制、并联派件、正向激励、兜底处置、第三方处置等响应机制，并针对热点问题推出"秒回"模式，精准高效地回应民众民生服务诉求。

第四节　民生领域改革的先行示范

党的十八大以来，深圳不仅持续推进经济社会高质量发展，也不断创造了更加美好的生活，民众有了更加优质的教育、更加丰厚的劳动报酬、更加现代化的医疗服务、更高水平的养老服务、更加宜居的住房、更加全面的救助帮扶。然而，深圳目前处于先行示范区建设初期，民生服务领域依然面临着短板，相较于北京、上海等国内其他一线城市和东京、旧金山、伦敦等国际先进城市，深圳的教育、医疗、人均可支配收入等存在较大的差距，同时也仍然滞后于先行示范区建设的目标要求和人民群众的热切期盼。因此，在未来继续推进先行示范区建设的征程中，深圳既要对标国际和国内先进，又要结合深圳的经济社会发展特点，尊重民生服务建设的内在规律，进一步推动民生服务改革，全面提升民生服务水平。

一　坚持规划引导，以明确路线指引民生幸福建设

明确的民生幸福规划，是民生幸福标杆建设的行动指南。民生幸福标杆城市建设既涉及多个部门、多个领域，又是一个长期渐进的过程；只有通过系统的规划，明晰民生幸福标杆城市建设的路线图，厘清各相关建设主体的职责和阶段任务，才能稳步推进民生事业的全面发展。自从《意见》发布以来，教育、人力资源与社会保障、卫健、民政、住房与建设等相关部门分别在幼有善育、学有优教、劳有厚得、病有良医、老有颐养、住有宜居、弱有众扶等分领域上加强了政策研究，出台了相关配套措施。但总体而言，市级层

面并没有统筹协调民生幸福标杆城市建设的总体规划和实施方案，在教育、就业、医疗、养老、住房、救助等方面同样缺乏分领域规划和实施细则。进一步加快民生幸福标杆建设，应完善民生幸福标杆城市建设规划，系统推动民生事业的高质量发展。在制定规划过程中需要坚持全面性和协调性、长期性和阶段性、层次性和联动性。

注重民生幸福标杆城市规划的全面性和协调性。民生幸福标杆城市建设是一项系统综合工程，涉及教育、医疗、就业、住房、养老和关注弱势群体等多个维度，这就要求民生幸福标杆城市建设要在这些方面进行全面系统规划，促进上述民生服务均衡协调发展，形成优质均衡的服务体系。民生幸福城市建设与经济发展、政治建设、精神文明和生态环境保护等息息相关，民生幸福是经济、政治、文化和环境发展的最终目标和落脚点。因此，不仅需要制定民生幸福城市建设总体规划，而且还要在制定经济、政治、文化、生态等发展规划时，把民生幸福城市建设纳入其他四个领域的统筹范围内，促进社会、经济、政治、文化和生态五位一体全面统筹协调发展。此外，作为"双区"叠加的深圳，在推动民生幸福标杆城市过程中，应注重将民生幸福标杆城市建设规划与粤港澳大湾区发展战略和长远规划相互衔接，将粤港澳大湾区发展战略规划融入民生幸福标杆城市建设规划中，结合粤港澳大湾区其他城市的民生发展优势，以区域协同治理推动民生幸福标杆建设。

注重民生幸福标杆城市规划的长远性和阶段性。根据《意见》发展目标，民生幸福标杆城市建设跨越近30年，涉及近期、中期和远期三个目标，到2025年公共服务水平达到国际先进水平，到2035年成为我国社会主义现代化强国的城市范例，到2050年成为全球标杆城市。在推进民生幸福标杆城市建设过程中，既要着眼于长远目标，又要兼顾民生发展的阶段性。不仅从战略角度制定长远发展规划，而且更需要立足于当前深圳经济社会发展基础和民众的愁难急盼需求制定近期和中期发展规划，通过阶段性的目标落实促进民生幸福标杆城市远期目标实现。

注重民生幸福标杆城市规划的层次性和联动性。民生幸福标杆城市建设需要市—区—街道—社区多个层次协调联动完成，在推进民生幸福标杆城市规划过程中，不仅需要从全市层面明确民生幸福城市建设规划，同时还需要全面推动各区结合区域特点，形成民生幸福区域规划，打造民生幸福标杆城区，促进市级规划和区级规划的上下联动。民生幸福城市建设主体是分层次的，民生幸福内容本身具有层次性，民生幸福包含低收入群体的底线民生、中等收入的基本民生和高等收入群体的品质民生，民生幸福城市规划建设不仅需要兜牢民生底线和保障基本民生，还需要发展品质民生，满足不同层次民众的美好生活需求；促进民生服务从"兜底型"向"品质型"转变，是民生幸福标杆城市规划的应有之义。

二　坚持问题导向，以破解重点难点热点推动民生幸福标杆建设

深圳的民生事业基础与先行示范区目标尚有差距，在教育、医疗、住房、养老、社会保障等方面均面临短板。并且深圳的人口规模大、流动人口多，补齐每一个民生短板均需要投入大量的人力、物力和财力。在推动民生幸福标杆城市建设过程中，应基于自身的经济发展基础和财政支出能力，分清主次，坚持问题导向，对长期制约深圳民生事业高质量发展中的重点、难点、热点问题进行破解，为深圳打造民生幸福标杆城市扫除障碍和提供保障。在深圳推进民生幸福标杆城市建设过程中，教育、医疗、住房是深圳民生事业发展积累的重点、难点和热点问题，及时回应民众的关切，能够有效凝聚民心和社会力量。

教育一直是民生幸福建设中长期积累的重点、难点和热点问题。尽管自先行示范区目标确立以来，深圳通过一系列举措加大教育学位供给，提升办学质量，但是当前的基础教育和高等教育资源仍存在较大不足，基础教育资源仍存在较大的区域不平衡；高等教育实力偏弱，与纽约、东京、伦敦等全球城市相比，缺乏顶尖高等教育，对城市的支撑力还不够。因此，需要努力加快补齐深圳教育短板，回应民众对教育的热心关切。基于深圳的人口大数据，及时研判各区域的学位供给需求，完善各阶段学位的预警机制，以需求为基础加快完善相关教育资源供给。教育部门联合国土资源等部门建立协调工作机制，协同解决教育机构用地紧张问题，从根本上保障教育学位的供给。在高等教育方面，应全面整合港澳的先进教学资源，强化高等院校自主建设，加大全球高等教育资源的引进力度，引进更多国内外知名高校来深圳办分校，支持重点学科专业建设，支撑深圳的科学技术发展。

医疗是制约深圳民生事业高质量发展的另一重点、难点和热点问题。尽管深圳通过"三名工程"等举措，全面促进了医疗卫生事业的现代化水平，然而深圳尚未形成丰富且优质的医疗资源，医疗健康保障还存在较大不足。根据英国医疗数字化公司 Medbelle 公布的 2019 年全球医院城市排名，在包含基础设施、诊疗质量、医疗可及性等维度指标情况下，深圳排名未进入百强名单，与东京、伦敦、巴黎等全球城市存在非常大的差距。[①] 同时，根据复旦大学医院管理研究所发布的《2020 年度中国医院综合排行榜》，深圳没有一家医院进入前 50 名，明显落后于北京、上海、广州。[②] 深圳应基于国家标准，加快社区医院、社康中心、社康站的布局建设，强化基层医疗服务。加快优质医学院校、国家医学中心、大型医疗集团等的布局，建设高水平医疗高地。

住房是民众关心最为急切的重点、难点和热点问题。自先行示范区确立以来，深圳逐步构建了"1 + 3 + N"的住房制度体系，逐步完善了多层次住房供应和保障体系，加大公共住房的供给规模，在一定程度上稳定了地价、房价、预期。然而不可忽略的是，深圳的房价收入比仍然高居全国首位，人均住房面积远滞后于北京、上海、广州，住房成为深圳市民安居乐业的重要难题。实现住有宜居，应进一步完善兼顾市场和社会功能的住房政策体系。继续通过行政、金融、税收等手段对房地产市场进行严格调控，确保房地产市场平稳健康发展。借鉴德国租赁市场模式，推动住房租赁市场改

---

① 《2019 Hospital city ranking》，Medbelle 官网，https://www.medbelle.com/best-hospital-cities-world/，2022 年 8 月 18 日。

② 《2020 年度全国医院综合排行榜》，复旦大学医院管理研究所官网，http://www.fudanmed.com/institute/news2020 – 2. aspx，2022 年 8 月 18 日。

革。房地产业在德国不是拉动经济增长的"支柱产业"，也不是民众投资工具，德国出台了《住房扶持法》《住房租金补助法》《住房租赁法》和《私人住房补助金法》等一系列举措，保障住房供给和为中低收入群体提供房租补贴，规范租赁市场和私有住房建设，保障所有居民的居住条件。2019 年德国住房租赁人口所占比重约为49%，其中 2018 年柏林住房租赁家庭所占比重约为 83%，汉堡所占比重约为 76%。借鉴德国经验推进深圳"住有宜居"，应在进一步加大住房总量供应的同时，还需要均衡发展实物配租和货币补贴，强化住房租金控制，优化租赁市场配置；扩大住房保障范围，合理匹配住房保障对象。①

三　坚持共建共治共享，以协同合作推进民生幸福标杆建设

《意见》要求打造民生幸福标杆城市，率先形成共建共治共享共同富裕的民生发展格局。共建共治共享的社会治理格局要求"完善党委领导、政府负责、民主协商、社会协同、公众参与、法治保障、科技支撑的社会治理体系"。在营造共建共治共享共同富裕的民生发展格局中，同样需要动用多元主体力量、多元治理手段推动民生幸福标杆城市建设。

充分发挥党委领导和政府主导作用。进一步强化党对民生幸福标杆城市建设的领导，充分发挥各级党委在民生幸福标杆城市建设中的宏观决策作用和民生治理中的引领带动作用。建立健全党委领导下的民生幸福建设共同体，形成明确的协商合作机制，促进民生幸福标杆城市的协同共治。强化政府在民生幸福标杆城市建设中的"兜底"作用，补齐基础民生短板，完善养老、医疗、住房等社会保障体系，促进民生公共服务的均等化，促进民生事业从兜底型向普惠型发展；通过经济、科技、行政等多元手段助力品质型民生的发展。

充分发挥市场企业、社会组织等社会力量，完善多层次民生服务供给机制。多元主体供给机制，有助于全面丰富民生服务的多样

---

① 参见王阳、洪晓苇、李知然《德国住房保障制度的演进、形式、特征与启示》，《国际城市规划》2021 年第 4 期。

性，提高民生服务专业化和品质化水平。因此，在民生服务供给体系中，需要重视市场企业在民生资源配置中的重要作用，引导企业社会资本参与民生服务供给。全面探索政府与社会资本合作模式，在品质民生层面吸引社会资本参与民生事业的建设与运营，放宽民生公共服务的社会资本准入条件，吸纳社会资本参与教育、医疗、养老、保障性住房等投资，全面激发民生事业活力。大力培育和发展各类社会组织，加大政府向社会组织购买服务的力度，以社会组织的专业优势满足群众的多元民生需求。充分发挥广大人民群众的主体作用，畅通广大人民群众参与民生治理的渠道，尊重他们对民生服务发展的知情权、参与权和监督权，汇聚广大群体增强民生供给。

充分发挥法治保障作用，为民生幸福标杆城市建设破除体制机制障碍。深圳应充分发挥特区立法权优势，在中央和省的支持授权下，对医疗、教育、住房、养老、就业和社会保障等民生公共服务体制机制进行深化改革。加快教育体制改革，完善基础教育学校建设标准等，落实高等学校办学自主权等。加快医疗制度改革，全面优化促进健康为导向的医保制度，完善对先进医疗技术、药品等的引进和应用程序、探索粤港澳医疗资源一体化的制度政策等。在住房方面，加快构建粤港澳大湾区公共住房一体化供给机制等。在社会保障方面，深化多层次养老保险制度改革，完善高水平养老和家政服务相关制度建设等。通过体制机制改革和制度创新与健全，不断增强民生事业发展的内生动力。充分发挥科技支撑作用，促进民生治理的数字化和民生服务的智能化。大力发展民生科技工程，以互联网、大数据、云计算、5G、人工智能等手段，推进"科技 +"民生工程，促进现代信息科技手段与医疗、教育、就业、养老等民生服务深度融合，提升民生服务的便捷化和智能化。

四　坚持内外联动，以集聚优势推进民生幸福标杆建设

过去 40 多年来，在改革开放背景下，深圳通过"外引、内联、内聚"的发展路径创造了深圳城市发展史的奇迹。在新的发展阶段下，推动"外引、内联"向"双引、双联、内聚"的内外联动，是

推进先行示范区建设的必由之路。① 在民生幸福标杆建设过程中，同样需要新的内外联动路径。

注重发挥双引作用。在民生幸福标杆城市建设过程中，既注重吸引国内外的技术、人才，又注重吸引海外的技术、人才培养、治理经验等，服务深圳民生服务建设。尤其在医疗、教育等方面需要注重发挥双重吸引作用，在医疗方面加大"三名工程"的实施力度，全面引进国内外的名医名院，促进全球医疗技术高水平专家集聚，在教育方面引进国内外知名高校办学，建设高水平有影响力的学科。

注重发挥双联作用。在民生幸福标杆建设过程中，要注重联系国内和国外、在沟通国内市场和国际市场的过程中推动民生服务要素资源优化配置和合理流动。② 在教育、住房等方面可以进一步结合粤港澳大湾区发展战略，联合深圳周边城市惠州、东莞开展民生服务区域化合作，深圳土地资源紧张，造成教育、住房等用地紧张，制约民生服务的发展，深圳可以联合惠州、东莞联合开发教育、公共住房，完善公共交通，引导深圳市民到东莞、惠州就近入学和就近入住。在医疗方面，创新医药跨境流通机制，促进药品的国际和国内流通。

注重发挥集聚效应。总体上，在"双引"和"双联"的情况下，促进民生优质资源、人才、技术等优秀资源要素在深圳集聚，以集聚优势促进民生事业高质量发展。同时还需要促进民生资源的区域集聚优势，为了提升民生服务的可及性，应注重以社区、街道为单位，加强统筹规划，促进教育、医疗、养老等服务设施的集聚，完善15分钟教育圈、医疗服务圈、养老服务圈。

---

① 参见薛焱《深圳先行示范区建设研究》，社会科学文献出版社2021年版，第159—194页。

② 参见薛焱《深圳先行示范区建设研究》，社会科学文献出版社2021年版，第159—194页。

第八章 美丽中国典范：可持续发展的深圳范本

城市的可持续发展所要考量的领域涉及方方面面，不仅需要稳健的经济发展为人口提供就业，不断的产业转型升级促进城市活力，充足的社会保障和公共服务为居民提供生活保障，还需要一个安全稳定和良好的工作生活休憩的环境，让真正生活在这一片热土上的人宜居宜业。生态环境治理是为城市提供安全稳定和良好环境的重要路径，同时，生态环境治理在更有效率地利用本土资源、改善公共卫生环境、吸引投资、提升居民幸福指数方面都有着无可比拟的作用。

自党的十八大以来，生态文明建设被提升到同经济建设、政治建设、文化建设、社会建设一起的"五位一体"战略高度进行推进。可以说，我们从未如此重视过生态环境污染治理、资源保护、生态系统优化的工作。深圳作为改革开放的排头兵，更是很早就认识到了生态环境保护和优化工作的重要性。早在 2007 年深圳市委就印发《关于加强环境保护建设生态市的决定》，对深圳全面开展建设"生态市"作出了战略部署；党的十八大以来，为响应国家绿色发展号召，深圳提出了"美丽深圳"的城市发展目标，发布了《关于推进生态文明、建设美丽深圳的决定》（深发〔2014〕4 号），力争把深圳市打造成国家绿色发展典范城市。2017 年，深圳发布《深圳市可持续发展规划（2017—2030 年）》，此后，深圳又于2018 年发布了《深圳市打好污染防治攻坚战三年行动方案（2018—2020 年）》（深办发〔2018〕31 号），将全面加强生态环境保护落实到三年的近期工作规划中。

2019 年 8 月，中共中央、国务院印发了《关于支持深圳建设中国特色社会主义先行示范区的意见》（以下简称《意见》）。《意见》中对深圳经济特区作为"可持续发展先锋"提出了具体的意见，即"牢固树立和践行绿水青山就是金山银山的理念，打造安全高效的生产空间、舒适宜居的生活空间、碧水蓝天的生态空间，在美丽湾区建设中走在前列，为落实联合国 2030 年可持续发展议程提供中国经验"。党中央赋予了深圳新时代的新使命，可持续发展先锋的定位，要求深圳必须坚持改革创新、破除发展壁垒、以改革引领示范。

第一节　环境领域改革的动力机制

一　理论驱动力：习近平生态文明思想

随着国家的快速经济发展和人们对环境意识的提升，环境保护相较于经济发展，其权重越来越大。特别是自党的十八大以来，国家投入了大量的人力、物力进行环境整治，将生态文明建设推到国家战略的高度上。"生态文明建设"在 2012 年写入了党的十八大报告，在党的十九大报告中，"树立和践行绿水青山就是金山银山的理念"首次写入了中国共产党的党代会报告，要将生态文明建设融入经济、政治、文化和社会建设的全过程，自此，我国的环境治理的格局进入了一个新的时代。

习近平生态文明思想的哲学基础是在探讨人与自然的关系，人与自然是互相依存互相联系的，人是自然的一部分。习近平生态文明思想的本质是正确处理人与自然的关系。自然生态是人类赖以生存的基础，人存在于自然之中，出于生存的需要，对自然进行改造，但随着人类对自然的过度索取，人与自然之间失去了平衡。人类对自然资源的开发和利用必须承担义务，坚持权利与义务相统一。习近平总书记在党的十九大报告中指出："建设生态文明是中华民族永续发展的千年大计。"[1] 人与自然的关系也可以对应人与社会

---

[1] 习近平：《决胜全面建成小康社会　夺取新时代中国特色社会主义伟大胜利——在中国共产党第十九次全国代表大会上的报告》，人民出版社 2017 年版，第 23 页。

的关系，人与自然的和谐相处也是人与社会和谐相处。人要注重对自然的利用和改造的义务，这样才能达到人与社会和谐共生，同时人需要开阔胸襟，打破人与人之间的利益对抗，构建人与自然、人与社会的人类命运共同体。

习近平生态文明思想的确立，为城市的未来展开了一幅新的画卷，城市发展的目标价值不再唯经济发展马首是瞻，城市发展的目标也不再以单一的价值增长为衡量标准，可持续发展，以人为本的城市建设，人与自然和谐共生的城市生态，成为衡量城市发展的重要指标。深圳，作为改革开放前沿城市，一直以习近平生态文明思想作为理论指导，深度践行生态文明思想所覆盖的伦理和制度建设，通过对环境治理制度体系的不断优化和完善，以期建构一个宜居城市，改善人与自然的生态关系，打造自然生态和谐社会。2005年深圳市政府提出了"和谐深圳、效益深圳"，要将经济增长与结构、质量和效益相统一；2010年提出了"深圳质量"，强化了质量意识，将质量理念融入经济、社会、文化、生态、城市管理和政府服务方方面面；2014年又提出了"深圳标准"，力图通过标准化的方式保障城市发展；2021年深圳市生态环境局的工作目标"以落实'双区'建设"和综合改革试点为主题，以协同推进减污"降碳"，深入打好污染防治攻坚战为主线，坚持以改革创新为根本动力。[①]可以说，深圳很早就意识到了良好的生态环境对城市可持续发展的重要意义，特别是习近平生态文明思想的确立，更是给深圳的生态环境治理指明了方向，为城市发展明确了经济发展与环境保护的关系，生态治理各领域之间的统筹关系，生态治理与民生福祉之间的关系，最终打造人与自然和谐共生的可持续发展社会样貌。

二 实践驱动力：建立"宜居城市"，满足民众对美好生活的追求

经过40多年的改革开放，中国已经从一个积贫积弱的农业国迈

---

① 深圳市生态环境局资料：《市生态环境局关于印发2021年深圳市生态环境保护工作会议讲话材料及〈2021年深圳市生态环境工作要点的通知〉》，2021年，深环办〔2021〕10号。

入了中等以上收入国家序列，特别是在北京、上海、广州、深圳这样的超大型一线城市，城市发展的水平和居民的收入水平又远超于国家平均标准。当城市居民的"生存权"得到了保障后，居民的诉求就开始向"发展权"逐步迈进，居民对城市的宜居性要求也日益提升。习近平总书记反复强调，"人民对美好生活的向往，就是我们的奋斗目标"①，可以说，建立"宜居城市"，就是满足人民对美好生活追求的一条重要路径。

"宜居城市"是对一个城市适宜居住程度的综合评价，其中优美的生态环境、充足的自然空间、稳定和安全的居住条件是宜居城市的重要指标。"宜居城市"建设的核心价值是以人民为中心。习近平总书记强调："城市是人民的，城市建设要贯彻以人民为中心的发展思想，让人民群众生活更幸福。"② 这意味着，宜居城市的建设目标，是为了增进人民福祉、促进人的全面发展，城市可持续发展的根本目标是提高人民的生活水平、让人民获益，增强群众对城市建设和发展的"获得感"。③ 深圳作为可持续发展先锋，作为美丽中国典范，其目标是要建设与全球对标的宜居环境，以"美丽宜居花城"为核心，形成和谐、包容、活力、共享的城市生活圈。而如此高标准的"宜居城市"的建立，需要统筹生产、生活、生态空间，开展山海连城计划，提高居住用地占建设用地的比例，走出一条高密度、超大城市、绿色低碳的高品质发展路径。

同时值得注意的是，"宜居城市"的建设，究竟建设得如何，需要人民来衡量，需要坚持人民群众在宜居城市建设中的主体地位，把人民宜居安居放在首位，充分调动人民群众参与城市可持续发展的积极主动性和创造性，激发城市治理的内生动力。在第四次中央城市工作会议上，习近平总书记指出："要提高市民文明素质，尊重市民对城市发展决策的知情权、参与权、监督权，鼓励企业和

---

① 《习近平谈治国理政》第 1 卷，人民出版社 2018 年版，第 424 页。
② 《习近平在甘肃考察时强调 坚定信心开拓创新真抓实干 团结一心 开创富民兴陇新局面》，《人民日报》2019 年 8 月 23 日第 1 版。
③ 《中央城市工作会议在北京举行 习近平李克强作重要讲话》，《人民日报》2015 年 12 月 23 日第 1 版。

市民通过各种方式参与城市建设、管理，真正实现城市共治共管、共建共享。"① 同时，宜居城市的建设，要在方法上坚持一切从问题出发，准确定位人民的需求和发展的着力点，关注民生问题，而不是以自上而下的政绩考察为着力点。而最终，城市是否宜居，人民幸福感是否得到提升，在效果上需要坚持让人民检验。以人民作为主体检验城市建设效果意味着要将人民评价作为衡量城市可持续发展建设和政党执政活动的基本标尺，体现了生产力的客观规律与人民群众主观价值体验的有机统一。②

第二节　环境领域改革的十年路线
（2012—2022 年）

一　生态文明机制体制"改革"到"全领域制度创新"

　　党的十八大将生态文明建设纳入国家"五位一体"总体发展布局之中，并首次将"美丽中国"作为生态文明建设的目标。深圳紧跟国家发展战略，出台了一系列政策文件，将"生态立市"作为城市核心发展战略，并逐步开展机制体制改革，完善环境法治体系，创新环境治理举措，全面深化优化环境治理体系。

　　深圳自 20 世纪 90 年代开始就展开了对环境治理体系的机制体制改革，在深圳试点大部制改革过程中，建设了人居环境委员会，试图创建"大环境"的行政管理部门。党的十八大以后，深圳更是对生态环境治理的机构设置、机制体制展开了系列的创新改革。近年来，围绕《生态文明体制改革总体方案》，深圳先行先试，聚焦国土空间规划、自然资源保护、环境治理体系构建、责任追究制度等领域，实施改革举措达到 129 项。2021 年 7 月，国家发展改革委公布《关于推广借鉴深圳经济特区创新举措和经验做法的通知》，推广党的十八大以来深圳经济特区的各类创新举措。

---

① 《中央城市工作会议在北京会行》，《人民日报》2015 年 12 月 23 日。
② 张富文：《论"以人民为中心"思想的基本向度》，《科学社会主义》2017 年第 2 期。

首先是在污染防治领域，深圳近些年建立了完善严格的污染物排放环境保护制度，修订了《深圳经济特区建设项目环境保护条例》，印发了《深圳市建设项目环境影响评价审批和备案管理名录》，发布了《排污许可证申请与核发技术规范（电镀行业）》，推行了生态环境损害赔偿改革，并深入改革环境污染的治理体制机制，创新推行"全流域治理、大兵团作战"的模式；在国土空间管控领域，深圳不断加强自然保护地管理制度，编制完成自然保护地整合优化预案；在环境治理的市场化改革领域，深圳投入了大量的资金、政策和公共财政，推进生态环境治理的市场化发展，比如建立了环境污染强制责任保险制度、保险经纪公司制度等；在环境行政执法改革领域，深圳实行了"局队合一"执法体制，建立以"执法三项制度"为核心的制度体系，高标准推进执法机构规范化建设。

二　从"坚决打好"到"深入打好"污染攻坚战

深圳作为超大型城市，平均土地面积上所承载的 GDP 数量庞大，相对有限的环境容量导致污染治理的挑战较大。这十年，深圳在污染防治领域紧跟国家政策，并先行先试提出了一系列更为严格的环境标准，将环境污染防治工作向标准化推进。

党的十九大提出要坚决打好污染防治攻坚战，为贯彻中央决策部署，深圳出台了系列政策，在大气、水、固废等领域开展精准治理。2019 年，《意见》出台后，深圳重新审视了污染防治工作的新形势，锚定美丽中国典范目标，作出了从"坚决打好"到"深入打好"的战略决策。[①]

而这种重大转变主要从大气、水污染治理、固体废物三大领域入手。第一，在大气污染防治方面，深圳的空气质量指数经过多年的防治和优化，已经得到了很大的提升，新形势下的新任务是巩固提升大气环境质量。深圳在 2021 年出台了《"深圳蓝"可持续行动计划》，并明确"十四五"期间深圳 PM2.5 的工作目标，要在 2025 年，

---

① 深圳市生态环境局：《市生态环境局关于印发 2021 年深圳市生态环境保护工作会议讲话材料及〈2021 年深圳市生态环境工作要点的通知〉》，2021 年，深环办〔2021〕10 号。

PM2.5 年均浓度下降至 15ug/m³，空气质量优良天数比例达到 97.5% 以上。① 第二，在水污染防治方面，深圳近几年的工作重点是继续打好水污染攻坚战。深圳近些年建立起了"河长制""民间河长制"等系列新举措，并通过流域治理的在线平台管理，实现了流域管理的实时监测和污染防控。接下来深圳要在战略、创新、辩证、法治、底线"五大思维"引领下攻坚水污染治理，要对排水设施进行更为专业化的管理，并且开展水生态监测评价，试点修复河流水生态。第三，在固体废物处理方面，深入开展"无废城市"建设。在机制体制方面，全市层面设立了"无废城市"建设试点领导小组办公室，强化引领"无废城市"日常工作，同时出台了《深圳市建筑废弃物管理办法》，率先提出建筑废弃物限额排放管控制度。②

三　从逐步"降碳"到推进"碳中和"

深圳致力于建设绿色美丽的城市，打造宜居的人居环境，早期深圳已经做了许多"降碳"工作。深圳为实现城市的可持续发展，"腾笼换鸟"将重污染产业转移，推动产业优化，实现产业转型，打造科技创新城市。

2020 年 9 月习近平主席在第 75 届联合国大会以及多个重要国际场合作出关于碳达峰目标和碳中和愿景的重大宣示，"降碳"是大国担当，是中国承诺。2020 年 10 月，中央授予深圳综合改革试点，深圳全面深化优化生态文明建设。2021 年，深圳市生态环境保护工作会议指出："加快推动经济社会发展全面绿色转型，其中最重要的就是抓好'降碳'。"③ 近几年，深圳在碳排放的问题方面，从逐步"减排"拓展到对碳排放的全领域治理。

---

① 深圳市生态环境局：《〈"深圳蓝"可持续行动计划（2022—2025 年）（第二次征求意见稿）〉编制说明》，http：//meeb. sz. gov. cn/hdjlpt/yjzj/answer/17453，2022 年 7 月 23 日。

② 中华人民共和国生态环境部：《深圳市"无废城市"建设试点工作总结报告》，https：//www. mee. gov. cn/home/ztbd/2020/wfcsjssdgz/sdjz/ldms/202105/t20210518_833252. shtml，2022 年 4 月 18 日。

③ 深圳市生态环境局：《市生态环境局关于印发 2021 年深圳市生态环境保护工作会议讲话材料及〈2021 年深圳市生态环境工作要点的通知〉》，2021 年，深环办〔2021〕10 号。

深圳不断完善顶层架构，以推动碳达峰碳中和，把减污"降碳"的工作作为促进绿色生态转型的核心。[①]《深圳率先打造美丽中国典范规划纲要（2020—2035年）》提出到2025年要实现城市"天蓝水秀、现代宜居"的目标，PM2.5年均浓度不高于20ug/m³，以碳排放碳达峰为总抓手作为工作安排，到2035年，实现美丽深圳全面建成，绿色生态达到国际一流水平，PM2.5年均浓度不高于15ug/m³。为实现这一目标，深圳从产业结构、能源结构、碳汇标准体系建设等方面入手，展开了系统全面的改革。2021年深圳大鹏新区率先编制全国首个《海洋碳汇核算指南》，构建科学规范的海洋碳汇标准体系，为实现"碳达峰"搭建海洋碳汇清单编制数据核算模型。[②] 同时，深圳通过专项资金、补贴和市场化治理的方式，逐步推进城市内部的产业结构转型和升级。深圳出台了《深圳市生态环境局绿色低碳产业发展专项资金扶持计划操作规程》，鼓励扶持绿色低碳产业；出台了《深圳市大气环境质量提升补贴办法（2018—2020年）》，在政府的资金和政策支持下，鼓励新能源、环保产业越做越强，实现环境保护和经济增长的平衡；推出了《深圳市工业和信息化局支持绿色发展促进工业"碳达峰"扶持计划操作规程》《深圳碳普惠体系建设工作方案》（深府办函〔2021〕92号）等系列政策，积极探索碳普惠市场激励机制；2021年，深圳在《深圳市生态环境保护"十四五"规划》（深府〔2021〕71号）中进一步提出将大气污染问题与碳排放协同治理，同时实现空气质量达标和碳排放达峰的双重目标，进一步提高深圳生态环境治理现代化的效率。

四　从推进"智慧化环境监测体系"到推进"智慧化环境治理体系"

2012年国家发展改革委出台《"十二五"国家政务信息化工程建设规划》，2014年国家发展改革委、工信部、科技部、公安部等八部委出台《关于促进智慧城市健康发展的指导意见》，2017年中

---

① 深圳市生态环境局：《深圳：以碳达峰碳中和为引领推动绿色发展》，http：//meeb．sz．gov．cn/xxgk/qt/hbxw/content/post_9514589．html，2022年4月5日。

② 2021年深圳改革报告：《探索建立海洋碳汇核算地方标准》，第386页。

共中央办公厅、国务院办公厅发布《关于深化环境监测改革提高环境监测数据质量的意见》。在科技赋能下，深圳的环境监测能力逐步提升。同时，在数字政府和智慧城市的推进下，深圳逐步将环境领域的科技应用，推广到环境治理的方方面面，以大数据思维倒逼环境治理机制体制的改革，实现治理的现代化。

在环境治理的大数据平台建设方面，2021 年 11 月深圳完成智慧环保平台建设终验，二期项目将推动环境部筹建深圳生态环境大数据创新应用实验室，与南方科技大学共建智慧环境研究院，以期运用智慧化监测实现节能减排与风险预警，建立生态现代化能力体系，推动数字政府转型，提升政府环境治理能力；在环境应急方面，深圳市应急管理局成立以来，全面实施"科技强安"战略，推动"一库三中心"的信息化建设；[1] 同时，深圳依托科技创新背景，拥有腾讯、华为等互联网龙头企业，其中华为在智慧城市应急管理领域作出积极贡献，将智慧应急工作归纳为"三中枢 N 系统"，一是构建跨层级、跨地域、跨系统、跨部门的"应急指挥智慧中枢"，二是对自然灾害、城乡安全构建"监测预警智慧中枢"，三是围绕救援人员构建的"宣传教育智慧中枢"。[2] 而这些有关智慧化环境监测系统、应急系统的建立，其最终的目标，是实现生态环境治理的现代化。数据平台和管理平台的建设，帮助深圳打通了部门之间的信息壁垒，以"大数据治理"的思维，不断推动着深圳在生态环境治理领域的创新和实践，破解了信息孤岛的现象，进一步加强了部门的沟通和协作。

五　从优化"环境考核"机制到构建"GEP + GDP"双轨运行机制

自党的十八大以来，中央政府将环境治理工作放到空前重要的地位，为了保障国家对环境治理优先的政治目标的实现，中央逐步

---

① 深圳市应急管理局：《深圳全面推进应急管理体系与能力现代化建设》，http://yjgl. sz. gov. cn/zwgk/xxgkml/qt/yjjw/content/post_8531592. html，2021 年 10 月 20 日。

② 冯双剑、张佳轩、李哲帅：《以智慧应急推动城市安全发展——华为"安全智能体"助力提升城市"免疫力"记事》，《中国应急管理》2021 年第 1 期。

建立起一套明确的环境目标责任体系和环境官员考核体系，使得官员的环境考核有指标可行，从"软指标"逐步转变成了"硬指标"，而环境法律与政策也在这个过程中逐步产生活力。

深圳是较早构建环保考核体系的城市之一，在 2004 年就在全市范围内开展了环保考核，而这十年，深圳实现了官员考核机制的全面创新，将 GEP 核算体系深入到了官员考核评价体系当中，摈弃单纯以 GDP 为目标的单一发展机制，实现经济与生态的双赢。GEP 核算制度的建立，全面客观反映了深圳在经济活动中的环境代价，将生态效益和价值用数据化的方式可视化呈现，丰富了国家环境经济核算理论与实践，为资源环境审计提供了技术支持。同时，也是对传统的 GDP 政绩观的修正，"GEP + GDP"双运行，一定程度上激励深圳官员环境治理理念转变，提升了深圳政府综合决策的科学性。

第三节　美丽中国典范的环境治理模式

一　战略性治理：产业前瞻布局下的环境治理

长期以来，我国的环境治理都逃离不了能源结构、产业结构的结构性陷阱困境。以"头痛医头""脚痛医脚"的方式所开展的环境治理，往往会陷入一种难以自拔的困境当中。城市在国民经济发展中有着重中之重的地位，但城市同时存在着垃圾围城、汽车尾气、"生命线"脆弱等各式各样的"城市病"。如果仍然以"末端治理"的思路去解决城市环境问题，也很难走出结构性陷阱的困境。因此，解决城市环境问题，急需更高层次的战略眼光，把握城市经济发展和产业结构的核心命脉，明确城市发展战略定位，有条不紊地开展城市建设，才有可能在此基础上对城市的环境治理问题做一个全面的把握，也才有可能让城市走上可持续发展的道路。而深圳，作为改革开放前沿城市，也是一个规划出来的城市，在城市战略性发展和统筹规划方面相较而言少了一些历史包袱，也很早就认识到了城市可持续发展的重要性。

改革开放之初，深圳的高速发展是相对粗放型的，凭借着廉价的土地和劳动力，国家赋予的大量优惠政策，深圳承接了香港外溢的低端制造业，成为城市建设的原动力。但是以"三来一补"为核心经济命脉的产业发展，也让深圳承担着环境恶化的风险。进入到20世纪90年代，深圳政府高瞻远瞩，提出了"以科技进步为动力，大力发展高技术产业"的新发展目标，以期以更为集约有效率的发展方式，摆脱高增长高污染的传统发展模式。进入21世纪后，深圳已经聚集了一大批本土高科技企业，涵盖了生物科技、互联网、新能源等各类新兴产业，华为、中兴通讯、比亚迪等都成为深圳名片。为了能进一步扶持和推进创新产业的发展，让城市在世界舞台上更有科技竞争力，2011年，深圳进一步出台了《关于加快产业转型升级的指导意见》《加快产业转型升级配套政策》《加快产业转型升级十项重点工作》《高新区转型升级工作方案》《深圳保税区转型升级工作方案》等"1 + 4"文件；2012年，国家出台了《"十二五"国家战略性新兴产业发展规划》，深圳根据自身情况，选择了新能源、新材料、新一代信息技术、互联网、生物技术、文化创意六大产业作为战略性新兴产业；2013年，深圳出台了《深圳市人民政府关于优化空间资源配置促进产业转型升级的意见》"1 + 6"文件等综合性政策；2014年，深圳又进一步出台了支持未来产业的"1 + 3"文件，具体包括《深圳市未来产业发展政策》《深圳市生命健康产业发展规划（2013—2020）》《深圳市海洋产业发展规划（2013—2020）》和《深圳市航空航天产业发展规划（2013—2020）》。目前深圳已经形成了以金融业、高新技术产业、物流业和文化产业为支柱的新型产业格局，进入了智能产业和现代化服务业为主的新时代。① 此外，其他各项新兴产业在市政府的各类扶持政策支持下也呈现出一片欣欣向荣之态。

在逐步推进产业升级转型的同时，深圳也在深入推进循环低碳和可持续发展模式。深圳在全国率先出台了《深圳经济特区循环经济促进条例》《深圳经济特区建筑节能条例》《深圳经济特区碳排放

① 车秀珍等：《深圳生态文明建设之路》，中国社会科学出版社2018年版，第41—43页。

管理若干规定》等 18 部法规规章。[①] 2014 年，深圳印发《深圳节能环保产业振兴发展规划（2014—2020 年）》，正式将环保产业纳入全市战略性新兴产业范畴。在能源结构调整方面，深圳已经彻底淘汰了普通工商业用煤和民用散煤，形成了以清洁能源为主导的新型能源结构。根据《深圳市 2020 年国民经济和社会发展统计公报》显示，深圳战略性新兴产业生产总值占地区生产总值的比重达 37.1%，高新技术制造业和先进制造业增加值占规模以上工业增加值的比重分别是 66.1% 和 72.5%，单位面积 GDP 产出位居全国大城市之首。

可以说，深圳作为全国可持续发展的先锋力量和范本，其最关键的要素是从战略高度对城市的整体产业结构和经济发展模式进行主动规划和布局。深圳对产业主动开展的一次次迭代升级，从根本上为深圳的环境治理工作提供了基石。如果仍走以重工业、重金属、重污染为主的经济发展路线，那么深圳也将陷入环境污染的"结构性陷阱"当中。

二　智慧化治理：科学精准精细的环境治理

环境治理与工业革命、科技发展一直都拥有着深刻而紧密的关联性。人类在未进入工业革命之前所面临的生态环境问题更多的是生态退化和自然灾害的问题，但是从第一次工业革命开始，随着工业污染的出现和科技的发展，从实践到理论，人类所需要面对的环境问题都发生了巨大的变化。工业革命一步步推进，人类需要应对的环境问题也越发错综复杂，其从地方性问题逐步发展成为全球化问题、从环境危险问题发展成了环境风险问题、从环境污染的科技问题发展成为生态环境的社会问题。而为了应对新的环境问题，治理环境的技术、策略、政策和制度也在不断发展。可以说工业革命制造出了新的环境问题，同时，工业革命带来技术革新和思路转变的同时，也为应对城市出现的各种疑难环境问题提供了解决方法。

随着技术的不断发展，第四次工业革命已经到来，目前全世界

---

① 董战峰等：《深圳生态环境保护 40 年历程及实践经验》，《中国环境管理》2020年第 6 期。

的国家都意识到生态环境的重要性，在积极探寻新的技术路径提升生态环境领域的治理能力，我国在这方面的实践也正逐步展开。2015 年 7 月习近平总书记在中央全面深化改革领导小组第十四次会议上首次明确指出，要推进全国生态环境监测数据联网共享，开展生态环境大数据分析。① 此次会议通过了《环境保护督察方案（试行)》《生态环境监测网络建设方案》等多项关于生态文明建设的政策。随后，国务院颁布了《促进大数据发展行动纲要》，环保部于2016 年印发了《生态环境大数据建设总体方案》。这都成为大数据时代智慧化环境治理的政策基石。到了 2017 年，国务院颁布了《关于深化环境监测改革　提高环境监测数据质量的意见》，要求"加强大数据、人工智能、卫星遥感等高新技术在环境监测和质量管理中的应用"。2019 年 1 月，国务院办公厅发布《"无废城市"建设试点工作方案》，提出"实现固体废物手机、转移、处置环节信息化、可视化"；2019 年 4 月，住房和城乡建设部、生态环境部、国家发展改革委联合发布《城镇污水处理提质增效三年行动方案（2019—2021 年)》，提出"依法建立市政排水管网地理信息系统（GIS）"；2020 年 6 月，生态环境部发布《关于在疫情防控常态化前提下积极服务落实"六保"任务　坚决打赢打好污染防治攻坚战的意见》，提出"推动生态环保产业与 5G、人工智能、工业互联网、大数据、云计算、区块链等产业融合，加快形成新业态、新动能，拉动绿色新基建"。可以说，大数据时代的先进科技为我国的环境治理现代化提供了重要的"技术支撑"，比如环评后评价和环境影响预警的提出及环评基础数据库的建设都离不开环境监测大数据的支持；在环境执法中，大数据实现了动态环境监测和精准执法；在生态环境修复中，大数据实现了长期跟踪资源破坏和生态环境污染的修复状况。

　　深圳作为科创城市、智慧城市，拥有华为、中兴通讯、腾讯等一系列科技龙头公司，在技术赋能于环境治理方面也同样走在全国前列。以深圳的雾霾治理为例，其治理思路是前瞻性、战略性的，

---

　　① 《习近平主持召开中央全面深化改革领导小组第十四次会议》，中国政府网，ht-tp：//www. gov. cn/xinwen/2015 - 07/01/content_ 2888298. htm, 2015 年 7 月 1 日。

也是精细化的，而科技是深圳实现雾霾治理战略的重要载体。深圳的雾霾治理思路同传统的"末端治理"的思路不同，而是从源头分析雾霾的污染来源，进行数据分析后，直接定位到相关产业，甚至精准到具体的企业，然后以任务下达的方式展开精细化治理。深圳是全国最早开展大气细颗粒物研究的城市之一，早在 2004 年深圳市就已经通过建设大气观测超级站，找到了雾霾的成因，进行源头治理。在此后的多年内，深圳的大气治理都是基于 PM2.5 的来源解析研究，有针对性地进行环境治理决策，一切以数据说话，每个时期针对不同污染源采取差异化治理策略。比如早期主要针对港口、火电等，而到了 2018 年，深圳的 PM2.5 主要来源变成机动车尾气，因此治理逐步从工业源转移到了移动源治理。而随着科技的进一步发展，在雾霾治理方面，深圳也在不断提升科技应用下的环境质量监测。2018 年深圳市开始布局 PM2.5 自动监测网络，在全市 74 个街道完成了全面监测点的建设，形成了"一街一站"的网格化空气质量监测体系。作为全国首个按照国家标准建设的覆盖所有街道的网格化空气监测系统，"一街一站"监测系统可以对全市 74 个街道的 PM2.5 进行排名，排名结果通过深圳空气质量 APP、微信小程序、深圳人居委微信公众号对外公布，公众可以通过这些平台实时查询深圳的空气质量情况。① 在水体治理方面，深圳市于 2018 年 3 月在全市迅速启动了"河务通"系统的推广应用工作，以实现各级数据共享交换、河道管理精准施策、市区河长上下联动的目标。河务通应用系统在前期收集整合水务、环保、国土、建设规划、水文等多部门数据，其中包括城市地图、卫星影像、大气环境、河流、湖泊、水务设施等空间基础数据，河道视频、水位、水质等在线监测数据，河道巡查、执法、企业污染源、整治情况等业务数据。在应急管理方面，深圳也依托科技，全面实施"科技强安"的战略，推动"一库三中心"的信息化建设。"一库"具体指的是应急管理大数据库的建立，该数据库融汇了深圳 15 个重点行业领域的信息数据，实现了重点领域的监管。"三中心"包括了监测预警中心、宣

---

① 陈昊：《"一街一站"让深圳大气治理走向精细化》，《环境》2018 年第 10 期。

传教育中心和应急指挥中心。① 在公众参与方面，深圳也创新建立了各类环境公众参与平台，而"随手拍"就是其中一个重要平台。深圳的"随手拍"曝光台是利用大数据、物联网、移动互联网、人工智能等新技术建立起来的线上举报平台，其应用于深圳的交通、环境卫生、市容市貌等各个领域。深圳市的交通部门、控烟协会、深圳市文明、深圳市生态环境局、城管局等都设置了相应的平台接入"随手拍"的举报功能。可以说，科技赋能下的智慧化治理，已经成为深圳环境治理的重要路径之一。

三　责任化治理：责任体系明确的环境治理

在过去40多年中，地方政府和官员在中国经济快速发展中发挥了极其重要的作用。一些学者认为，中国经济的快速发展与政府官员密切相关。在过去的时期里，注重以经济发展为核心的激励方式作为官员考核标准。这种激励方式让地方政府转变成为"地方理性经济人"，这种转变有利于中国经济的发展，促进了中国经济的腾飞。随着经济的发展，人类对环境过度索取，人类的生存环境压力越来越大，然而，在过去的40多年里，地方政府坚持以GDP为核心的发展模式，提供了溢出式的环境治理公共服务。这种形式的公共服务不仅造成了环境保护的停滞不前，对当地生态环境的可持续发展产生了负面影响。环境的自然属性决定了环境问题的治理是需要通过跨部门协作完成的。比如水和大气等环境因素是流动的，并不是按照行政区域去划分，环境问题的解决需要多个行政区域的合作。但是，地方政府在这种政治激励下形成的竞争关系削弱了它们的合作意愿，导致跨境环境问题日益严重，跨部门和跨境环境治理困难，相关立法执行困难。

人们渐渐意识到，环境与经济的发展息息相关，不能为了经济去破坏环境，于是随着生态文明和绿色发展理念的提出，中央将环境保护与可持续发展相协调，环境治理问题提上议事日程。不仅是经济，中国的环境治理也已经进入"新常态"，为确保环境治理优

---

① 深圳市应急管理局：《深圳全面推进应急管理体系与能力现代化建设》，http://yjgl.sz.gov.cn/zwgk/xxgkml/qt/yjyw/content/post_8531592.html，2021年10月20日。

先政治目标的实现，逐步建立了一套明确的环境目标责任制和环境官评制度。深圳很早就认识到，环境治理的效果同官员考核方式之间的正相关性，2004 年就在全市范围内开展了环保考核；[①] 2007 年深圳出台了《深圳市环境保护实绩考核试行办法》正式将环保考核工作制度化；2013 年，深圳进一步将实施了 6 年的环保实绩考核"升级"为生态文明建设考核，制定出台《生态文明建设考核制度》，对全市各级部门和企业的生态文明建设工作实施年度考核，在《生态文明建设考核制度》中大气污染防治工作完成情况是重点考核内容之一。而为确保环保考核的公平公正，实现环保考核制度对领导干部切实推进环境保护工作的督促作用，深圳市创新引入了第三方评审团机制。第三方评审团成员由环保专家、政协委员、人大代表、居民代表等社会各界人士组成，通过听取被考核单位述职报告的方式对被考核单位的环保工作进行现场打分，评审结果公开透明。以第三方评审团的打分作为被考核单位上年度生态文明建设的考核结果既提高了公众在环境保护工作中的参与度，也降低了政府部门内部考核可能存在的腐败风险。[②]

同时，深圳为了探索新型的生态文明评价制度，推出了 GEP 核算体系，该体系可以将生态文明建设的指标进行量化，并作为特色指标纳入其政府考核当中，摈弃单纯以 GDP 为目标的单一发展机制。从 2014 年开始，深圳以盐田区为试点，在国内率先开展城市 GEP 核算试点，首次提出并建立了 GDP 和 GEP 双核算双运行双提升的工作机制。后全市有多个区开展了 GEP 核算制度的探索。2019 年，GEP 核算工作被纳入《意见》；2020 年再次纳入《深圳建设中国特色社会主义先行示范区综合改革试点实施方案（2020—2025 年）》，2021 年深圳建立了我国第一个 GEP 核算制度。

另一方面，深圳也在逐步探索环境治理的"一把手责任"，将

---

① 车秀珍等：《深圳生态文明建设之路》，中国社会科学出版社 2018 年版，第 31 页。

② 深圳市生态文明建设考核领导小组办公室：《新形势下生态文明建设考核如何发挥新作用》，http://www.cecrpa.org.cn/llzh/201909/t20190910_733280.shtml，2021 年 8 月 3 日。

党政同责、一岗双责落到实处。比如在公共安全治理方面，印发了《关于完善安全生产党政同责一岗双责失职追责责任体系的通知》（深办发〔2016〕11号）、《关于印发〈深圳市党政部门安全管理工作职责规定〉的通知》（深办〔2016〕18号）、《关于进一步完善安全生产责任体系和深化月度形势分析会议制度的通知》（深安办〔2016〕141号）等一批规范性文件，落实安全生产责任，不断健全责任考核机制。在水体治理方面，深圳是较早推行"河长制"试点的城市之一，2012年深圳宝安区就开始探索实施"河长制"，2017年深圳出台了《全面推行河长制实施方案》，将河流流域治理和沿岸管理推向一个新维度，构建了全市754名领导干部担任市、区、街道、社区四级河长，实现河长制的全覆盖。在建立河长制体系的同时，深圳建立了河长制的分级考核问责机制，将河长制实施情况纳入年度目标管理。

四　多元化治理：政府、市场与社会共融的环境治理

传统的环境治理主要采用三种典型的政策工具。一是"命令—控制"（command-control）式的政府规制型政策工具，在我国长期的环境治理实践中，这也是采用的最为主要的一种环境治理政策工具。该工具主要是指政府根据环境标准、法律法规和行政许可与行政处罚相结合的具体行政措施，对污染企业的污染行为和生态破坏行为进行单向监督，以规范所有生态环境破坏行为。虽然这种环境治理工具在实践中占据主导地位，但由于内部行政效率、机制和制度不畅、法律制度不完善、政府间竞争等深层次因素，往往会出现"政府失灵"现象。二是"经济刺激"的政策工具，强调通过市场调节环境问题。通过环境税费等积极激励，引导企业进行产业和能源转型升级，引导企业走向清洁生产和循环经济，鼓励清洁生产和环保技术研发，鼓励环保产业发展。三是"公众参与"的社会参与政策工具，主要通过环境信息披露、环境公众参与和环境社会组织的建立，推动环境治理自下而上、多元化、多中心发展。这是近年来在中国蓬勃发展的环境治理政策工具。随着环境信息披露深度和广度的逐步开放，公众环境意识的逐步提高，环境和社会治理维度

的逐步扩大。特别是随着近年来环保邻里运动的兴起，各国政府也在积极探索环境民主协商的平台。随着大数据时代的到来，技术为公众参与拓宽了更多的路径，新媒体的出现促进了环境公众参与的非正式渠道，而公众的环境诉求和民意的表达，在网络空间里形成了新的阵地，话语权的重构使得公众掌握了更多的主动性，同时，随着新技术的发展，公众掌握信息和技术的能力不断提升。"以互联网为代表的信息技术日新月异，引领了社会生产新变革，创造了人类生活新空间，拓展了国家治理新领域，极大提高了人类认识世界、改造世界的能力。"① 政府在此背景下，也逐步开放信息，以期通过更透明公开的数据开放，获得公众的信任感，而深度的信息公开，政府同公众在新媒体平台上的各类互动，促进了公众参与的意愿。在实践中，环境公众参与在科技赋能和新媒体平台不断涌现的大数据时代，正在发生着重大的变革。其从实体参与走向虚拟参与，从浅层参与走向深度参与，从议题被动参与走向议题主动参与，从单向度信息流动模式走向双向公共协商模式。

环境治理体系的建立是一个庞大而系统的工程，单方面依靠政府的投入，无论从资金还是技术角度都存在诸多障碍。积极培育政府的合作伙伴，鼓励公私合作关系，鼓励公众参与，形成环境治理的多元共治格局，可以协力帮助政府推进环境治理目标和提供更好的环境公共服务，提高政府资源使用的效率。深圳在城市环境治理方面，一直是多条腿走路，虽然运用行政手段进行环境治理还是其主要手段，但是在对环境资源市场探索和公众参与机制的创新方面，也一直走在全国前列。

在环境治理的市场机制探索方面，深圳是全国的排污权交易市场，制定了《深圳市碳排放权交易管理办法（试行）》确保碳交易顺利实施；对电力、供水和燃气企业实行基准值配额分配方法；对这3个行业以外的制造业企业基于单位工业增加值碳排放进行分配，并在履约时可根据实际产出对配额进行规则性调整；对配额分配的标准、方式和程序进行了明确规定，保证公平、公开、透明。深圳也是最早在全国探索环境保险制度的城市，其所推出的巨灾保险，是由深圳市级财政全额出资购买巨灾保险，由人保财险、太平洋财险、太平财险、国寿财险、平安财险 5 家保险公司组成的"共保体"承保，保障全体市民的灾害救助服务。而在探索这些创新制度的同时，深圳也在依托科技为相关利益关涉群体提供更为方便的服务。以深圳推出的环境污染强制责任保险信息平台为例，其将企业、保险公司和监管部门紧密联系在一起。企业可以通过平台实现"千企千面"保费测算、选择保险公司、项目概况查阅和保单查询，同时享受监测设备在线预警、环保管家咨询、环保培训、企业环保风险档案等多方服务。保险公司通过平台可实现投保数据统计、投保单位风险分析和业务管理。监管部门则可通过平台实现智慧化监管，实时掌握企业投保、续保情况，据此推动相关惩处和激励政策。

　　在环境公众参与方面，深圳出台和颁布了一系列的政策法规，保障公众的环境知情权和参与权，并通过规范性文件的方式引导公众参与。同时，深圳通过市场激励的方式，鼓励和激励公众参与，比如出台了《深圳市公众举报工业企业环境违法行为奖励办法》，深圳盐田的"碳币"制度等。另外，作为科创城市，深圳借助大数据等技术和新媒体，创新环境公众参与的渠道，构建政府与公众沟通的平台。深圳于 2009 年 8 月颁布了《深圳经济特区环境保护条例》，该条例明确规定了公民拥有的环境基本权利。2021 年 7 月，深圳出台了《深圳经济特区生态环境保护条例》，其中第五章专章规定了"信息公开和公众参与"，赋予了公众环境知情权、环境参与权、环境举报权，并对环境教育等领域也进行了规定。同时，为了便于公众理解和实施，深圳市环境科学院协同相关部门一起编制了《深圳市环境信息公开与公众参与实施指南》，为公众提供了操作指引。[①] 同时，深圳通过政务微博、新闻发布会、各大网站以及各新媒体渠道，开展信息公开，主动公开"白皮书""治污保洁工程""鹏城减废""深港环保合作"等本土特色内容。深圳盐田区

①　车秀珍等：《深圳生态文明建设之路》，中国社会科学出版社 2018 年版，第 127 页。

创新开辟了"互联网＋"环境质量信息公开渠道，开发环境质量公众服务平台，以手机 APP 应用软件为媒介，将各类环境质量信息向公众进行实时、直观和全面的公开，充分保障公众环境知情权。①

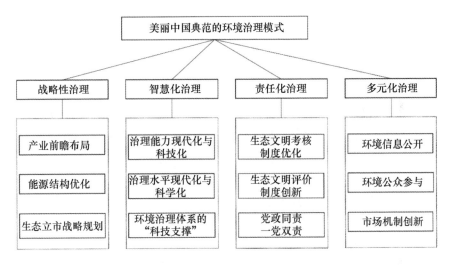

图 8 - 1　美丽中国典范的环境治理模式

五　个案观察：可持续发展建设的"盐田"范本

深圳的盐田区位于深圳市东部，辖区面积 74.99 平方千米。盐田区依山面海，海岸蜿蜒曲折，是深圳著名的旅游胜地。作为深圳重要的组成部分，盐田区找准自我定位，与深圳的其他地区差异化发展，多年里，盐田一直侧重于生态文明建设，不断创造佳绩，先后荣获全国第一批国家生态文明建设示范区、联合国首批"SUC 国际可持续发展示范区"、2017 年广东省宜居环境范例奖等荣誉。而深圳盐田在生态文明建设方面取得的一系列成就，同盐田在生态文明建设的制度体系完善和机制体制深化改革方面的探索息息相关。

深圳盐田，是全国率先实行 GEP 和 GDP 双运行机制试点的区域。长期以来相对单一的官员考核机制，让地方官员将 GDP 发展仍

---

① 车秀珍等：《深圳生态文明建设之路》，中国社会科学出版社 2018 年版，第 127—128 页。

然作为首要发展任务。在深圳盐田创建的 GEP 制度，这种纳入了生态系统生产总值的测算指标体系，给予了城市发展另一套测算标准，是对以往的 GDP 政绩观的修正。具体而言，盐田区将 GEP 的测算标准的具体指标分解到了生态文明建设的任务当中，并纳入了领导干部的政绩考核当中，以调动地方官员对生态环境保护的积极性，促使经济向"绿色化"方向转型升级。[①] 盐田区颁布的《盐田区生态文明建设考核制度》，就是在 GEP 核算制度建立的基础上，将辖区 43 家党群部门、区直单位、街道办及驻盐单位等纳入区生态文明建设考核，邀请环保专家、党代表、人大代表、政协委员、居民代表等对各单位工作完成情况进行考评，考核结果作为各单位绩效考核和干部勤政考核的重要指标，充分发挥"绿色指挥棒"的正面激励作用。[②] 而这一套对官员考核机制的深化改革成果，也于 2021 年在深圳全市进行了推广。

表 8 - 1　　2013—2018 年深圳盐田区 GDP 与 GEP 数据对比（单位：亿元）

年份	GDP	GEP
2013	408.5	1036.19
2014	450.23	1072.41
2015	487.23	1077.29
2016	537.68	1092.17
2017	585.49	1096.00
2018	612.76	1086.15

在探索公众参与环境治理方面，盐田区发挥了创新创造能力，建立了一套"碳币"平台。"碳币"指的是公民参与低碳活动、节能减排、环境保护等行为致使减少碳排量的量化指标，也可作为记

---

① 欧阳志云等：《面向生态补偿的生态系统生产总值（GEP）和生态资产核算》，科学出版社 2018 年版，第 8 页。

② 相关资料由深圳市盐田区环水局提供。

录公民公益行为产生社会价值的衡量标准。① 具体而言，公众参与低碳活动、节能减排、环境保护等行为促进碳减排，"碳币"系统会对公众的环保碳减排行为所产生的社会价值进行量化和衡量，并给予相应的"碳币"的激励，这是一种可兑换实物礼品或者参与优惠、参与各类评选评比的一种"生态环保积分"。"碳币"制度是近年来深圳市盐田区生态文明建设过程中的创新型举措，公众、企业通过参与"碳币"的运营，不仅提升了其环境意识，增长了环境领域的知识，还身体力行践行绿色低碳行为。

这套"碳币"平台正在为盐田区的环境公众参与发挥着无可比拟的效能。2016 年 9 月，"碳币" 1.0 版本正式上线。后为了优化和完善"碳币"服务平台功能模块，构建碳足迹、碳友圈、用户成长体系、数据开放与分析、活动直播等新功能模块，通过市场化的方式来正向引导倡导民众加入低碳行动。2018 年 1 月，盐田区生态文明"碳币"服务平台 2.0 正式上线。自运行以来，盐田区的"碳币"平台用户达 14.3 万人，约占辖区总人口的 62%，共发起 1074 场生态文明活动，累计发放约 1.1 亿"碳币"。特别是"碳币"服务平台 2.0 版本正式上线，新版本增加了 12 个功能，允许用户将每日运动步数兑换成"碳币"，"碳币"平台所发挥出的效用与日俱增。

而在智慧化环境治理领域，盐田区也在积极发挥主观能动性，主动引进高新科技，进行生态环境治理。以垃圾减量分类工作为例，盐田区是在深圳率先采用"互联网 +"智能化管理模式开展居民生活垃圾四分类工作的地区。在整个垃圾分类、运输、处理的过程中，盐田区构建了智能化物联网监管系统，开发"互联网 + 分类回收"大数据监管平台和手机 APP 监管平台，采用视频摄像、RFID 射频识别、GPS 定位、4G 无线传输、GIS 地理信息系统等技术手段，对全区所有涉及垃圾分类的人员、设施、设备、车辆等赋予数字信息，对收运处理进行全过程监控和记录，实现随机统计查询和动态监管，防止垃圾偷运、非法外运等现象发生，构建起全链条、

---

① 相关资料来源于盐田区生态文明"碳币"服务平台。

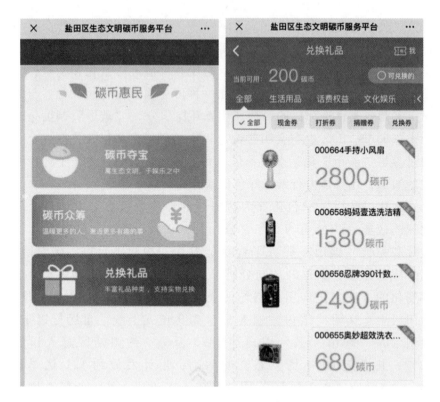

图 8 – 2　"碳币"制度的激励兑换

无死角的智能监管网络。

　　可以说，盐田区在生态文明建设领域所取得的成就，是深圳这十年在可持续发展建设道路上的一个缩影。盐田区作为深圳市生态文明建设先行示范区，秉承"以人为本、生态优先"的绿色发展理念，围绕着"美好城区"建设，积极探索具有盐田特色的绿色发展路径，深化生态文明体制完善，环境治理能力和治理水平大幅度提升。

第四节　深圳作为美丽中国典范的先行示范

2019 年，党中央、国务院印发《粤港澳大湾区发展规划纲要》和《关于支持深圳建设中国特色社会主义先行示范区的意见》（以下简称《意见》）；2020 年，中共中央办公厅、国务院办公厅印发《深圳建设中国特色社会主义先行示范区综合改革试点实施方案（2020—2025 年）》《深圳建设中国特色社会主义先行示范区综合改革试点首批授权事项清单》，支持深圳实施综合改革试点。党中央赋予了深圳新时代的新使命，可持续发展先锋的定位，要求深圳必须坚持改革创新、破除发展壁垒、以改革引领示范。

深圳也应坚持以习近平生态文明思想为指导，抢抓"双区"建设的重大历史机遇，牢固树立"抓环保就是抓发展、抓环保就是抓民生"的绿色发展观，实现"美丽中国典范"的发展目标。

一　准确把握"三新"重大判断开展顶层设计

党的十九届五中全会对"十四五"时期作出了战略部署，明确要"把握新发展阶段、贯彻新发展理念、构建新发展格局"。对深圳的环境保护工作而言，如何深刻认识深圳面临的新形势，找准新的历史方位，处在重中之重的位置。

对于深圳而言，虽然近年来的环境质量得到了明显的改善，但是快速发展的社会经济与环境资源不足之间仍然存在较大的冲突，能源消耗需求依然旺盛、结构减碳空间有限，再加上深圳可再生资源的禀赋不高，在未来的发展进程中，高强度的城市开发依然将成为可持续发展道路上的巨大挑战。在污染治理方面，水资源、水环境、水生态的"三水统筹"治理仍然是深圳的短板，大气质量仍然没有完全摆脱气象的影响，生态环境治理的领域仍不够宽，在气候变化应对、生物多样性保护、海洋环境保护、化学品环境风险防控等新领域的工作尚在探索阶段，同时，深圳的生态环境质量系性、根本性提升也还没有实现。而在机构运行方面，虽然机构改革让深圳走上了"大环境"的治理道路，但是在实践当中还存在体制运作不顺畅的问题。

在这样的背景条件下，深圳又被赋予了新的历史任务，对标先行示范的要求，在 2025 年达到国际先进水平，需要进行多方位的突破。其中，推进综合授权改革试点是核心任务。生态环境和城市空间治理体制改革被纳入了综合授权改革的六大重点领域，生态环境领域的改革，进入受重视程度最高、推进力度最大、示范效应最广的时期。深圳需要把握机遇，借力综合授权改革试点，对全市一体的生态环境治理责任体系、法律法规体系和制度体系进行全面的优化升级，形成全方位、全地域、全过程的生态文明制度体系还有完善空间。①

二　系统思维、综合治理，升级碧水蓝天的生态空间

深圳在过去几年的污染防治工作取得了扎实的成效，但是《意见》赋予了深圳新的历史使命，要在 2025 年前达到国际先进水平，任务还是十分艰巨。需要从更高维度统筹环境质量的提升工作，从系统治理的思维出发，推进整个城市向着低碳绿色的方向发展。

机构改革是解决部门臃肿问题的一服良药。2009 年，为了优化政府行政效率，提升政府治理效率，深圳市开展了"大部制"改革，将原有的 46 个政府工作部门缩减到 31 个。在环境治理领域，深圳突破了传统框架，组建了具有"大环境""大服务"特色的人居环境委员会，将环保与经济发展、社会治理、公共服务等功能整合起来，其具体职责包括了：综合运用环保、水务、建设、住宅、气象管理等手段，发挥整体优势，全面提升人居环境质量和水平。②2019 年，随着国家的新一轮机构改革，深圳将气候变化和减排、碳

---

① 深圳市生态环境局：《市生态环境局关于印发 2021 年深圳市生态环境保护工作会议讲话材料及〈2021 年深圳市生态环境工作要点的通知〉》，2021 年，深环办〔2021〕10 号。

② 车秀珍等：《深圳生态文明建设之路》，中国社会科学出版社 2018 年版，第33 页。

排放交易等职能进一步并入深圳人居委员会，组建成立了生态环境局。自此，深圳等碳排放、气候变化等相关领域的治理职能，并入了统一的生态环境局，形成了"大环境"治理的格局。但是在实践中，机构改革从"物理融合"向"化学融合"还未完全发生作用，体制的运作还存在一些障碍，全局一体合力还未有效形成，进而对生态空间的系统治理造成了局限。在未来，需要在这个领域进行积极的探索，部门之间突破自身利益的束缚，深度释放改革活力。

而在具体的工作战略上，其中重中之重的工作就是"降碳"。习近平主席在第75届联合国大会、气候雄心峰会等多个重要国际场合，先后作出了关于碳达峰目标和碳中和愿景的重大宣示。"降碳"是大国担当、中国承诺，也是深圳需要面临的新形势。"降碳"是推动深圳经济结构进一步绿色转型，加强污染源头治理，提升生态系统服务功能，减缓气候变化带来的不利影响的核心举措。在"降碳"的工作领域，需要明确专项规划，建立全市的"降碳"工作体制机制，明确各部门责任，不再让"降碳"工作部门之间形成工作空档。同时，需要完善碳排放统计和核算体系，增强减排同"降碳"协同的新路径。

在传统的污染防治工作领域，要实现精细治理和精准治理，依托科技开展综合治理。在水治理问题上，以"三水"统筹、陆海联动为导向，深入推进水治理；在固体垃圾处理方面，以"无废城市"试点经验为引领，全面提升固体废物治理水平，建立全链条智能化固废监管体系；在大气污染治理方面，以 PM2.5 和臭氧协同控制为主轴，巩固和提升大气质量，强化大气污染监测和预警预报能力；在核安全与辐射监管方面，建设完善的监测监管系统，探索优化放射性物品监管模式，提高辐射安全管理水平和抵御风险的能力。同时，进一步拓宽生物多样性保护、海洋保护等领域的工作，推进系统治理，强化自然生态保护。[①]

---

① 深圳市生态环境局：《市生态环境局关于印发 2021 年深圳市生态环境保护工作会议讲话材料及〈2021 年深圳市生态环境工作要点的通知〉》，2021 年，深环办〔2021〕10 号。

三　以人为本、公众参与，打造舒适宜居的生活空间

城市的发展与人的发展息息相关，在城市发展历史上，文明兴盛的城市往往伴随着大量新兴移民的进入和流动，保持了城市的活力和创新动力；而式微的城市往往伴随着人口的流失。以人为本，以人的需求为核心价值要素所建成的城市，带有更多的人文气息，也让居民的体验感和获得感更为强烈。在生态环境治理问题上，也遵循着同样的路径。以人为本的宜居城市的打造，才可以从根基上吸引人和留住人。深圳在宜居城市的建立方面，取得了有目共睹的成绩。比如深圳罗湖区推动生态文明建设与城区生产、生活、生态空间有机融合，获中国最美"宜居""生态"双名城称号，深圳的盐田、大鹏区获评"中国天然氧吧"。根据2021年深圳政府工作报告，深圳在未来宜居城市建设方面，要"制定并实施面向2035年的国土空间总体规划，统筹生产、生活、生态空间，开展'山海连城'计划，强化'一脊一带十八廊'城市生态骨架，加快建设世界著名花城，推进城市更新和品质提升，提高居住用地占建设用地比例，走出一条高密度超大城市绿色低碳的高品质发展路径"①。

值得注意的是宜居城市的建设，不仅应该是政府自上而下为公众提供的环境公共服务，应该是能够用文化、体制和技术凝聚全体市民的智慧，凝聚各种城市主体的力量，实现有机共存、合作共治、包容共享的一体化的环境治理。② 以新加坡的建设为例，其生态环境治理作为国家的基本战略展开实施，并伴随着科技发展建立起更为智能化的治理系统，这些法律、政策和系统的建立完善的根本目标是为了服务于人民，提升公众在新加坡的生活幸福感，进而保持城市活力，实现城市的可持续发展。而其中最重要的一条路径是加强公众参与。信息公开又是保障公众环境知情权和参与权的基

---

① 深圳市第七届人民代表大会第一次会议：《政府工作报告》，http://www.sz.gov.cn/zfgb/2021/gb1121/content/post_8852606.html，2022年4月5日。
② 赵宇峰：《城市治理新型态：沟通、参与与共同体》，《中国行政管理》2017年第7期。

本前提。在大数据时代，新加坡运用物联网、云计算、大数据技术，将城市和生态环境信息数字化，进而建立信息公开平台，向普罗大众公开。比如新加坡的城市发展局（URA）建立了一站式的地理空间平台"URA SPACE"，旨在使专业人员、企业和公众更便捷地获取有关城市发展和规划的信息。用户可以访问与城市总体规划、城市设计指南、私有财产使用和批准、停车场位置和可用性、私有住宅财产交易以及过去的开发批准有关的信息。在环境及水源部提供的信息平台上，公众可以便捷地获取与自身相关的环境信息。同时，在新的工业项目建设过程中，申请人可以依法向新加坡环境局（NEA）提交申请，以要求为其项目提供环境信息（EI），例如建筑物高度限制、健康和安全缓冲区等。

因此，深圳在未来宜居城市的建设路径上，应该通过技术路径，为公众提供更多的环境公众平台，供市民进行交互，实现环境诉求的互通；必须要提供充沛的环境公共产品和均等化的环境公共产品给市民；同时，加大信息公开的力度，让公众更直观地了解身边的生态环境和政府的决策。

四　环境法治、科技赋能，优化安全高效的生产空间

美国城市问题研究专家乔尔·科特金（Joel Kotkin）曾经这样强调："城市首先而且必须是安全的。"[①] 但是由于城市构成的复杂性、资源分布的高密集性，城市的公共安全具有人群聚集、脆弱性和社会敏感性等特征，导致其公共安全形势更为严峻。正因为风险存在着一旦发生就意味着规模大到以至于在其后不可能采取任何行动的破坏的风险。[②] 因此，对风险的预防就成为关键因素。优化安全高效的生产空间，是实现城市可持续发展的基本前提。

第一，需要基于城市可持续发展制定公共安全发展战略，这种顶层建构，并不是强调基于应急管理工作本身展开的顶层建构，而

---

① ［美］乔尔·科特金：《全球城市史》，王旭译，社会科学文献出版社2010年版，第19页。

② ［德］乌尔里希·贝克：《风险社会》，何博闻译，译林出版社2004年版，第35页。

应是基于整个城市未来发展的顶层建构。重中之重，是在土地资源的使用和分配方面。国内的大城市大都面临着土地资源紧张的问题，特别是像上海、深圳这样的超大型城市，人口的不断流入让城市的土地资源显得格外稀缺，那么不合理的土地资源开发就可能对城市整体的可持续发展造成致命的威胁。因此，这种高瞻远瞩的城市规划，摆在首要位置的便是土地资源开发问题，应将城市未来在面对公共安全、生态安全的考量纳入城市的土地资源开发当中。在制定城市公共安全发展战略方面，应将城市的常规发展状态和非常规发展状态均纳入规划考量，将公共安全问题纳入城市经济和社会发展的总体规划。

第二，要构建城市公共安全风险管理指标体系。政府的运行逻辑依然逃离不了目标考核制，前瞻性、系统性、标准化的公共安全风险管理指标体系，意味着更为科学化的公共安全标准的制定。目前城市的公共安全管理体系，虽然有着看似完善的脉络，但是具体的执行和运转，依然是依靠具体的人。标准化的指标体系，可以让城市的管理者有章可循，也可以提升城市的运转效率。

第三，借力科技，走向智能化、规范化的公共安全监管。应加强城市公共安全技术领域的产业扶植与产学研结合。目前我国在公共安全技术产业领域的发展刚起步，整个产业在市场开拓、商业模式、标准化发展领域还有不少障碍。政府应加强对该领域的产业扶植，在土地、财税方面给予一定的优惠，以推进产业链的专业化分工和产业发展。[①] 同时，应加强对公共安全技术领域的成果转化应用。物联网、区块链、云计算等技术在高校科研领域也是热点，但是相关成果和市场并没有完全接轨，成果从科研转向市场的路径受阻。而市场上的中小企业，在这些高科技领域的研发能力又有限。政府应该创建更多优势平台，推动产学研结合，提高社会研发和生产效率。

在借力科技的同时，也要建立更为严明的环境责任体系。深圳

---

① 吴曼青：《物联网与公共安全》，电子工业出版社 2012 年版，第 56—57 页。

已经颁布实施了《特区生态环境保护条例》，需要严格加以执行，重点压实企业主体责任，开展环境保护守信激励、失信惩戒联合行动，健全生态环境损害赔偿制度。①

① 深圳市生态环境局：《市生态环境局关于印发2021年深圳市生态环境保护工作会议讲话材料及〈2021年深圳市生态环境工作要点的通知〉》，2021年，深环办〔2021〕10号。

第九章 先行示范：党建引领超大城市基层治理的深圳实践

深圳作为改革开放的重要窗口，先行先试的标兵，一直以来，在党的建设引领基层治理方面引领示范。习近平总书记对深圳在党建引领基层治理方面也提出了新的标准和要求。2018 年 10 月 24 日，习近平总书记视察龙华北站社区时指出："要把更多资源、服务、管理放到社区，为居民提供精准化、精细化服务，切实把群众大大小小的事办好。"① 2020 年 10 月 14 日，习近平总书记在深圳经济特区建立 40 周年庆祝大会上强调，要"以改革创新精神在加强党的全面领导和党的建设方面率先示范"，"努力走出一条符合超大型城市特点和规律的治理新路子"。② 深圳也以总书记的指示为改革示范目标，不断建强社区党委、巩固执政根基；深入激活社区，推动社区多元主体参与社区建设；推广数字技术在社区治理中的应用，不断推进基层治理能力现代化。

第一节 构建以人民为中心的党建引领基层治理新格局

习近平总书记指出："基础不牢，地动山摇。只有把基层党组织建设强、把基层政权巩固好，中国特色社会主义的根基才

---

① 《习近平在广东考察时强调：高举新时代改革开放旗帜 把改革开放不断推向深入》，《人民日报》2018 年 10 月 26 日第 1 版。

② 习近平：《在深圳经济特区建立 40 周年庆祝大会上的讲话》，《人民日报》2020 年 10 月 15 日第 2 版。

能稳固。"① 在基层推进落实党组织的建设根基，是巩固党的执政基础的必由之路。"基层强则国家强，基层安则天下安，必须抓好基层治理现代化这项基础性工作。"② 如何以党建引领基层治理现代化，也是完善基层治理体系、推进基层治理现代化的现实需要。党的十八大以来，习近平总书记就如何以党建引领基层治理实现现代化议题，作出了一系列的重要论述，深入梳理、总结习近平总书记关于党建引领基层治理的重要论述，对于指导深圳这样的超大型城市，展开基层治理现代化实践探索，具有重要的指导意义。

一　坚持人民性，党建引领基层治理的价值诉求

党的十八大以来，习近平总书记坚持"以人民为中心"的发展思想，本着满足人民群众日益增长的美好生活需求的初衷，不断深化基层党建的机制体制改革，推动改革发展的坚强战斗堡垒，不断增强基层党建在基层治理中的统领效应。

（一）以人民为中心，突出人民至上的价值诉求

"坚持以人民为中心的发展思想，就要把增进人民福祉、促进人的全面发展作为发展的出发点和落脚点。"③ 这也明确了城市基层治理应以人民为中心的发展诉求。城市基层治理的根本目标是提高人民的生活水平，实现共同富裕，对人民负责，让人民获益。城市基层治理需要满足人民的需求，增强群众对城市建设和发展的"获得感"。而在基层治理的问题上，应突出人民至上、服务为先，彰显以人民为中心的价值诉求，把政治引领寓于为民服务，既让群众真正得到实惠，又让群众知道惠从何来。

（二）以人民为中心，在基层治理主体上依靠人民

基层治理建设依靠人民，体现在发展是以人民为根本动力论。

---

① 习近平：《在基层代表座谈会上的讲话》，《人民日报》2020 年 9 月 20 日第2 版。

② 《习近平春节前夕赴贵州看望慰问各族干部群众　向全国各族人民致以美好的新春祝福　祝各族人民幸福吉祥　祝伟大祖国繁荣富强》，《人民日报》2021 年 2 月 6 日第1 版。

③ 《以新发展理念引领发展——关于树立创新、协调、绿色、开放、共享的发展理念》，《人民日报》2016 年 4 月 29 日第 9 版。

根据马克思主义的观点，人民是历史的创造者。坚持人民主体地位，充分调动人民积极性，始终是我们党在革命、建设和改革中都能立于不败之地的强大根基。在第四次全国城市工作会议上，习近平总书记指出："要提高市民文明素质，尊重市民对城市发展决策的知情权、参与权、监督权，鼓励企业和市民通过各种方式参与城市建设、管理，真正实现城市共治共管、共建共享。"[①] 基层治理，特别是超大城市的基层治理"点多、面长、线广"，单纯依靠政府自上而下的治理将陷入资源紧缺的困境，发挥出人民群众的主观能动性，构建共建共享共融共进的基层治理格局，可以实现基层治理资源的统筹优化和力量整合，也是基层治理共治共赢的关键。

（三）以人民为中心，在基层治理的方法上坚持一切从问题出发

坚持以人民为中心的基层治理思想，要更好解决人民生活和经济社会发展中遇到的实际问题。应准确定位人民的需求和发展的着力点，关注民生问题，而不是以自上而下的政绩考察为着力点，增进民生福祉是发展的根本目的。把人民对美好生活的向往作为新时代群众工作的出发点和落脚点，用情、用理、用法做细做实群众工作。

二　强化基础性，党建引领基层治理的组织保障

2017 年 10 月 18 日，习近平总书记在党的十九大报告中指出："党的基层组织是确保党的路线方针政策和决策部署贯彻落实的基础。要以提升组织力为重点，突出政治功能，把企业、农村、机关、学校、科研院所、街道社区、社会组织等基层党组织建设成为宣传党的主张、贯彻党的决定、领导基层治理、团结动员群众、推动改革发展的坚强战斗堡垒。"[②] 2021 年 4 月 28 日《中共中央国务院关于加强基层治理体系和治理能力现代化建设的意见》发布，总

---

① 《中央城市工作会议在北京举行　习近平李克强作重要讲话》，《人民日报》2015 年 12 月 23 日第 1 版。
② 习近平：《决胜全面建成小康社会　夺取新时代中国特色社会主义伟大胜利——在中国共产党第十九次全国代表大会上的报告》，人民出版社 2017 年版，第 65 页。

体要求中也明确提出，"以加强基层党组织建设、增强基层党组织政治功能和组织力为关键"。基层是党的执政基础，也是国家的立国之本，只有基层党组织坚强有力，党员干部恪尽职守、各司其职，发挥出应有的效能，党的根基才能牢固。我党一直十分重视党建在基层治理中的核心作用。自党的十八大以来，习近平总书记在各类重要讲话中，反复强调党建对于引领基层治理的重要功能和意义。

（一）强化基层组织力，党的根基才能牢固

2015 年 6 月 18 日，习近平总书记在贵州调研时强调："党的工作最坚实的力量支撑在基层，经济社会发展和民生最突出的矛盾和问题也在基层，必须把抓基层打基础作为长远之计和固本之策，丝毫不能放松。要重点加强基层党组织建设，全面提高基层党组织凝聚力和战斗力。"① 2016 年 4 月 6 日，习近平总书记在"两学一做"学习教育工作座谈会上再次强调："基层是党的执政之基、力量之源。只有基层党组织坚强有力，党员发挥应有作用，党的根基才能牢固，党才能有战斗力。"而加强基层党建的组织性，首要的是要把管理放到社区、重心下沉。"社区的关键是什么呢？就是加强党的领导，就是靠党组织的加强和延伸、创新，把基层工作做好。"社区党委是决定社区治理的关键因素，是决定超大城市治理的重要基础。应坚持向社区党委赋权增能，强化队伍建设，提升统筹能力，夯实基层基础。同时，要将基层党组织建设全面铺开。"牢固树立大抓基层的鲜明导向，扎实打基础，反复抓落实，推动基层建设全面进步、全面过硬。"只有这样，才可以"使每个基层党组织都成为坚强战斗堡垒"。②

（二）"三个下放"，确保基层党组织有资源、有能力为群众服务

习近平总书记 2018 年在考察深圳北站社区工作时强调："要把

---

① 《习近平在贵州调研时强调　看清形势适应趋势发挥优势　善于运用辩证思维谋划发展》，中国政府网，http：//www.gov.cn/xinwen/2015 - 06/18/content_ 2881604. htm？isappinstalled =0，2015 年 6 月 18 日。

② 《习近平谈务实作风：让埋头苦干真抓实干的干部真正得到重用》，人民网，ht-tp：//theory. people. com. cn/GB/n1/2017/0621/c40531 - 29352238. html，2017 年 6 月 21 日。

更多资源、服务、管理放到社区，为居民提供精准化、精细化服务，切实把群众大大小小的事办好。"① 突出重心下移、力量下沉，发挥党的基层组织体系"主轴"作用是习近平总书记论述中的应有之义。怎样推进街道管理体制改革，坚强基层的治理轴心；怎样进一步推进社区赋权减负改革，夯实基层治理的基本单元；怎样推进支部建设改革，激活基层治理的多元力量，是城市在探索基层治理道路上的主要议题。

三 注重引领性，党建引领基层治理的内生动力

党建引领基层治理，首先是要引领党员干部，激励其干事创业的热情；同时要引领各类社会组织，自我约束、自我管理，激发社会创新活力。

（一）坚持政治引领，确保党的根本领导

党建引领基层治理，首要"要坚持以政治建设为统领，坚持不懈抓好党内政治生态建设"，用党的理论全面武装党组织。基层党组织也要善于引导党员干部、各类组织，做好群众工作，确保党的路线方针政策和决策部署在基层落地生根，坚持党的根本宗旨不动摇，将党的理念信念深植于人民群众当中，如此才可以发挥出党组织在基层阵地上的堡垒作用。同时，党建引领基层治理，是要"引领基层各类组织自觉贯彻党的主张，确保基层治理正确方向"。要掌握基层社会组织的动态，突出政治功能，要始终坚持党的根本领导这一原则不动摇，持续加强政治建设，全面贯彻习近平新时代中国特色社会主义思想，用党的理论全面武装党组织，凝聚力量。

（二）坚持能力引领，实现基层治理能力现代化

习近平总书记强调："要在加强基层基础工作、提高基层治理能力上下更大功夫。"② 基层治理是国家治理体系的坚实基础和保障，基层治理水平直接影响到国家治理水平，而党组织的独特优

---

① 《习近平在广东考察时强调 高举新时代改革开放旗帜 把改革开放不断推向深入》，《人民日报》2018 年 10 月 26 日第 1 版。

② 习近平：《在基层代表座谈会上的讲话》，《人民日报》2020 年 9 月 20 日第2 版。

势，就是做好群众工作、化解矛盾和促进社会和谐。应充分发挥党组织在群众工作中的能力优势，创建各类利益协商平台，提升基层治理能力。

（三）坚持机制引领，激发基层治理多元共治活力

习近平总书记指出："建设共建共治共享的社会治理制度，建设人人有责、人人尽责、人人享有的社会治理共同体。"① 共建共治共享的基层治理新格局的构建，需要党组织引领各类社会组织、协商平台、议事机制的制度化，使基层党组织建设同基层的社会治理机制有机衔接和良性互动。需要推动基层党建的机制体制创新、手段创新，增强基层党组织的组织引领功能。同时，这套机制是长效运营的，并不是运动式的、阶段性的，而是可以渗透和支持日常基层治理的。

第二节　党建引领超大城市基层治理的
深圳十年（2012—2022 年）

一　第一阶段："一核多元"的区域化党建

基层治理，特别是超大城市的基层治理是一项系统而艰难的工程，点多、线长、面广，是超大城市基层治理面临的困境。为了克服这一难题，深圳以党建作为突破口，注重系统谋划、统筹协调、探索区域协调发展、跨界协同治理的新机制，建立了多层次的区域化党建平台和组织网络，树立了"平台化党建"的思维，通过党建引领促进基层共治，构建了"区域化党建"的新格局，也深化了"一核多元"的基层治理模式。

（一）区域化党建的制度背景

2010 年，深圳市委出台《中共深圳市委关于实施扎根凝聚工程全面推进基层党建工作区域化的意见》，决定以城市的基层社区为基本单元，加快推进基层党建工作的区域化。"扎根凝聚工程"在全市系统化地展开了社区综合党委（总支）的建立，并明确提出

---

① 《中共中央关于党的百年奋斗重大成就和历史经验的决议》，《人民日报》2021 年 11 月 17 日第 1 版。

大力开展市、区委委员、党代表、机关在职党员、党员义工和党群工作者进社区的"五进社区"活动，打造上下联动的服务队伍。同时提出要构建以党员干部为枢纽的党内互动、党群联系机制，不断强化党组织对于城市基层社会的政治引领作用。通过向社区党委赋权增能，明确社区党委在社区工作中的全面责任。① 深圳在这十年中所倡导和推进的区域化党建，旨在通过向下赋能，权力下放，增强社区党委在基层治理中的引领作用；同时，通过平台化建设，联动一切可以动员的基层治理力量参与治理，逐步优化"一核多元"的基层治理模式。

（二）区域化党建的基本构架：区域统筹、上下联动、资源共享、条块结合

深圳所倡导和推行的区域化党建，是打破条块分割、部门分割、行政区划分割，打破机制体制现有桎梏，动员体制内和体制外一切可以动员的力量，所构建的一套"大党建"引导下的基层治理体系。深圳所构建的区域化党建有以下几层内涵。

首先，区域化党建需要构建一个区域统筹组织。这个组织将作为一个基本架构向外展开，通过建立各式各样的支部，全面铺开党建的区域化效应。而这个统筹组织在深圳的很多区是以"社区综合党委 + 兼职委员"的基本形式展开的。社区综合党委就是深圳全域覆盖构建的基层党委组织，兼职委员的来源广泛，可以是来自辖区内各行各业的工作人员，依托这些兼职委员将党建深入到社区的各行各业。

其次，区域化党建需要构建一个资源共享大平台。这意味着要打破条块分割，实现上下联动，实现党建平台的资源共享、共驻共建。区域化党建是要发动辖区内一切可以动员的力量，让党建深入到基层社会治理的各个角落。以深圳南山区的"一核多元"社区治理模式为例，其根据不同的类别、层次和群体，为各类治理主体提供了党内民主协商平台、社区协商自治平台、社区虚拟参与平台、居民自助互助平台、社情民意诉求平台五个平台，将各类社区利益

---

① 陈家喜、焦嘉欣：《制度优势转为治理效能：深圳经济特区 40 年的发展之道》，《特区实践与理论》2020 年第 4 期。

相关者比如社区居委会、社区服务中心、业主委员会、物业管理公司等一并吸纳到了治理过程中来。①

最后，区域化党建意味着要建立起一套科学的长效工作机制。这套工作机制可以整合辖区内的各类资源，以党建为引领，深入到基层治理的方方面面。这套机制囊括了社区党组织活动、机关社区联考联评党员制度、党群干群关系的组织机制等。② 这套机制是长效运营的，并不是运动式的、阶段性的，而是可以渗透和支持日常基层治理的。比如深圳南山区桃源街道，建立了"书记下午茶"制度，将居民议事会制度深入推进。"书记下午茶"制度包括了三个层面，其一是从街道层面，每月的"书记下午茶"包括了街道党工委书记同社区党委的每月会谈，以培育社区党委书记及后备力量；其二是社区党委层面，社区的党委书记每月同支部书记和社区组织的下午茶，用来培育社区支部书记和社区组织；第三个层面是社区支部层面，社区支部书记的每月下午茶，联动业委会、物管、楼栋长、股份公司、居民骨干等多方力量解决社区内的民生问题。③

（三）区域化党建的实践创新："一核多元"下的基层治理

2015 年深圳全市推行社区党建标准化工作，深圳城市基层治理体制逐步定型，形成以社区党委为核心，社区工作站、社区居委会、物业公司、业主委员会、社区社会组织等共同参与的一核多元治理体制。社区党委在社区治理体制中的领导核心得到明确巩固，被赋予事务决策、人事安排等四项权力。深圳的基层党委作为基层社区治理的主体之一，起着引领和核心的作用，而基层党委的政治引领功能需要结合实践进行展开，过于宽泛和狭隘都将阻碍基层社区治理的实际功能运行。

作为"一核"，基层党委的政治引领功能，首先体现在对社区通过重大事项的最终决策权上；基层党委的政治引领功能还体现在

---

① 陈家喜、焦嘉欣：《制度优势转为治理效能：深圳经济特区 40 年的发展之道》，《特区实践与理论》2020 年第 4 期。

② 《社会建设与社会领域党建论坛》交流材料，2010 年 9 月，第 229—230 页。

③ 李天军：《深圳南山区桃源街道探索党建引领三区融合基层治理》，https：//bai-jiahao. baidu. com/s？id＝1717469166930882609&wfr＝spider&for＝pc，2022 年 7 月 10 日。

对社区内的各类组织的协调功能上。社区内包括了居委会、社区工作站、社工组，还包括了各类基层社会组织，基层党委需要对各类基层治理主体在治理过程中的关系进行协调；同时，基层党委的政治引领作用，还体现在基层单位对基层社会自治的引导上，监督和保障基层社会组织展开自治活动。①

而作为"多元"，"一核"也需要通过引领作用，吸纳更多的社会组织进入到一核多元的治理体系当中，"多元"包括了居委会、工作站、股份合作公司、各类社会组织、物业公司、业委会等各类参与主体，在深圳，很多地区通过街区统筹、社企统筹、片区统筹、商圈统筹、园区统筹、楼宇统筹等模式，建立区域性党组织，以统筹各类主体加入"多元"的基层治理体系当中。②

（四）深圳南山区"1+3+N"的"一核多元"社区治理模式

2014年6月12日，南山区出台《深化"一核多元"社区治理模式的实施方案》，明确提出"1+3+N"城市社区治理架构："1"即社区综合党委，是社区各类组织和各项工作的领导核心。"3"即居委会、工作站、社区服务中心，居委会是基层群众自治组织，方向是去行政化；工作站是党委政府在社区的工作平台，实现管理重心下移；社区服务中心是提供社区服务的综合平台，采取政府购买服务的方式运作。"N"即各类社区社会组织和驻区单位，作为多元力量参与社区的管理服务。

"多元"主体参与下的治理，最重要的是理顺参与主体之间的关系。由于区域化党建的参与主体来源广泛，需要明确各主体之间的工作流程，厘清各类主体的职能定位，并改进和完善社区基层治理工作的用人制度。以深圳南山区为例，其梳理出社区综合党委、社区居委会、社区工作站、社区服务中心等9大治理主体、75大项277小项的正面"职责清单"，确保各主体履职有章可循，功能互补。其中，社区综合党委（总支）职责34项、社区居委会职责16项、社区工作站职责21项、社区服务中心157项；其他多元参与主体也各司其职，如社区社会组织5项、农城化股份公司7项、业主

① 胡锦：《一核多元：南山社区治理模式创新》，海天出版社2015年版，第8页。
② 胡锦：《一核多元：南山社区治理模式创新》，海天出版社2015年版，第8页。

委员会8项、物业管理公司8项、驻辖区企事业单位21项。

南山区"1 + 3 + N"的"一核多元"社区治理模式，既不同于传统的管治型治理，也有别于自治型导向，而是将各种社区利益相关者共同吸纳进入治理体系，形成协商共治的治理格局。为畅通社区主体和居民参与社区治理的渠道，南山区还根据不同类别、不同层次、不同群体的特点，为各类治理主体提供了了解民情、沟通民意、民主协商、促进共识的五个协商平台。这一协商治理模式较好地解决了各方利益在社区的实现，解决了基层党组织软弱涣散、政府服务缺位、居民参与积极性不高、社会组织发展缓慢等难题，实现各方利益的有效协商与平衡。①

二　第二阶段：构筑基层四梁八柱的"标准化"党建

深圳作为超大型城市，人口密度全国第一，而与其他一线城市相比，深圳作为新兴的移民城市还面临着更为严峻的基层治理挑战。深圳流动人口的比例大大高于其他超大型城市，人口倒挂问题严重，这些流动人口的城市归属感较弱，工作流动性大，成为基层治理的不稳定因素。同时，深圳的基层治理"小马拉大车"问题日益凸显。长期以来街道社区之间、条块之间在基层治理方面的权责边界没有完全厘清，街道社区联动机制不健全。社区党委没有相应的资源、足够的力量统筹开展基层治理工作，呈现出偏弱偏软的现象，治理体系与治理能力还不能适应超大型城市基层治理的需要。②

为了应对以上困境，深圳在经过几年的区域化党建实践之后，于2015年向党建标准化迈出了新步伐，期望通过基层党建的标准化建设，破解深圳的基层治理困境。

（一）标准化党建的制度背景

党的十八大以来，深圳全面贯彻新时代党的建设的总要求，对城市基层党建进行了系统化改革。为了给基层党建树立标准，深圳

---

① 陈家喜、林电锋：《城市社区的协商治理模式：实践探索与理论反思——基于深圳市南山区"一核多元"社区治理创新的个案观察》，《社会治理》2015年第1期。

② 中共深圳市委组织部、深圳改革开放干部学院：《党建引领超大城市治理：理论、案例与经验》研究报告，2021年11月。

出台了系列规范性文件，从顶层设计出发，自上而下标准化推进党建的组织建设、党员管理、治理结构、工作职责等内容。2015年12月，深圳出台《关于推进社区党建标准化建设的意见》，进一步明确了社区党委书记对社区工作的全面责任，发挥其在社区中事务商议与决策、资源整合与配置、服务群众、人事调动、监督管理等方面的主导作用；构建集约党群服务平台，在全市645个社区组建社区党群服务中心，打造成一站式、综合性、多功能的社区公共服务中心；牵头开展民生微实事项目，通过实实在在的服务项目团结凝聚社区党员群众，营造共建共治共享的社会治理格局。[①]

　　2017年，在总结社区党建标准化建设经验的基础上，深圳出台《关于推进城市基层党建"标准+"模式的意见》，并配套出台了《关于加强党群服务中心建设管理的意见》，旨在以标准化引领建构更为开放、共享和集约的党群服务中心联盟体系。深圳同时出台了《关于大抓基层大抓支部　强化城市基层党建的若干措施》，通过18条措施的明晰规定，推动财力和物力下沉到党支部，保障党支部的有效运营和规范运营。到2018年，深圳史上的首批党内法规也正式出台，囊括了《中国共产党深圳市街道工作委员会工作规则（试行）》《中国共产党深圳市社区委员会工作规则（试行）》《深圳市社会组织党的建设工作规定（试行）》《党支部书记履行党建工作职责考核办法（试行）》《建立健全纠正"四风"长效机制规定（试行）》5部党内法规。在全国7个党内法规制定的试点城市当中，深圳是出台法规数量最多的城市，也是在基层党建领域党内法规体系最为完善的城市之一。这些法规和规范性文件的出台，为深圳的基层党建标准化建设，树立了明确、清晰的标准，也通过制度建设保障了基层党建的工作开展。

　　（二）机构标准化："1+10+N"全域推进党群服务中心建设

　　深圳出台的《关于大抓基层大抓支部　强化城市基层党建的若干措施》中指出："城市基层党建是一个系统工程，深圳的党建标准化也要变散打为组合拳，把各领域党建统筹到城市基层党建这个

---

① 陈家喜、焦嘉欣：《制度优势转为治理效能：深圳经济特区40年的发展之道》，《特区实践与理论》2020年第4期。

大主题上来。"经过几年标准化的基层党建后，深圳在总结经验的基础上，制定出台了《关于推进城市基层党建"标准＋"模式的意见》，并配套出台了《关于加强党群服务中心建设管理的意见》，积极构建"1＋10＋N"的三级党群服务中心体系。其中"1"指的是1个市级党群服务中心，"10"指的是10个区级党群服务中心，"N"指的是在社区、产业园区、上午楼宇、商圈、大型社会组织等领域建立的党群服务中心。这些党群服务中心的建设，在位置规划上突出了便民效应，在功能设置上突出了标准化。

这些党群服务中心的设置，拥有着统一的机构标识，所有工作人员统一着装，运行系统统一化标准化，同时，这些机构还配有统一和标准化的办公场所和便民活动场所。可以说，深圳党群服务中心的建设，已经成为一张城市名片，只要看到身着红马甲的工作人员，或者看到"三叶草"围绕的党徽标志，群众就会识别出"党群服务中心"的样貌。①

图 9 – 1　北站社区党群服务中心外景

---

①　本书编写组：《城市基层党建工作问答》，党建读物出版社 2017 年版，第 147—148 页。

截至 2021 年，深圳已建成 1 个市级、10 个区级、1039 个社区园区党群服务中心，形成"1 + 10 + N"体系，全市平均不到 1 千米范围内就有 1 个。而这些党群服务中心已经成为城市基层社会公共"新空间"。市民只需要通过"深圳智慧党建"系统预约、报名，就可以参与党群服务中心组织的活动。这些服务内容精准对接群众需求，包括了心理咨询、日间照料、法律援助、养生将所等各种类型，为群众排忧解难。

（三）管理标准化：为基层党委的功能运行提供保障

在具体的党建标准化建设方面，《关于推进社区党建标准化建设的意见》中明确规定了"六个标准化"，包括党组织建设标准化、党员管理标准化、治理结构标准化、服务群众标准化、工作职责标准化和运作保障标准化。深圳在基层党委的设立过程中，对党委的人事安排权、重要事项决定权、领导保障权、管理监督权"四项权力"进行了明晰的标准化规定，通过权力下放，强化了社区党组织的政治功能，健全了以社区党委为领导核心的居委会、工作站、社会组参与和有序运转的基层治理架构。同时，强化社区党委的领导核心和权威地位，加强社区党委书记队伍建设，通过"传、帮、带、践"等多形式提升社区党委书记综合素质和履职能力；将其纳入全市干部人才队伍总体规划，提高薪酬待遇，明确事业编制，打通职业晋升通道。

三　第三阶段："标准 + 质量 + 示范"的党建先行示范

2019 年，国家出台《粤港澳大湾区规划纲要》和《支持深圳建设中国特色社会主义先行示范区的意见》；2020 年 10 月 14 日，习近平总书记在深圳经济特区建立 40 周年庆祝大会上指出："必须坚持以人民为中心的发展思想，让改革发展成果更多更公平惠及人民群众。"[①] 深圳被赋予了新的历史使命，要努力走出一条符合超大城市特点和规律的治理新路径。在新的城市发展目标面前，深圳着力构建一核多元、多方共治、区域统筹的以人民为中心的党建引领基

---

① 习近平：《在深圳经济特区建立 40 周年庆祝大会上的讲话》，《人民日报》2020 年 10 月 15 日第 2 版。

层治理体系，努力沿着习近平总书记指明的方向探索实践、先行示范，以期打造超大城市基层治理的"深圳样板"。

（一）"标准＋质量＋示范"党建的制度背景

深圳市聚焦粤港澳大湾区和中国特色社会主义先行示范区建设的新目标新任务新要求，瞄准先行示范目标要求完善党建引领基层治理体系，开展组织工作服务"双区"建设三年行动规划，确定第一年"夯基垒台"、第二年"提质增效"、第三年"示范带动"的阶段目标，实施组织建设强基固本、基本队伍优化提升、基层治理赋能增效、党建引领服务发展"四大行动"，推动基层党建与基层治理同频共振。经过几年的探索，深圳已构建出一套一核多元、协调有序、各方参与、保障有力的以人民为中心的党建引领基层治理体系。

到 2021 年，深圳在"十四五"规划中进一步提出，"扩大基层党的组织覆盖和工作覆盖，推进基层党组织'标准＋质量＋示范'建设，把基层党组织打造成为坚强战斗堡垒"。深圳市第七届党代会也提出，"坚持把抓好党建作为最大政绩和'第一天职'""落实新时代党的组织路线，开展基层党建'标准＋'建设"。自此，"标准＋质量＋示范"的新型基层党建模式在深圳确立了起来。具体而言，"标准＋质量＋示范"的党建模式，是建立在前期的区域化党建和标准化党建基础之上的，重在通过重心下移、力量下沉，发挥出党的基层组织体系的轴心作用，突出人民至上、服务为先，围绕以人民为中心开展基层治理，同时，不断梳理和总结经验，设立标杆和典型进行全域推广，实现全域基层党建的"扩面提质"。

（二）"标准＋质量＋示范"党建的价值目标："以人民为中心"的基层治理

"标准＋质量＋示范"党建所构建出的一套组织架构和长效工作机制，其实践目标回到了整套制度运行的逻辑起点，即"以人民为中心"，从人民群众的需求出发，解决居民的实际困境，提高人民群众的幸福感和获得感。其最终的目标，是要从"人"的需求出发，团结一切可团结的力量，解决"人"的问题，提升基层社区服务的效率。

以深圳坪山区所建立的"社区党群服务中心＋民生诉求系统"改革为例，其以党群服务中心为枢纽、以现代科技应用为支撑，在社区层面推动"一网通"打通线上线下民生诉求。该民生诉求系统，可以将方方面面的民生诉求集中起来，从每一个个案、从大数据统计中去了解群众的需求，切实解决好群众的操心事、烦心事、揪心事。同时，该系统建立了评价反馈机制，通过由群众来评判服务质量、服务效果，来检验各部门提供服务的精准化、精细化水平，有利于及时调整服务、提升服务与需求的契合度，不断提高群众满意度。

再以深圳的"民生微实事"项目为例，该项目的推行是深圳完善基层治理新模式的一次重大创新。"民生微实事"包括了服务类、货物类、工程类三种类型，包括了便民利民、群众活动、公益风尚、公共设施以及符合"民生微实事"专项经费开支原则的其他项目。[①]"民生微实事"的项目推进，首先由社区党委牵头，每年年初集中组织项目征集，然后社区党委对所有征集的项目进行评议，在进行充分讨论和意见征询后确定项目，并由社区党委牵头、居委会配合组织实施。深圳对全市社区的"民生微实事"项目实施资金的制度化保障。深圳的"民生微实事"项目实现了"百姓点菜，政府买单"惠及了辖区内的所有人口，即不仅惠益到了本地居民，也将服务提供给了居住在辖区内的非本地户籍的居民。近六年深圳全市"民生微实事"财政支出共计 70 亿元，实施项目超 7 万件，满足了社区居民多元化、个性化的服务诉求。

（三）"标准＋质量＋示范"党建的示范效应：全域基层治理的"扩面提质"

1. 通过优秀案例评选，挖掘具有示范效应的优秀案例

一方面，深圳在推进基层党建的过程中，通过区域化党建，联合了社区、园区、校区、楼宇、商圈内一切可以动员的力量，加入基层社区治理的工作当中，打破了条块分割、区划分割、部门分割之间的桎梏，形成了"大党建"引领的多元共治基层社区治理格

---

① 深圳社区家园网站，http：//www.szshequ.org/home/mswssjj.html，2022 年 7 月 15 日。

图 9 - 2　深圳党建引领超大城市基层治理路线

局；另一方面，深圳通过不断推行"标准化"党建，从顶层建构上开展了一系列的制度设计，从机构设置上进行"标准化"建设，从运行管理方面给予经费、财政、人员、管理上的明确规划和安排，让深圳的"党群服务中心"成为一张标准化的深圳名片。在"区域化"和"标准化"建设的基础上，深圳进一步推行基层党建的"示范"作用，通过有突破、有创新、有示范效应的个体经典案例，探索基层党建新模式，带动全域基层党建的标准化建设走上新台阶。

为了挖掘具有示范效应的党建引领基层治理的优秀案例，深圳已连续五届开展"以人民为中心——党建引领基层治理"优秀案例及党建创新精彩案例评选活动，在 2022 年的评选中，设置了"先锋堡垒""深圳之治""红色阵地""护航发展""跟党奋斗""为民服务""小区党建"七个类别。通过几年的案例评选，深圳选拔出了一批具有开拓创新精神的基层党建优秀案例，在全域进行宣传和推广。

2. 通过党建工作示范点创建，各领域基层党建实现"扩面提质"

为了引领全市全域的党建迈向更高质量，深圳建立了一批党建工作示范点。在机关党委的专项工作示范点创建活动中，首批共评定了 6 个领域 16 个示范点。而在非公党委的示范效益建立方面，也选拔评定出了一批优秀的示范点。

深圳拥有一大批杰出的民营企业，截至 2022 年 7 月，深圳全市非公党委管理的重点大型民营企业和商协会党组织已经超过 6000

个，党员逾 14 万人。面对如此庞大的管理组织，深圳市的非公党委紧紧围绕党建的"标准＋质量＋示范"建设，推进头部企业的"高峰示范"作用。为了发挥深圳这些头部企业的引领示范作用，深圳还制定印发了《深圳市非公党委党建工作示范点创建工作指引》，规范了创建示范点的程序，分三批次共创建了 25 个党建工作示范点。①

3. 通过模式总结，探索可复制可推广的党建案例

作为一座超大型城市，深圳在党的建设和超大型城市治理领域均肩负着率先探路作出示范的重大使命。近年来，深圳按照习近平总书记的重要讲话和重要指示批示精神，在推进党建引领城市基层治理领域作出诸多探索，形成坪山"党群服务中心＋民生诉求系统"，龙华"党建＋科技＋治理"，光明"群众诉求服务智慧管理"等模式，以创新实践交出答卷。

以深圳坪山开展的"社区党群服务中心＋民生诉求系统"改革为例，其在社区层面推动"四个一"工作机制，即"一网统管"打通线上线下民生诉求、"一支队伍"激活治理效能、"一站通办"提升服务功能、"一线工作法"密切党群干群联系，形成"事权归街道，指挥在社区"的工作模式，不断深化党建引领城市基层治理的创新实践。深圳也对坪山模式进行了深化的学习、总结，2021 年 1月 26 日，全市党建引领源头治理一网服务现场会在坪山区召开，总结推广有关经验做法。

第三节　党建引领超大城市基层治理的重要进展

深圳作为改革开放的前沿城市，一方面，经过 40 多年的高速发展，在经济发展、科技创新、生态环境治理、文化建设等各领域均取得了卓越的成就。另一方面，深圳作为超大型城市，承载着超过

---

① 《打造非公党建"深圳标杆"》，《深圳特区报》2022 年 7 月 1 日第 B1 版。

2000 万管理人口的巨大压力，城市治理也面临着承压明显、发展空间不足等诸多挑战。探索一条超大型城市的基层治理创新之路，推动城市治理体系和治理能力现代化势在必行。深圳经过多年探索，探索出一条党建引领基层治理的创新道路，努力践行以人民为中心的发展思路，从全市层面展开"标准＋质量＋示范"的，以"一核多元"为特色的基层治理之路，推动党建引领基层治理全面质量过硬、全域率先示范。

一　向上兼容："事权归街道，指挥在社区"破解基层治理资源统筹困境

社区作为基层治理组织，仍然面临着向上无法"兼容"的各种困境。其一是"社区兜底"现象，区和街道的工作任务层层下派，导致社区的权力有限小，责任却无限大，社区承接着安全生产、信访维稳、城市管理等大量行政事务，挤占了社区抓党建、抓服务的时间和精力，面临"小马拉大车"的困境；其二是"条块分割"导致的社区对实际上工作在社区的队伍"看得见，摸不着"，对隶属于"条条"的基层工作人员没有指挥和支配的权力，导致基层治理资源浪费。以深圳坪山区为例，为了解决社区基层治理的"向上兼容"困境，坪山区开创了"事权归街道，指挥在社区"的工作模式，通过"一网统管"和"一支队伍"建设，实现基层治理的"向上兼容"。

（一）"一网统管"：明确权责边界，破解"社区兜底"困境

尽管深圳全市出台了街道和社区的工作条例，旨在明确二者的事项清单。但由于基层治理责任繁重，区和街道在基层工作落地有难度，习惯于采取"压实责任"层层下派的方式落实工作。导致凡是社区范围的所有公共事务，都由社区党委及社区工作站"摆平"，它们成为城市基层治理的最终"兜底"单位。

深圳坪山区为了破解基层社区的"兜底"问题，创建了"社区党群服务中心＋民生诉求系统"，在纵向上打通"区—街道—社区"，在横向上打通各区直部门，实现上下贯通，条块协同，构建基层治理的指挥系统、工作系统和预警系统，成为社区治理的智慧

大脑。从具体做法来看，一是导入"一网通"系统，推进社区治理智慧化。坪山区依托智慧城市、数字政府建设成果，将时空信息云平台、大数据平台、视频感知平台的人、房、法人、城市部件、地理信息、视频资源接入社区"一网通"系统，做到每个城市部件主管单位、权属单位、养护单位、所属区域等信息清晰呈现，同时将所整合的信息全部下放社区，并组建社区治理数据库，实现社区治理智慧化。

二是梳理"一网统管"职责清单，明晰"区—街道—社区"权责范围。围绕"办好群众大小事"，全面梳理区部门、街道、社区需要处置的事件，将同类事项在不同部门的职责分工串联起来，实现事件的全流程、全周期管理。编制形成职责清单，涵盖市容环卫、安全管理、环保水务等4级19类1285项事件，实现职责清单化、条目化、法定化。建立首问负责机制、动态调整机制、争议调处机制，并将其导入民生诉求系统予以固化。这些做法大大提高民生诉求事件的处置效率，各类事件办结率达99.98%，近一半事项1天办结，3天内办结事件达71%。

三是形成"民有所呼、我有所应"工作机制，为社区减负。把群众反映的各类问题全部纳入"一网统管"，实行"大数据推送＋社区党委感知＋呼叫部门响应"工作机制，按流程权限分拨调度、限时办理，实现社区事权社区解决，非社区事权由系统分拨到责任部门解决，2020年全年52.5%的事件调度到区级解决，39.1%的事件调度到街道解决，社区仅负责8.4%的事件，真正做到"民有所呼、我有所应、一网通办、一网统管"。

（二）"一支队伍"：激活治理效能，破解"条条在基层，各有各的腿"

为了将各类工作落到实处，深圳的一些区级职能部门在社区设立专门的工作队伍，如网格员、城管协管员、森林消防员、安全生产巡查员、查违协管员、民兵应急分队、社区治安队等。这些分散在社区的工作队伍，分属各条线的政府部门，互不隶属，相对独立开展工作，进而造成"条条在基层，各有各的腿"的现象，而社区对这些工作在社区的队伍"看得见、摸不着"，没有指挥支配权力，无法统筹协调拧成一股力量，出现基层治理资源分散浪费。

针对以往街道、社区队伍众多，存在着多头管理、反复巡查、人力资源得不到充分利用等问题，深圳坪山区以提升治理效能为目标，制定社区"一支队伍"综合整治改革指导意见，着力解决"看得见的管不了、管得了的看不见"的基层治理难题，推动基层治理资源的集约使用。

首先，整合街社工作队伍，构建"事权归街道、指挥在社区"的工作架构。按照"部门管建、社区管用"原则，将网格员、消防整治、城管巡查等队伍与社区治安队进行整合，成立社区综合整治队，而该队伍指挥权归属社区党委，同时，选派街道优秀科级干部担任整治队长，兼任社区党委副书记，选派街道党工委委员担任社区党委第一书记，具体指导推动综合整治工作。其次，重塑巡整工作机制，形成"人往格中去、事在网中办"的工作格局。把若干基础网格组成一个片区，由综合整治队员在区域内包干负责巡查整治工作；采取日常巡整和集中整治相结合方式，对日常巡整未解决的问题，每周由社区党委和综合整治队联合开展集中整治。通过把整治力量汇聚到网格、责任明确到网格，做到"人往格中去、事在网中办"，实现"社区吹哨，部门报到"工作格局。

二　向下延伸："党建＋小区""党建＋物业"打通基层治理"最后一公里"

习近平总书记指出，"要推动党组织向基层延伸，把基层的工作做好，这样才能'任凭风浪起，稳坐钓鱼台'"①。基层党组织是贯彻落实党中央决策部署的"最后一公里"，深圳为了畅通基层治理的"最后一公里"，调动起一切可以调动的力量，通过社区基层党委，向下延伸到小区、网格、楼栋、物业等。

（一）"党建＋小区""党建＋物业"的基层治理最后一公里

小区治理是社区治理向基层社会的进一步延伸和扩展。长期以

_____

① 《习近平谈社区治理：提高社区效能的关键是加强党的领导》，人民网，http：//jhsjk.people.cn/article/31796903，2020 年 7 月 24 日。

来，社区治理的难点集中在小区，物业纠纷、业主维权、邻里矛盾、小区环境整治等问题频发。为了让党建的力量深入到第一线，深圳各区不断探索，整合社区党组织资源，推进"党建＋物业""党建＋小区"等各类支部的建立。在社区之下的城中村、小区、网格、楼栋、公园绿道等建成党群服务微站点，面向居民群众提供便捷的身边服务。在2020年开始实施的《深圳经济特区物业管理条例》中，赋予小区党支部对业委会人选的建议权、征得同意权，让支部真正成为小区治理"主心骨"。小区党支部可以牵头搭建平台，统筹协调业主委员会、物业服务企业、业主等主体开展小区治理、化解矛盾纠纷。

以深圳福田区为例，其出台了《福田区深化业委会和物业管理机制改革的实施意见》，开展了"党建＋物管"改革，并对不具备条件成立党支部的住宅小区，由街道党工委指导各社区党委选派党建指导员，截至2019年福田区已成立了109个住宅小区党支部，这些组织在化解物业矛盾纠纷等方面发挥了重要作用。[1] 再以深圳坪山区为例，其探索"党支部＋业委会＋物业服务企业"的小区治理模式，突出小区党组织领导核心和中枢协调作用，把党组织的作用发挥贯穿小区治理全过程、各方面，针对不同类型的小区治理形态，分类探索、精准推进，为小区治理注入"红色基因"。

（二）建立党建联席会，向下吸纳党员进入社区党委

为了能调动起社区、园区内各行业的党员活力，激发出社区的整体自治活力，深圳很多社区开始构建社区的党建联席会，并吸纳业委会、物业公司、社会组织等各类组织的党员进入社区各级党组织领导班子，推行"社区综合党委（总支）＋兼职委员"模式。吸收社区各类组织党组织负责人、"两代表一委员"、来深建设者党员等担任兼职委员，兼职委员人数不少于2名，形成社区"大党委"。[2]

---

① 《深圳福田区深化"党建＋物管"改革》，https：//baijiahao. baidu. com/s? id = 1651229167093855539&wfr = spider&for = pc，2022 年 7 月 16 日。

② 胡锦：《一核多元：南山社区治理模式创新》，海天出版社 2015 年版，第 8 页。

（三）开展"聚力工程"，强化多元共治

为了激活小区、物业里的基层治理力量，打造共建共治共享的社会治理新格局，深圳很多地方都在开展基层治理的"聚力工程"，以小区党支部为核心展开基层的"最后一公里"治理。以深圳坪山区为例，其"聚力工程"主要包含了三个层面，一是引领物业公司。推动物业服务企业党员员工组织关系转入小区党支部，着重吸收具有党员身份项目负责人或部门负责人进入党支部班子。二是做实居民议事会。由小区党支部牵头组织有一定群众基础的住户共商共议小区事务，同商共议小区居民关心的民生问题和重大事项。三是组建专业服务队。以解决困扰业主的关键小事为出发点，党支部牵头，引导业主根据兴趣爱好、专业特长、生活需求等建立各类群众组织、志愿团队，发挥居民自我组织、自我管理作用。[①]

三　向外拓展："区域化党建"推进资源共享的区域化治理

深圳市以党建为引领，将各类组织、各方力量、各项工作、各种资源进行再组织、再整合，突出多元参与、群策群力，将各类组织、各方力量、各项工作、各种资源进行再组织、再整合，激发社区治理中多元主体的参与热情和积极作用，形成基层治理共同体。

（一）区域化党建：强化党对基层社会治理的政党整合

深圳作为移民城市，开放、多元和异质性的社会结构给深圳经济发展增添了新的活力，大量的流动人口也带来了基层治理的压力，深圳立足开放式的社会结构，通过区域化党建，突出对基层社区和社会组织的吸纳。

深圳发布的《实施扎根凝聚工程　推进基层党建工作区域化的意见》中指出，要"以城市社区为基本单元，充分整合基层党建工作资源，加快推进基层党建工作的区域化"。到2015年，深圳全市的645个社区已全部建成了社区综合党委（总支），实现了区域化

---

①　中共深圳市委组织部、深圳改革开放干部学院：《党建引领超大城市治理：理论、案例与经验》研究报告，2021年11月。

党建的全覆盖，共有1450名驻社区单位党组织负责人担任"兼职委员"，把离退休党员、小型"两新"组织党员纳入社区党组织管理。并推荐居委会和股份合作公司等组织的领导成员人选，按照"四议两公开"程序对社区重大事项进行决策，打破了条块分割、区划分割、部门分割之间的桎梏，形成了"大党建"引领的多元共治的基层社区治理格局。

（二）党建联盟：向外拓展构建"治理共同体"

通过几年的区域化党建实践，深圳一些地区通过先行先试，创新治理，建立了一批"党建联盟"的创新实践案例。"党建联盟"是由基层社区党委牵头，根据区域需求，统筹整合其他联盟成员，比如楼宇内的组织、楼宇周边的商圈、科研院所、企业等共同组成的联盟议事协商委员会，并实行轮值主席制度。"党建联盟"通过"轮值主席＋联盟议事"的模式，激发整个区域化党建联盟的运行活力。

以深圳光明区为例，其根据自身发展需求和实际情况，打造了"光明科学城党建联盟"，以党建为纽带，吸引中国科学院深圳理工大学、深圳湾实验室、深圳中国计量科学研究院技术创新院、华侨城（光明）集团、圳美工业园区，以及科学城启动区相关街道社区等30家重点单位主动加入。[①] 而深圳的龙岗区在2021年建立了首个"楼宇区域党建联盟"，该楼宇内有企业100余家，从业人员4000余名。该党建联盟以"联席议事＋规范化管理＋复合化培训＋项目化服务＋品牌打造"的工作运行机制，实现该楼宇及其周边的区域化党建。[②]

（三）"党建＋企业服务"：拓宽园区治理新路径

非公经济是我国社会主义市场经济的重要组成部分，深圳培育出了腾讯、中兴、创维、大疆、迈瑞等闻名全球的龙头企业和一批

---

① 中共深圳市光明区委组织部：《深圳光明：打造光明科学城党建联盟，以高质量党建引领区域高质量发展》，http：//static. nfapp. southcn. com/content/202111/02/c5899 178. html？ specialTopicId＝5899178，2022年7月15日。

② 龙琦等：《龙岗首个楼宇区域党建联盟在坂田揭牌》，https：//baijiahao. baidu. com/s？ id＝1707806913886726525&wfr＝spider&for＝pc，2022年7月15日。

极具发展潜力的创新型企业，非公经济也是深圳市场经济最为重要的组成部分。为了把党的政治优势、组织优势、群众工作优势转化为园区和企业的管理优势、竞争优势和发展优势，把经济最活跃的地方也打造成党建最有利的阵地，深圳创新探索出一条"党建＋企业服务"的融合发展模式。在深圳南山区的高新技术产业园区，通过"服务党员、服务人才、服务群众、服务企业"的"四个服务"建设，打造企业服务"一网五链"生态体系。在深圳华强北商圈，通过建立健全商圈党企联席会议、企业商户诉求响应、商圈治理协同等工作机制，推动党企双向联动，发挥战斗堡垒作用。充分发挥行业组织作用，为商家群众提供全方位服务。①

（四）"党建＋服务微站点"：拓宽流动人口治理新路径

深圳除了对产业园区、大型商圈、商务楼宇、互联网平台、两新企业等建设党群服务中心，探索"楼宇＋物管""物管＋企业""大企业＋小企业"等党建工作模式，推动"跟党一起创业"。同时也在快递小哥、外卖骑手、货车司机、外来工集聚区域不断建设党群服务中心，开设"暖蜂驿站""暖蜂窗口"，推出"来深建设者服务套餐"，提供文体活动、婚恋交友、技能培训等服务，实现新就业群体在哪里，党群服务中心就覆盖到哪里。

（五）毗邻党建：跨界基层治理的实践创新

在粤港澳大湾区和深圳先行示范区双重战略机遇叠加下，深圳宝安区松岗街道抓住机遇，探索茅洲河流域"毗邻党建"模式，推动茅洲河流域沿线街镇在基层党建和基层治理上合作共赢。其以茅洲河流域治理为问题导向与茅洲河沿线街镇逐一接洽，成立茅洲河流域联席会议，定期召开联席工作会议，研究治理中存在的问题。完善事务共商、工作共推、责任共担等制度，建立基层治理常态联络机制，设立联络委员具体负责合作事项的推进及日常工作对接，成员共同协商谋划。同时，建成茅洲河流域毗邻党建党群服务中心作为共建阵地，鼓励带动各部门、各社区、各类组织以党组织为纽带，开展跨街镇结对共建。"毗邻党建"的实践探索，是城市区域

---

① 中共深圳市委组织部、深圳改革开放干部学院：《党建引领超大城市治理：理论、案例与经验》研究报告，2021年11月。

化党建内涵外延的重要拓展，是跨界基层社会治理方式的重要创新，是助推区域协调发展的重要形式。①

四 向内提质："网格化党建"构建互助共享的基层共治模式

党建引领基层治理的价值目标，是以人民为中心，提升人民的幸福感和获得感，把人民对美好生活的向往作为新时代群众工作的出发点和落脚点。把政治引领寓于为民服务，既让群众真正得实惠，又让群众知道惠从何来，全面夯实党的执政基础。深圳党建的"向内提质"，具体指的是在以社区党委为核心的引领下，推动党建资源与社区资源、企业资源的整合共享，拓展党群服务的阵地空间，激活基层的基层共治力量，提升社区的公共服务能力。以深圳光明区为例，其所构建的"网格化党建"，通过对党委进行整体统筹，建立全科网格，推动了"多网合一"，整合了基层治理资源，并通过组建"红色服务队伍""红色服务平台"，构建起一种"我为人人，人人为我"的互助共享基层共治模式。

（一）织密"党建服务网格"，整合基层治理资源

深圳光明区光明街道党工委建立起"1＋6＋44"基层党建体系，即以社区网格为基础，以物业小区、居民片区、自然村、工业园区为单元，成立小区居民党支部44个，形成"1个街道党工委—6个社区党委—44个居民党支部"三级网格化党建组织体系。同时构建多层次、复合型的支部党员队伍，整合原社区居民党员、退休党员按其工作地或居住地分布，重新划分到对应的居民党支部，将社区平安联勤队员、全科网格员、平安员等中的党员下沉到居民党支部，将党建工作触角延伸到社区小区治理末梢，为有效服务居民群众提供便利条件，初步形成"党委统筹、条块协同、上下联动、共建共享"的组织体系。破解了基层治理资源分散、无法调动和统筹的困局。

（二）组建"红色服务队伍"，提升社会服务供给质量

光明区光明街道党工委建立了一套"红小二"服务队，这支

---

① 中共深圳市委组织部、深圳改革开放干部学院：《党建引领超大城市治理：理论、案例与经验》研究报告，2021年11月。

队伍以党员为主体，吸纳入党积极分子、团员、义工和热心居民若干，并吸收物业公司、业主委员会、群团组织、社会组织、"两新"企业等社会力量加入，在辖区协助党委政府参与社区治理，每支队伍不少于3人，每月参加党群服务活动不少于3次。光明街道按照"一个楼栋一支服务队，一支服务队至少一名党员"的标准打造"红小二"服务队，"党员到户，服务到家"，坚持将党旗插到群众家门口，推行灵活机动服务，建立了一个零距离解决居民群众"急小难事"的便捷社会服务模式。近两年来，街道累计实施"民生微实事"项目887个，开展便民集市等各类活动1500余场次，实现低保户252户807人100%达标脱困，仅9户21人为兜底户，完成整治街道历年遗留"红牌"事件181宗，整治率100%，通过社区群众诉求服务大厅受理矛盾纠纷1260余宗，化解率100%，辖区群众获得感明显增强，大大提升了基层公共服务提供的质量。

（三）构筑"红色服务平台"，形成多元共治基层治理体系

首先，光明街道党工委整合社区党群服务中心、花园小区架空层、城中村活动室等网格内闲置阵地资源，打造以社区党群服务中心为主基站、60余个各类型党群服务微站点为"辐射点"的党群服务阵地体系。打破原有层级界限和区域划分，集合各职能部门、社会组织、居民群众等多层次多元化力量，形成党群服务联合体，实现"线下"服务资源联通，活动联手，服务联办，构筑群众身边的"一站式服务台"。其次，搭建了社区事务议事协商平台。建立居民党支部"红小二"联席会议制度，通过搭建社区事务议事协商平台，让原住民、外来人口在议事活动中加深感情，推动民事民议、民事民办、民事民管。

这些"红小二"队伍，构成以居民党支部为引领、党员为先锋、居民群众为支撑的强大社会力量资源库，真正将社会力量调动起来，变政府"独唱"为政府社会"合唱"，形成多元共治、群策群力、共建共享的基层治理服务体系。①

---

① 中共深圳市委组织部、深圳改革开放干部学院：《党建引领超大城市治理：理论、案例与经验》研究报告，2021年11月。

第四节　党建引领超大城市基层治理先行示范

一　强化根基：巩固执政根基，提升"组织力"

习近平总书记指出："基层是党的执政之基、力量之源。只有基层党组织坚强有力，党员发挥应有作用，党的根基才能牢固，党才能有战斗力。"① 社区是党执政的基层基础，基础不牢、地动山摇。通过发挥党组织在城市社区的战斗堡垒作用，发挥好党员干部的先锋模范作用，强化党对社区的政治引领，才能筑牢党在城市基层社会的执政根基。

自 2015 年开始在深圳开展的党建标准化建设，全面加强了社区党委的领导权威和工作能力，构筑起城市基层治理的坚强"核心"，成为落实党和政府政策措施的稳固根基。深圳在全市域范围内，还有很多社区党委存在面临区级部门在社区的各条队伍和事务缺乏统筹调配的能力，部分社区党群服务中心重硬件轻服务，重形式轻内容；社区公共服务提供的特色化不足，"千人一面"、服务"千篇一律"等。为了提升深圳的党建的示范性功能，切实实现其"先行示范"作用，深圳在党建的"强化根基"建设方面，还需要从以下几个方面进行改善。

（一）增强社区党委统筹协调能力

当前城市基层治理仍然存在"社区兜底""条块分割""信息鸿沟"等问题。现有的基层管理体制如果不作出调整和改革，很难将基层的治理资源进行整合和拧成一股力量，因此，需要对基层治理结构进行统筹和创新改革，增强社区党委的统筹协调能力。加快形成以社区党委为中心，区域统筹、条块协同、上下联动、共建共享的严密组织体系和工作运行机制；推动社区内的党建、综治、民政、城管等各类网格整合成治理"一张网"，配强网格资源力量，逐渐形成网格发现、社会呼叫、分级响应、协同处置的工作机制。

----

① 《习近平：把全面从严治党落实到每一个支部》，人民网，http：//jhsjk. people. cn/article/28255082，2022 年 8 月 1 日。

（二）增强社区党群服务中心的服务能力

尽管社区是一个集管理、服务与自治的复合治理单元，但社区党委及社区工作站的核心职能是服务于基层党员群众的。然而，我们也看到，赋权增能之后的社区党委（也包括社区工作站），一定程度上出现科层化现象，即参照上级党政部门架构过分突出行政化和机关化色彩，服务功能被大大弱化。同时，标准化之后的党群服务中心，出现重硬件轻内容，重形式轻服务等现象。党群服务中心展示功能多于应用功能，硬件投入多于服务投入，参观人员多于活动群众的倒挂现象。党群服务中心日常一般性和同质化的活动难以广泛调动群众积极性，无法有效满足群众个性化、差异化需求，"供给真空"与"供给过剩"同时并存。

在加强社区党群服务中心硬件建设和资源投入的基础上，应坚持以居民参与程度、居民满意高低作为评价党群服务中心的首要标准。拓展服务空间概念，变社区党群服务中心为社区党群服务圈，将社区辖区内的公园、体育场、图书馆、警务室、社康中心等纳入社区党群服务资源库，推动社区服务资源共享。

以深圳坪山的"一站通办"为例，其通过推动更多资源、管理、服务下沉集聚，发挥党群服务中心在公共服务、矛盾化解、疫情防控中的作用。一是"一站式"打造服务圈层。围绕"去机关化"，按照"服务场所最大化、办公场所最小化"原则，整合优化社区办公和服务场所，由原来的社区党委委员"一人一间"变成"格子间"集中办公。改革前后社区办公面积所占比重从55.5%下降为28%，服务面积所占比重从44.5%上升为72%。马峦街道坪环社区实施拆墙透绿工程，由"院内办公"转为"敞开服务"，居民办事不用像以前一样到保安处登记。拆除社区党群服务中心的围墙，把社区周边主题公园、综治中心、警务室、社康中心等功能模块串联起来，形成"5分钟党群服务圈"，实现了服务群众最大化、最优化。

二　激活社区：推动社区多元主体参与，提升"共治力"

习近平总书记指出："要坚持依靠居民、依法有序组织居民群众参与社区治理，实现人人参与、人人尽力、人人共享。"① 基层治理是党的执政根基，也是社会稳定发展的根基。但是基层的面向广、问题多、情况复杂，单纯依靠自上而下的治理，难以形成合力。需要激活社区力量，推动以社区党委为核心，社区工作站、社区居委会、物业公司、业主委员会、社区社会组织等共同参与的一核多元治理体制，让社区内的利益相关群体都参与到社区建设和治理当中来。

（一）减轻社区繁重行政事务，聚焦社区事务

深圳在强化社区党委和工作站能力建设的同时，一定程度上忽略了社区居民和社会组织的参与，陷入了"行政有效、治理无效"的窠臼。社区作为街道的"腿脚"以及政府部门的"针头"，履行着行政事务在社区落地的治理职责。由于任务解决的压力和完成时间的限制，社区党委主要聚焦于上级下派的任务，且越来越依赖于行政手段和行政资源来完成，从而无暇关注社区自身诉求和组织群众开展共治活动。要为社区减负，让社区党委将更多精力从烦琐的行政事务中摆脱出来，通过数字技术手段化解决公共服务的供给问题，通过整合基层执法队伍解决社区治理问题。社区党委聚焦于社区场域、社区居民和社区事务。

（二）动员社区自治力量，推进多元共治

人民城市人民建，居民社区居民爱。社区不仅是党的执政根基和国家治理单元，也是居民居住休憩的生活空间。要激活社区，鼓励更多的居民和社区主体参与治理过程，提升社区共治能力。要动员社区自治力量。搭建更多的自治平台和协商机制，比如社区议事会、居民协商会，组织动员社区居民和社区社会组织参与社区事务的治理过程，制定出台工作规程和议事规则，完善意见征询、议题形成、协商议事、评估评议等工作环节，提高居民、党政部门和社会组织、物业公司等主体参与热情和关注度，激发社区自治活力，真正构建起人人参与、人人尽力、人人共享的社区共同体。

---

① 《习近平谈社区治理：提高社区效能的关键是加强党的领导》，人民网，http：//jhsjk. people. cn/article/31796903，2020 年 7 月 24 日。

三　智慧治理：推进基层治理能力现代化，提升"智治力"

习近平总书记指出："运用大数据、云计算、区块链、人工智能等前沿技术推动城市管理手段、管理模式、管理理念创新，……是推动城市治理体系和治理能力现代化的必由之路，前景广阔。"[①] 作为一座国际化创新型城市，深圳聚集一大批数字经济和信息服务企业，也在智慧城市治理和服务上率先探索。比如深圳开发民生诉求受理平台，精准感知居民服务诉求。整合"两代表一委员"进社区接访、党员联系群众、"12345"热线、政府信箱、政务微信微博等意见收集渠道，开发民生诉求受理平台，解决群众反映诉求渠道不畅、群众难点痛点处理不及时等问题。同时，深圳的"智慧党建"系统把大数据、人工智能等技术与城市基层党建深度融合，终端从上到下延伸到街道社区，从点到面发散到每个支部；同时接入政务服务信息，连通基层公共服务综合平台，整合服务信息资源，在党组织与群众、资源供给与资源需求之间架起桥梁。党员群众可一键定位附近的党群服务中心或按需搜索，通过手机预约场地或报名参加活动。在党群服务中心主页开设"民生微实事"模块，民生项目从需求征集、评议到立项、实施、公示，全流程向群众展示，接受群众监督。而推动数字技术在社区治理中的应用，提升社区智慧治理能力，可以从以下两个方面加强。

（一）加强数据整合集成，实现"一网统管"

打破"数字鸿沟"，整合社区人口、房屋、公共设施、政务服务、公共服务等数据，构建社区治理数据库，实现人、房、法人、城市部件、地理信息、视频资源"一网统管"。比如深圳坪山"一网统管"，打通各区直部门，实现上下贯通，条块协同，构建基层治理的指挥系统、工作系统和预警系统，成为社区治理的智慧大脑。龙华"党建＋科技＋治理"模式，实现"一网全面感知、一键接办诉求、一屏实时调度、一路护航安全"，等等。

---

① 《习近平在浙江考察时强调　统筹推进疫情防控和经济社会发展工作　奋力实现今年经济社会发展目标任务》，《人民日报》2020年4月2日第1版。

（二）加强物联网感知设备建设，提升智慧预警能力

建议推进社区布设消防通道地磁感应、井盖状态监测、雨污水管线监测、电器火灾监测等，推进自来水、电力、燃气、排污、交通路网、地下管网等物联网全域覆盖，相关数据接入社区治理数据库，以提升社区的智慧预警能力，提升城市基层应急治理的反应速度。

第十章 试验评估：深圳综合改革的实践探索与现实审视

深圳综合改革试点是新时代推动深圳改革开放再出发的重大举措。2020年10月14日，习近平总书记在深圳经济特区建立40周年庆祝大会上郑重宣布，党中央经过深入研究决定，支持深圳实施综合改革试点，以清单批量授权方式赋予深圳在重要领域和关键环节改革上更多自主权。2020年10月11日，中共中央办公厅、国务院办公厅发布《深圳建设中国特色社会主义先行示范区综合改革试点实施方案（2020—2025年）》。从1980年到2020年，深圳承担着经济特区、政策试验区和改革先行区，中央屡屡把改革的重任交给深圳，这是为什么？一个地区之所以能够成为改革先行区，这既是国家战略规划和政策实施的需要，也是该地区特定的特色禀赋、实力能力、发展条件和发展意义使然。过去40多年间，深圳以局部地区"闯"带动全国层面"进"，始终站在全国改革开放的最前沿，为全国破解难题提供示范和方案。如今，国家再次赋予深圳为中国的改革开放事业探索出一条全面深化改革、全面扩大开放新路径的重要使命。深圳综合改革试点是习近平总书记亲自谋划、亲自部署、亲自推动的重大国家战略，是党中央因时因势、着眼"两个大局"作出的重大决策部署，具有极为丰富的时代内涵和深刻的现实意义。

第一节 改革潮头、探路先锋：深圳综合改革的实践探索①

深圳综合改革，是党中央首次为一座城市量身定做新时代的改

---

① 本节参考中共深圳市委全面深化改革委员会办公室《2021年深圳改革报告》。

革总纲领，首次采取"实施方案＋授权清单"滚动推进的全新方式授权改革，首次以清单批量授权方式赋予地方在重要领域和关键改革环节上有更多的自主权。深圳综合改革试点实施以来，取得了阶段性显著成效，呈现出全面发力、多点突破、蹄疾步稳、亮点纷呈的良好态势。2021年7月，国家发展改革委在总结深圳经济特区建设40多年已复制推广经验的基础上，进一步梳理了党的十八大以来深圳创新举措和经验做法，提炼47条"深圳经验"向全国推广复制。2022年2月，国务院批复同意在深圳市暂时调整实施《海关事务担保条例》《进出口关税条例》《船舶登记条例》等有关规定，标志着深圳综合改革试点首批授权清单调规事项落地。截至2022年4月，深圳综合改革试点首批40条授权事项全面落地。深圳一直大胆地闯、大胆地试，用个体探索有效降低了整体风险，提供了一个全局性的全面深化改革学习样本，深圳经济特区由此成为重要的改革方法论。在实践探索方面，深圳综合改革着眼于破解发展瓶颈制约、解决国内改革共性难题等需要，持续深化对全国具有示范效应和破冰效应的改革探索。深圳综合改革试点实施以来，主要取得了以下方面的率先突破。

一　要素市场化

综合改革试点方案明确提出要完善土地、劳动力、资本、技术、数据等领域要素市场化配置体制机制。2020年10月18日，国家发展改革委正式发布《深圳建设中国特色社会主义先行示范区综合改革试点首批授权事项清单》。在发布的首批40条授权事项中，关于要素市场化配置改革的内容就有14条，主要包括授权和委托用地审批权、完善自然资源资产交易及监管机制、开展土地二级市场预告登记转让制度试点、开展特殊工时管理改革试点、支持在资本市场建设上先行先试、推出深市股指期货、开展创新企业境内发行股票或存托凭证（CDR）试点、优化私募基金市场准入环境、优化创业投资企业市场准入和发展环境、探索完善知识产权和科技成果产权市场化定价和交易机制、分类分步放开通信行业、深化国资国企综合改革。深圳综合改革试点实施以来，要素市场化配置方面主要做了以下创新突破。

一是推动建设用地地上、地表和地下分别设立土地使用权。为进一步完善城市功能、改善城市环境、提高城市综合承载能力，深圳出台《地下空间开发利用管理办法》，进一步深化土地管理制度，形成配置更精准、调节更灵活的空间资源配置机制，具有全国复制推广的价值意义。其创新之处在于：其一，掌握底数，推进基础调查和信息平台建设。其二，规划统筹，规划引领地下空间开发建设。以国土空间规划编制为契机，完善全市"两级三类"国土空间规划体系传导机制，将传统的规划编制视角从二维层面扩展到三维空间。其三，分层利用，完善建设用地使用权供应方式。以产权为导向，完善划拨和协议、招标、拍卖、挂牌出让等建设用地使用权供应方式。其四，规范登记，探索地上、地下空间确权登记。探索制定地上、地表、地下空间确权登记规则，开展地上、地下空间确权登记试点。

二是实施土地二级市场预告登记转让制度试点。深圳制定《深圳市工业用地使用权转让暂行办法》，促进了闲置和低效的工业用地流转，拓展了产业发展空间，推动建立了现代土地市场体系，为全国其他城市破解工业用地闲置问题提供了可复制、可推广的"深圳经验"。其创新在于：其一，探索实行预告登记转让方式。允许买卖双方对未完成开发投资总额25%的工业用地进行"先投入后转让"，即签订转让合同后，办理预告登记，待开发投资达到转让条件后再办理不动产转移登记手续。其二，明确开发投资总额25%的核验方式。其三，探索实行核定征收的税费计算模式。为降低交易成本，推动市场主体通过二级市场转让土地使用权，提出允许不能按实清算土地增值税的工业用地，转让涉及的土地增值税可以实行核定征收。

三是完善自然资源资产交易及监管机制。深圳率先建设上线自然资源资产市场网并成功开展交易试点，推动了土地要素市场化配置向"山水林田湖草"全要素自然资源一二级市场联动转变、向"供应—交易—监管"全周期转变，在全国自然资源资产市场建设领域发挥了先行示范作用，为国家层面完善自然资源资产交易市场建设提供了重要支撑。其创新之处在于：在全国率先建设自然资源资产交易平台，开展国有农用地租赁试点。依托自然资源资产市场网，以光明区径口片区一宗国有农用地试点开展租赁，探索国有农用地市场化配置新路径。逐步完善一、二级市场联动的市场服务监管体系。制定工业用地使用权转让工作规则、土地二级市场信息发布规则等相关配套文件，推动形成一、二级市场协调发展、规范有序、资源利用集约高效的市场体系。

四是率先开展数据要素统计核算试点，率先在政府部门试点设立首席数据官。数据生产要素统计核算研究与实践在国内外尚无成熟的做法借鉴。深圳市印发了《深圳市开展数据生产要素统计核算试点工作实施方案》，明确 2021 年在科技强区南山区开展数据生产要素统计核算试点工作，2022 年在全市范围内开展试点工作，将为国内国际提供相关统计核算实践提供更多更好可复制、可推广的"深圳经验"。

五是率先开展区域性国资国企综改试验。提前半年完成国家规定的"国企改革三年行动"各项任务，深圳综改试验取得阶段性成效，改革工作得到国家督查组和省、市肯定。完善区别于党政领导干部、符合市场经济规律和企业家成长规律的国有企业领导人员管理机制。出台《深圳市市管企业领导人员管理规定》，经理层任期制和契约化管理、管理人员竞争上岗、末等调整和不胜任退出在各级企业全面推行。探索与企业市场地位和业绩贡献相匹配、与考核结果紧密挂钩、增量业绩决定增量激励的薪酬分配和长效激励约束机制。研究出台《深圳市属企业深化激励约束机制改革行动方案》，探索构建"增量业绩决定增量激励"的长效激励和"差额勾回、效能控制、清算回拨、递延捆绑"的约束机制。创新建设"数字画像、全景可视"的国资国企智慧绩效管理平台，打造保障战略、识别人才的重要抓手。

六是支持在资本市场建设上先行先试，推进创业板改革并试点注册制落地，建立新三板挂牌公司转板上市机制。深圳证券交易所创业板注册制改革以来，新增上市公司 302 家，累计股票融资 5439 亿元。率先开展契约型基金商事登记试点，一批优质私募管理机构落户深圳。推进创业板改革并试点注册制，是党中央、国务院作出的重要决策部署，是资本市场建设承上启下的重要环节，对于完善我国资本市场体系、助力粤港澳大湾区建设乃至促进国民经济整体良性循环和经济高质量发展具有重大意义。

二　营商环境改善

首批 40 条授权事项中，关于营商环境改善方面的事项共有 7 条，包括创新国际性产业与标准组织管理制度、开展破产制度改革试点、开展新型知识产权法律保护试点、创新编制管理方式、支持深圳开展行政复议体制改革、支持深圳开展行政诉讼体制改革、支持深圳用好用足经济特区立法权拓宽深圳经济特区立法空间。综合改革试点实施以来，对标最高、最好、最优、最强，持续深化营商环境改革，推动深圳营商环境走在全国前列，获批全国首批营商环境创新试点城市。深圳在推进营商环境完善方面取得了以下突破。

一是率先出台优化营商环境条例及放宽市场准入相关制度。深圳对标世界银行营商环境评价指标体系，以推进要素市场化配置为重点，在营造优质平等经营环境、创新融资便利模式、健全市场主体权益保障机制等六大领域进行一系列改革创新，进一步完善公平开放的市场环境。此外，为了持续推动放宽市场准入，深圳市经过组织近 40 个部门、10 个区（新区）和相关领域约 50 家市场主体代表召开的近 30 场座谈会，梳理深圳市目前存在的限制措施与隐形准入壁垒等问题，探讨形成涵盖科技、金融、医药、教育文化、交通、其他等六大领域 24 项举措。2022 年年初，《深圳建设中国特色社会主义先行示范区放宽市场准入若干特别措施的意见》出台，详细呈现了这 24 余项举措，探索实施更加灵活高效的市场准入政策体系、监管体制和管理模式，这是营造更加市场化、法治化、国际化营商环境的重要探索。

二是率先实施新型知识产权法律保护试点。其一，法治先行，立法引领。2019 年 3 月 1 日，全国首部综合类知识产权保护条例《深圳经济特区知识产权保护条例》正式实施，首次在地方立法明确知识产权惩罚性赔偿制度，制定知识产权行政执法技术调查官制度。2020 年 11 月 1 日《深圳经济特区科技创新条例》正式实施，在全国率先开展新型知识产权法律保护试点。其二，制度创新，规则先行。深圳以制度创新为核心，加快推动知识产权惩罚性赔偿制度落地。深圳市率先出台了《关于知识产权民事侵权纠纷适用惩罚性赔偿的指导意见》《关于强化知识产权保护的实施方案》等，并依托中国（深圳）知识产权保护中心，构建起快速受理、授权、确权、维权的全链条保护体系。深圳还率先推出知识产权证券化产品，进一步激发了科技创新的积极性。深圳知识产权创造、保护和运用等指标在全国营商环境评价中排名首位。在成效及推广价值方面，该项改革创新性地规定了知识产权民事侵权纠纷惩罚性赔偿制度的操作规则，为司法实践适用惩罚性赔偿提供有效指引，为有力打击和遏制恶意侵权、重复侵权行为，建立健全符合知识产权审判规律和本质要求的诉讼制度体系提供有益试点经验。探索最严格的专利权司法保护新机制，在深圳实施全国首例专利诉讼"先行判决 + 临时禁令"裁判方式，例如避免大疆公司遭受市场销售份额损害等。

　　三是率先开展破产制度改革试点。其一，深圳在全国率先实施《深圳经济特区个人破产条例》，被誉为是在"健全破产制度"方面实现的历史性突破。其二，打造一流办理破产体系，优化法治化营商环境。这一项改革深圳创造个人破产领域"四个第一"，出台首部个人破产法规、成立首家个人破产事务管理机构、上线首个个人破产一体化办理平台、受理首批个人破产案件。2021 年 7 月审结全国第一宗个人破产案件，填补了我国自然人破产法律制度空白。其三，完善预重整和重整规则，健全困境企业拯救制度。积极借鉴发达国家地区经验，在全国率先探索预重整制度，允许困境企业保留自主经营权，在法律框架下及时开展自救和协商谈判，并为重整协议的制定和实施提供司法保障。其四，稳步探索跨境破产协作，构建粤港澳湾区重整网络。其五，大力深化市场主体退出制度改革。深圳商事主体全国最多，近年来，"失联""僵尸"类商事主体数量逐年增多，这两类商事主体不仅加大了市场交易成本，严重威胁市场交易安全，也降低了政府治理效能。为及时清理这些商事主体，促进企业"新陈代谢"，自2021年3月1日起施行《深圳经济特区商事登记若干规定》，在全国率先创设了"除名和依职权注销""歇业登记"等与国际通行规则对接的商事登记制度。创设商事主体依申请注销制度、除名制度和依职权注销制度，是对现行商事主体市场退出制度的重大创新和变通，是对现行商事主体退出制度的补充和完善，其内容未脱离现行法律的基本框架，同时在制度设计时也考虑了权利救济及后续处理等问题。

四是优化私募基金市场准入环境。其一，率先建立私募投资企业"照前会商"机制和服务标准，将中基协标准前移至商事登记环节，统一规范私募基金企业注册名称和经营范围，构建"优化准入、推动备案、后期清理"的闭环工作机制。其二，全国首创建立深圳市私募投资企业监管信息平台（即"好人举手"平台），构建"线上会商—信息披露—电子合同—在线网签—公示及信用惩戒"一体化信息管理体系。其三，制定印发《深圳私募基金规范发展及监管协作试点意见》，建立"名单制"监管制度，开展"红、黄、绿"分级分类监管。其四，率先印发全市私募基金风险处置专项工作方案，推动市级层面成立领导小组，全面启动私募基金风险整治，加快存批风险出清。其五，争取国家同意在深率先试点契约型基金改革，优化完善契约型基金商事登记流程。几项改革举措卓有成效，国家发展改革委、中国证监会等国家部委均对该项改革落地成效予以高度评价。

三　科技创新体制

首批40条授权事项中，关于科技创新体制方面的事项共有3条，包括探索完善大科学计划管理机制、优化科研机构技术转移机制、完善金融支持科技创新的体制机制、推进外籍人才签证便利化、探索完善外籍高层次人才居留便利和紧缺人才职业清单制度和实施高度便利化的境外专业人才执业制度。综合改革试点实施以来，在科技创新体制方面主要做了以下创新突破。

一是优化科研机构技术转移机制。其改革创新点在于，其一，出台《深圳经济特区科技创新条例》，在国内首次以立法形式保障

"科技成果完成人或者团队科技成果所有权或者长期使用权",并制定《赋予科研人员职务科技成果所有权或长期使用权的实施方案（试行）》，为开展赋权改革提供有力保障。其二，健全赋权改革试点实施单位的管理制度，完善成果赋权、收益分配以及技术转移机构建设的管理制度和流程规范，使科研人员收入与对成果转化的实际贡献相匹配，赋予科研人员更大激励。其三，结合自身实际创新赋权形式和转化模式，如通过"先确权后转化""先授权转化再确权"等多种方式推动赋权改革加快落地生效，通过科技成果完成人主导、学校协助的成果转化新模式，推动科技成果与企业需求对接、创新产品与市场需求无缝衔接。由此，进一步释放了高校、科研机构中的庞大科研成果的活力和潜力，科研人员转化科技成果的积极性显著提升。

二是完善金融支持科技创新的体制机制。其一，率先出台国内首部绿色金融地方性法规《深圳经济特区绿色金融条例》，实现多项全国首创举措，如发布国内首支绿色治理指数、首支绿色金融指数，首家全国性商业银行环境信息披露报告、首个投融资活动碳足迹环境信息报告，出台专营机构认定标准认定首批11家绿金专营机构等。其二，争创国家级改革创新试验区。制定《深圳市建设科创金融改革创新试验区总体方案》《深圳市建设绿色金融改革创新试验区总体方案》。其三，打造知识产权证券化"深圳模式"。首发国内多笔知识产权证券化产品。其四，完善科技金融基础设施体系。推动金融科技赋能科创金融，成立国家金融科技测评中心和市级征信服务平台（深圳征信服务有限公司），从基础设施层面促进金融科技和科创金融、绿色金融融合发展。该项改革成效显著，深圳构建起"1+1+1+N"的绿色金融发展体系，鼓励和引导多家银行创新差异化科技金融服务模式，在全国形成了较好的示范效应。

三是实施高度便利化的境外专业人才执业制度。专业服务贸易领域国际通行资格证书数量不足、国际可比性不强，成为制约专业人员跨境流动的关键瓶颈。深圳根据粤港澳大湾区发展需求，印发《深圳市推进高度便利化的境外专业人才执业制度实施方案》，将境外专业人才执业便利拓宽至11个专业领域。率先在前海开展执业便利化试点，以港澳起步、前海开局逐步向全市纵深推进。前海发布《港澳涉税专业人士在中国（广东）自由贸易试验区深圳前海蛇口片区执业管理暂行办法》，成为全国首个且唯一实现全面放宽港澳涉税专业人士执业要求的区域。目前，税务、建筑、规划领域免试跨境执业正式落地，截至 2021 年 11 月底，64 位港澳涉税专业人士、290 名香港建筑规划专业人士办理执业登记。医疗领域，首批认定 37 名港大医院顾问医生为主任医师，破解香港医生职称难题。律师领域，粤港澳大湾区律师执业考试顺利举行，取得相应证书的港澳律师可在大湾区 9 市执业。教育领域，2 名港籍人士通过深圳市福田、坪山区中小学教师招聘考试，并已完成聘用备案手续。海事领域，深圳海事局为 2 名持有新加坡签发的外国船员适任证书的船员签发了全国首份承认签证。

四　对外开放

首批 40 条授权事项中，关于对外开放方面的事项共有 7 条，包括完善涉外商事纠纷诉讼管辖制度、完善国际法律服务和协作机制、开展本外币合一跨境资金池业务试点、先行先试地方政府债券发行机制、扩大港口航运业务对外开放、深化国际船舶登记制度改革和赋予国际航行船舶保税加油许可权。综合改革试点实施以来，在对外开放方面主要取得了以下创新突破。

一是完善国际法律服务和协作机制。一方面，深圳国际仲裁院与深圳证券交易所共同探索"自律组织 + 仲裁机构"的纠纷解决新模式，致力于在更高起点、更高层次、更高目标上推进资本市场争议解决机制建设，营造规范、透明、开放、有活力、有韧性的市场环境。2021 年 6 月，中国（深圳）证券仲裁中心成为全球第一个由国际仲裁机构与证券交易所深度合作的证券仲裁平台，打造了资本市场法治领域的改革范例。其创新点在于共同建立完备的证券仲裁规则体系；共同建设一流的证券仲裁专家队伍；共同推进机制衔接，完善自律监管手段；共同促进跨境纠纷化解，推动资本市场国际化；积极解决资本市场纠纷，防范和化解金融风险；共同为市场提供"全领域""全方位"和"全链条"的服务。基于 2013 年与中国证监会深圳监管局联合发起设立深圳证券期货业纠纷调解中心、创建"行政监管、行业自律、专业调解、商事仲裁""四位一体"机制的多年实践经验，提高"调解＋仲裁"的标准、效率和专业化程度。另一方面，完善法治领域服务和跨境协作机制。出台《全面建设深港国际法务区提升法律事务对外开放水平行动方案》，加快建设国际法律服务中心和国际商事争议解决中心。深圳国际仲裁院、深圳知识产权法庭等 20 余家机构入驻。成立粤港澳大湾区国际仲裁中心，聘任来自港澳地区的仲裁员 149 名，成功调解商事纠纷案件超 600 件。前海"一带一路"国际商事诉调对接中心聘任外籍和港澳台地区特邀调解员 16 名，受理案件 26150 件。

二是深化国际船舶登记制度改革。其一，探索建立与国际接轨的国际船舶登记新制度体系，放开诸如船舶登记主体外资股比限制和外国验船机构市场准入限制、外国验船公司法定检验和入级检验限制，以及探索临时船舶登记制度和形式审查登记制度，提升船舶登记效率。其二，放开外籍船员在深圳国际登记船舶上的任职限制，允许符合条件的境外人员在深圳同际登记船舶上任职，允许境外人员在深圳参加培训、考试和申领中国船员证书，提升深圳航运市场国际竞争力和吸引力。其三，探索开展涉及国际船舶全要素制度集成创新，研究完善国际船舶登记所涉航运金融、法律服务等配套制度，吸引中资方便旗船回归、集聚高端航运要素。其四，推进《深圳经济特区国际船舶条例》地方立法，深化国际船舶登记制度改革所涉船舶登记、检验以及外籍船员任职等方面作出制度安排。该项改革不仅促进提升了中国作为航运大国的国际影响力，更有助于深圳吸引高端航运要素集聚，为促进发展高层次外向型航运经济，推动建设全球海洋中心城市，拉动粤港澳大湾区港口城市群航运经济发展具有重要意义。

三是探索国际航行船舶保税加油许可权改革。其一，出台《深圳市国际航行船舶保税燃料油经营管理试行办法》，打破了以往需要国家部委特许审批的惯常做法，在华南区域率先争取保税加油经营许可权，一定程度上放宽了市场准入限制，增添了保税加油市场活力。其二，创新加注管理，推动流程再造。向口岸监管部门提出先供后报"船多供""边联检边搭靠"等监管创新诉求。其三，针对审批部门审批平台不集中、审批流程串联化等弊端创新审批方式，加快推进保税油"一口办理"平台建设，打通海关、海事、边检等监管和审批部门信息壁垒。此项改革不仅巩固了盐田港国际航运枢纽地位，其经验做法也为国务院所推广。

五　公共服务体制

首批40条授权事项中，关于公共服务体制方面的事项共有3条，包括放宽国际新药准入、探索完善医疗服务跨境衔接机制和扩大企业博士后站办学自主权。综合改革试点实施以来，在公共服务体制方面主要做了以下创新突破。

一是探索放宽国际新药准入。其一，研究制定进口药械管理相关制度，印发《广东省粤港澳大湾区内地临床急需进口港澳药品医疗器械管理暂行规定》。其二，指导港大深圳医院开展试点工作，成立跨境药械专责小组，建立临床急需进口药械遴选机制。其三，严格做好放宽国际新药准入监督管理。制定了《临床急需进口药品医疗器械监督管理工作指引（试行）》等配套监管细则。其四，推动深圳市医疗机构纳入"港澳药械通"指定医疗机构名单，港大深圳医院成功纳入全省首批5家指定医疗机构名单。截至2021年年底，港大深圳医院获批使用13种临床急需进口药品和3种进口医疗器械，累计使用超200人次，切实惠及了有临床急需进口药品使用需求的患者，改革经验已推广至粤港澳大湾区内地9市指定医疗机构。

二是探索完善医疗服务跨境衔接机制。其一，印发《关于加快推动医疗服务跨境衔接的若干措施》、修订《经济特区医疗条例》、编制《医院质量国际认证标准（2021年版）》国际标准，推动卫生健康规则衔接贯通。其二，简化港澳服务提供主体准入审批，完善在深执业的港澳医师高级职称评审管理，推动"港澳药械通"实质运行，促进医疗资源便捷流动。其三，加快香港大学深圳医院、香港中文大学（深圳）医院等港澳重要医疗合作平台发展，与香港医学专科学院等合作建立与国际接轨的专科医师培养体系，扩大优质医疗卫生资源供给。以上措施推动了港澳医疗机构在深集聚发展。截至 2021 年年底，全市共开设 12 家港资独资合资医疗机构和 1 家香港名医诊疗中心，新批准设置 6 家港资医疗机构，348 名港澳医师获内地医师执业资格，1098 人次以短期行医方式在深执业。港澳居民在深生活也因此更加便利。此外，以香港大学深圳医院为范本的"深圳市现代医院管理制度的探索和成效"得到中央全面深化改革委员会肯定，纳入全国 12 家公立医院高质量发展试点医院和 14 家建立健全现代医院管理制度试点医院范围。

三是扩大企业博士后站办学自主权。赋予深圳对企业博士后科研工作站分站的设立和撤销权限。

六　生态环境保护和城市空间治理体制

首批 40 条授权事项中，关于生态环境保护和城市空间治理体制方面的事项共有 3 条，包括优化生态环境管理机制、探索优化建设项目用地用林用海审批机制和开展航空资源结构化改革试点。综合改革试点实施以来，在生态环境保护和城市空间治理体制方面主要做了以下创新突破。

一是在生态环境保护方面。我国首个生态环境保护全链条立法《深圳经济特区生态环境保护条例》于 2021 年 9 月 1 日实施，标志着深圳将从生态空间、生物多样性保护、生态系统监测、生态保护与修复、应对气候变化等层面构建全方位的生态安全保障制度体系。深圳发布全国首个完整的生态系统生产总值（GEP）核算制度体系，率先实施生态产品价值核算统计制度，创新性开展完成 2020 年市域生态系统服务价值（GEP）核算，并发布 GEP 核算平台，为全面掌握生态系统运行状况，保障生态环境的长久治理夯实了基础。2021 年 8 月，深圳市政府正式印发《深圳市"三线一单"生态环境分区管控方案》，深圳率先实施"三线一单"（生态保护红线、环境质量底线、资源利用上线和生态环境准入清单）为核心的生态环境分区管控体系，协调空间、能源、资源与环境的关系，增强区域发展的核心引擎功能，实现深圳高质量发展，促进生态环境持续改善，以更高标准、更严要求、更实举措率先打造人与自然和谐共生的美丽中国典范。

二是在城市空间治理体制方面。深圳探索地下空间开发利用管理，试点实施建设用地地上、地表、地下分别设立使用权，加快推动地下城市建设。深圳发布了《深圳市地下空间开发利用管理办法》于 2021 年 8 月 1 日起施行，涵盖地下空间规划管理、用地管理、建设管理和使用管理等开发建设全链条，为集中开发提供政策支撑。2021 年 3 月 1 日起实施的《深圳经济特区城市更新条例》更是落实国家综改试点方案的起步性重大改革举措，从法律制度层面进一步保障了深圳城市空间治理改革。

七　加强党的全面领导和党的建设

随着中国特色社会主义建设步入新时代，深圳进入了粤港澳大湾区、深圳先行示范区"双区驱动"，深圳经济特区、深圳先行示范区"双区"叠加的黄金发展期，深圳的时代使命和政治任务由"先行先试"转变为"先行示范"，在党的全面领导下创建社会主义现代化强国的城市范例，特别是要在加强党的领导和党的建设方面做到率先示范，通过高质量党建引领、推动城市治理体系和治理能力现代化，努力走出一条符合超大型城市特点和规律的治理新路子。习近平总书记提出，坚持党对经济特区建设的领导，始终保持经济特区建设正确方向，是深圳经济特区改革开放 40 年的宝贵经验之一。① 坚持党对深圳综合的领导，是确保先行示范区建设沿着正确方向前进的根本保证。在深圳综合改革中，深圳党建突出党的领导核心作用，加强服务阵地、队伍、网络建设、构建融合共建新格局。

一是开展"知事识人、序事辨材"选人用人改革。其改革创新点在于：其一，以"序事辨材"为路径，探索"知事识人"新机制。针对知事与识人用人相脱离的问题，在工作机制设计上锁定"按事索人"，把知事序事作为识人辨材的必由之路，通过深入了解事，进而深入辨识人，实现干部考察路径从"由人到事"向"由事

---

① 习近平：《在深圳经济特区建立 40 周年庆祝大会上的讲话》，《人民日报》2020年 10 月 15 日第 2 版。

到人"的转变,把研究人和研究事结合起来。其二,按单位职能分类,精准刻度干部干事成效。针对干部考察考核"一把尺子量到底、上下一般粗"等问题,创新考核分类,将职能相近、性质相仿或水平相当的单位划分到一个类别,有利于同场"赛马"、同台竞技,增强单位横向比较的可比性、合理性。同时,将每一件大事要事难事都按"主导性、参与性、协助性"作用来区分参与者的贡献度,精准刻度每个人的贡献大小和作用发挥情况。其三,创新开展"三式考察法",近距离调研了解干部干事表现。针对当前干部工作中存在"考核不深,识人不准""不在现场看,不见具体事""重点不突出,针对性不强"等问题,创新实施"实地走访式""跟班嵌入式""面谈考问式"考察,坚持在工作一线考准考实干部现实表现。其四,探索建立"事、岗、人、能"四维坐标,立体识人辨材。对事进行梳理、对岗进行称重、对能进行解析、对人进行辨识,聚焦"重要的事、吃劲的岗、优秀的人、匹配的能"进行关联分析,多维度、全方位识别干部。"知事识人、序事辨材"紧紧扭住"事"这个牛鼻子,创新了"由事到人、人事相宜"的干部工作体系,构建了以德为先、以事择人、人事相宜的选拔任用机制,树立起以干事为导向和实绩优先的客观标准,回答了"选什么样的人""从哪里选人""怎么用人"的问题。搭建了源头培养、跟踪培养、全程培养的素质培养平台,在优化干部成长路径上做好"三个补充":"缺什么补什么"补能力,"岗位链条完整化"补经历,"广纳高精尖人才"补专业,健全了崇尚实干、勇于担当、加油鼓劲的正向激励体系。该项改革切实为推进粤港澳大湾区、中国特色社会主义先行示范区建设和综合改革试点提供坚强组织保证,实现了对习近平总书记"知事识人"重要指示的创新落地和系统集成。该项改革也有效提升了干部队伍的向心力、感召力、战斗力,实现对干部考察考核工作的一次结构性变革,对日常了解干部方法路径的一次全新探索,在党管干部科学化、规范化方面为全国提供可复制、可推广的"深圳模式"。

二是深化党建引领基层治理改革。深圳着力完善体制机制,通过建立市、区、街道、社区四级服务体系,推动"互联网+社区服务"模式落地生根，依托基层公共服务综合平台、深圳智慧党建、社区家园网等"多维网络"，强化市、区、街道、社区四级联动。在市级方面，深圳市委出台《深圳市基层管理体制改革指导意见》，构建以社区党委为核心，以居民自治为基础，以社区工作站为政务服务平台，社区各类主体共同参与的社区治理新机制。在街道层面，制定出台《中国共产党深圳市街道工作委员会工作规则（试行）》，充分发挥街道党工委"轴心"作用，聚焦抓党建、抓治理、抓服务等主责主业，提升基层管理服务效能。在社区层面，出台《中国共产党深圳市社区委员会工作规则（试行）》《关于推进社区党建标准化建设意见》《关于推进城市基层党建"标准＋"模式的意见》等基层党建标准文件，聚焦为民服务宗旨，扎实办好民生实事，强化社区工作者待遇、党群活动阵地、服务居民经费"三大保障"，提供各类便利利民服务。

第二节　啃硬骨头、打攻坚战：深圳综合改革面临的挑战不足

40多年来，深圳创造了1000多项改革的全国"第一"。深圳综合改革试点支持深圳在更高起点、更高层次、更高目标上推进改革开放。综合改革试点实施以来，深圳先行先试、多点突破，亦是创造了多个"全国第一"、实现了多个"全国领先"，创造型引领型改革突破成势，不断为全国破解难题提供示范、输出方案。但是深圳综合改革试点《实施方案》授权力度之大、任务之艰巨、修法力度之大、试点模式之新均是前所未有的。当前改革又到一个新的历史关头，面临许多前所未有的新问题，推进改革的复杂程度、敏感程度、艰巨程度更大。

一　深圳综合改革对先行示范区建设的支撑力有待加强

2019年8月出台的《中共中央国务院关于支持深圳建设中国特色社会主义先行示范区的意见》明确提出，深圳作为"先行示范

区"的领域有所侧重，即在高质量发展、法治城市、城市文明、民生幸福、可持续发展等领域要"先行示范"，是一种全方位、多层次的"先行示范"。深圳开展综合改革试点，率先完善各方面制度，构建高质量发展体制机制，其中一个重要意义是能够为中国特色社会主义先行示范区建设提供制度保障。比如，相关文件部署推进的土地、劳动力、资本、技术、数据等要素市场化改革举措，对于深圳提高资源要素利用效率、突破发展瓶颈能够发挥非常重要的作用。再比如，改革科技创新体制和成果转化机制，优化创投、私募等领域的准入和发展环境，探索实现技术市场和资本市场的对接，设立知识产权交易中心等，这些制度创新将全方位优化深圳创新创业的制度环境。但就目前来看，实现深圳综合改革试点攻坚突破方向与深圳先行示范区"五个率先"目标匹配性不够、作用力和支撑力不够。未来，必须以综合改革试点实施为契机，以综合改革试点牵引带动中国特色社会主义先行示范区，坚持把国家重大改革战略与深圳先行示范区建设的目标需求有机结合，紧紧围绕高质量发展高地、法治城市示范、城市文明典范、民生幸福标杆和可持续发展先锋的战略定位，系统性破解改革难题和体制机制问题，推进治理体系和治理能力现代化，充分释放城市发展潜力活力动力。

二　对推动粤港澳深度合作的"核心引擎"作用有待加强

开展好深圳综合改革试点，能够为深圳"双区"建设提供制度保障，对粤港澳大湾区建设形成有力支撑，并通过开创性、突破性、创新性改革举措，通过规则衔接、机制对接来深化粤港澳大湾区的合作发展，推动粤港澳重大合作平台创新发展。那么，如何更好地服务推进粤港澳大湾区建设，如何更好地服务"一国两制"大局，如何以综合改革试点牵引粤港澳深化互利合作，推动粤港澳深度合作，这也是开展深圳综合改革试点工作的一项重要任务。目前来看，深圳综合改革试点对推动粤港澳深度合作的"核心引擎"作用有待加强，深圳开放领先，但国际化程度和影响力远远不够，关键在于尚未真正完成由经济先行走向全面发展的制度积累进程，也尚未抓住粤港澳深度合作的"核心引擎"功能优势。应充分抓住

"深圳综合改革试点"机遇，进一步加强改革力度，争取国家全面授权深圳进行制度机制创新和规则深度衔接实践，争取中央在粤港澳规则衔接方面赋予更多批量授权。粤港澳规则衔接需要进行法律法规调整的，建议深圳携手港澳同步研究论证、同步列入清单、同步提请审议，争取中央"一次性"审定、"一揽子"授权。在深圳一定范围内、一定期限内暂时调整或者暂时停止适用部分深圳市地方性法规，并根据中央授权大胆试、大胆闯，对法律、行政法规、地方性法规作变通规定，进行粤港澳规则深度衔接，进行全方位管理体制和制度创新。同时，充分利用好深圳综合改革试点，注重制度创新、先行先试，有力推动前海深港现代服务业合作区、河套深港科技创新合作区等粤港澳重大合作平台创新发展。

三　对全面深化改革制度创新的全国示范效应有待加强

从功能上看，深圳集经济特区、粤港澳大湾区、社会主义先行示范区于一身。从使命上讲，既肩负着国家"十四五"规划中的"全面深化改革任务"，又担负着"综合改革试点任务"的率先改革使命。从根本上说，"全面深化改革任务"与"综合改革试点任务"二者既相互交融，又纲举目张。"全面深化改革任务"统领"综合改革试点任务"的实施，"综合改革试点任务"的实施又率先体现、落实"全面深化改革任务"。而以可借鉴、可复制的成功经验的形成与推广、以制度创新的力量推动中国深化改革的进程，这又是深圳所承担的国家所赋予的时代使命。当前中央对深圳建设"先行示范区"和"实施综合改革试点"的要求，明确深圳不仅要在全面深化改革上先行一步、勇当尖兵，还要为全国制度创新率先垂范、作出表率。"综合改革试点任务"要求深圳要在6大领域27项改革举措和40项首批授权事项方面大胆探索，创新性开拓，以减少试错成本，为中国深化改革提供制度创新的可复制经验与做法。深圳综合改革试点的这些改革举措，很多都是开创性的、突破性的。2021年7月，国家发展改革委首次以清单的形式系统总结深圳47条创新经验，并向全国公开推广，这对深圳改革创新工作是巨大鼓舞和推动。但目前来看，更深层的制度创新的全国示范效应并不明显。深圳原副市长唐杰提出："为什么深圳经验内地没法学？"还有学者提出："为什么内地许多城市学习深圳，不仅没有赶上，反而差距越来越大了？"个中缘由包括城市之间体制创新"嫁接移植"的条件和环境有所不同，但更为重要缺乏普适性的、有效的创新扩散机制和经验推广路径。深圳综合改革要努力为全国制度建设作出重要示范，一方面必须加强战略战役性和创造型引领型改革力度；另一方面必须先加强经验复制推广，优化复制推广路径，以"制度＋案例"等形式分阶段滚动式上报，争取获得复制推广，进一步扩大深圳综合改革试点受益面，彰显深圳先行示范区的示范引领、辐射带动作用。

四　深圳综合改革的系统性、整体性、协同性有待加强

党的十九大将"着力增强改革系统性、整体性、协同性"作为全面深化改革取得重大突破的一项重要经验，并将"更加注重改革的系统性、整体性、协同性"写入党章。注重系统性、整体性、协同性，是全面深化改革的内在要求，也是推进综合改革的重要方法论。改革越深入，就越需要注重协同配套和系统集成。深圳综合改革立足于要素市场化、营商环境改善、科技创新体制、对外开放、公共服务体制、生态环境保护和城市空间治理体制等方面进行先行先试探路。虽然，目前顶层设计上深圳综合改革主要覆盖经济体制、社会体制和生态文明体制等多方面，但是从进度上来看社会领域的改革要比经济领域的改革缓慢很多，且并未形成相互配合、相互协同、互相促进的良好改革局面。

首先，"摸着石头过河的改革"难以凝聚改革的集体共识。过去，我们通过危机触动改革、通过开放倒逼改革，但现在很多领域改革都需要触动非常大存量的复杂利益，由此深圳的改革进入深水区、难度大。社会领域的改革比经济领域的改革难度要大很多、困难要多得多。深圳包括整个中国亦面临着这样的问题，做大蛋糕难，分蛋糕更难。因为后者涉及复杂的社会关系需要调和，涉及强大的既得利益者群体的强力制约。当前深圳综合改革很多事项并未触碰到深层矛盾，政党领导集体要和既得利益者割裂，避免既得利

益者挟持改革进程以提高改革的整体利益，还要处理好社会改革和经济改革的关系，加强经济、民主法治、文化、社会、生态改革协调性，其改革的难度也是前所未有的。要真正解决问题们必须要寻找新的利益平衡点，这是非常富有挑战的事情，由此陷入了改革僵局。而唯有通过创新才能突破僵局。创新是一种人才、技术、企业、资本、生产要素、公共服务等高度集聚的现象，必须打通内外循环、打通上下联动。但目前来看，深圳的创新密度足够，但是创新浓度不够，改革创新的领域极不平衡，改革创新的体制成本过高。

其次，深圳综合改革内生动力不足。一些政府部门和领导干部还存在"改革给自己添麻烦"的思想，缺少改革开放初期那种凭借"狭路相逢勇者胜"的胆量杀出一条血路的勇气。因此，一些关键领域和关键节点的改革有待实质性推进。中国的改革开放如同一张白纸，一切都是新的。深圳综合改革所面对的很多问题同样没有成功的、可复制的经验可以借鉴。邓小平指出："改革开放胆子要大一些，敢于试验，不能像小脚女人一样。看准了的，就大胆地试，大胆地闯。"[1] 事实上，深圳综合改革过程中，百年未有之大变局下深圳所面临的风险挑战已构成了深圳全面改革的强大动力。但这样的改革动力并未实质性地推动改革进展，这是因为改革动力并未有效转化为改革策略、改革政策、改革的顶层设计，激发领导干部"大胆地试、大胆地闯"推动综合改革工作。如何遵循深圳不循规蹈矩的特例演变成人人效仿的先行示范改革城市的发展逻辑，克服深圳综合改革和扩大开放中的保守思想，点燃了政府和社会在改革开放大潮中干事创业的热情，必须要加强政党对改革工作的引领和全面指导，建立完善党领导深圳综合改革的工作机制，凝聚强烈的集体政治意志，充分彰显中国共产党具有凝聚思想共识和动员能力的强大体制优势，同时建设一支与新时代改革开放相适应的高素质干部队伍。

---

① 《邓小平文选》第 3 卷，人民出版社 1993 年版，第 372 页。

第三节　先易后难、渐进突破：深圳
综合改革的优化路径

改革开放 40 多年来，深圳依靠改革这个"关键一招"创造了发展奇迹。面向未来，深圳仍要不断弘扬特区"敢闯敢试"的精神，用足用好综合改革试点政策，继续为全国改革开放探路，为全国破解难题提供示范和方案。在新起点上，坚持先易后难、渐进突破原则，不断把深圳综合改革试点向纵深推进，推动改革开放"关键一招"在新发展阶段的全面深化。

一　改革路径上，坚持主动式、递阶式和渐进式改革[①]

一是坚持主动式改革，充分发挥深圳综合改革的主体自觉。深圳综合改革试点给予了深圳充分的改革探索空间，但这也是一场具有超前性、开拓性、试验性的改革，是率先涉"深水区"、闯"无人区"的攻坚改革。在中央顶层设计和战略部署下实施深圳综合改革试点，一以贯之的是为党和国家事业开路探路的崇高使命，必须争当开拓进取的改革者，不做安于现状的守成者，提振将改革开放进行到底的精气神。这也充分体现了从被动式改革到主动式改革的范式转换。

二是坚持递阶式改革，优化深圳综合改革的战略安排。制定中长期发展战略规划和分步实施的"路线图"是中国共产党领导现代化进程的理性经验。但由于受到发展阶段、主要矛盾、制度学习和国际竞争等因素的影响，党对于社会主义现代化发展目标、发展速率、发展步骤的认知处于不断调适之中。事实上，我国改革开放 40 多年，从农村改革到城市改革，从经济改革到行政改革以及各领域改革，从深圳、珠海等试办经济特区到浦东开发开放以及沿海沿江开放再到建设自由贸易区，均体现了"分步实施—试点先行—局部

[①]　本部分参考陈家喜、邱佛梅《主动式、递阶式、渐进式：政党引领中国式现代化的展开逻辑》，《科学社会主义》2022 年第 2 期。

推广—全面推行"的递阶式改革和现代化策略。同时也要在推进过程中根据实施情况、实践成效对改革目标以及实施步骤进行调适，以便更精准地推进现代化的持续发展，一步一个台阶不断推动现代化向更高阶段发展。

三是坚持渐进式改革，优化深圳综合改革的策略选择。中国改革开放遵循渐进式发展的逻辑，这是由改革开放的性质决定的。由于现代化目标的艰巨性和区域发展的不平衡性，在全国层面推进现代化不可能做到一盘棋、一个步骤和一个速率，因此我国善于采取渐进式策略推进改革开放进程。基于现代化战略的宏观性和长远性，以及地方改革的矛盾性和艰巨性，深圳综合改革应围绕现代化战略的重点领域和关键环节，将宏观战略与实施步骤进行有机集成，将目标规划与适度调适有效互动，依据难易程度和轻重缓急进行分步骤推进，不断累积改革成果。

二　改革策略上，坚持改革的系统集成协同高效

40 多年改革开放的历史进程是一个由浅入深、由单项到多项再到全面深化改革的发展过程，由经济领域不断向政治领域、社会管理领域、文化领域、生态领域、党的建设领域、国防和军队建设领域等拓展的过程。零敲碎打的调整模式或碎片化修补模式已无法适应新的历史条件下的错综复杂的矛盾局面。因此，必须推进全面的、系统的改革和改进。党的十八大以来，中央高度重视增强改革的系统性整体性协同性。2012 年，习近平总书记在广东考察时强调："增强改革的系统性整体性协同性，做到改革不停顿开放不止步。"[①] 习近平总书记在党的十九大报告中总结全面深化改革取得重大突破的经验时指出，"改革全面发力、多点突破、纵深推进，着力增强改革系统性、整体性、协同性，压茬拓展改革广度和深度，推出一千五百多项改革举措，重要领域和关键环节改革取得突破性

---

① 《增强改革的系统性整体性协同性　做到改革不停顿开放不止步》，《人民日报》2012 年 12 月 12 日第 1 版。

进展，主要领域改革主体框架基本确立"①。回顾党的十八大以来的改革成就，我们可以清晰地看到，改革正沿着系统性、整体性、协同性不断增强的路径阔步前行、纵深推进。

深圳综合改革在策略上应突出改革目标集成，全面加强深圳综合改革的系统集成协同高效。增强改革系统性、整体性、协同性是创新改革方式方法的全新探索。突出改革系统性、整体性、协同性，要全局和局部相配套、治本和治标相结合，也要注重促进各战略平台与全市改革协同对接、同向合成，先立后破、有序推进，让各项改革前后呼应、相互配合、积厚成势，实现改革目标集成、政策集成、效果集成。深圳综合改革试点必须与先行示范区建设的目标需求有机结合，与粤港澳大湾区建设、前海改革开放等国家战略有机结合，紧紧围绕高质量发展高地、法治城市示范、城市文明典范、民生幸福标杆和可持续发展先锋等方面为改革谋篇布局，找到各自领域的发展规律，才能找到相对应的具有针对性、有效性的改革方式。一是注重系统集成。加强改革试点的统筹力度，对关联度高、互为条件的改革试点统筹协调推进，对领域相近、功能互补的改革试点开展综合配套试点和区域试验，强化各类试点改革举措的系统集成。二是注重机制优化。建立改革的决策机制、评估机制、统筹协调机制、督办督察机制、宣传引导机制等新的工作机制，以健全深圳综合改革试点复制推广的体制机制。三是注重改革主体的协同，动员社会参与力量，通过党政主导、社会参与的多元主体力量，进一步增强改革的综合效能和辐射带动作用。

三 制度保障上，持续优化法治保障改革机制

随着改革进入深水区和攻坚期，要求增强全面深化改革的系统性、整体性、协同性，改革模式也由从"试错"模式向"重大改革于法有据"转换。"重大改革于法有据"，用简单的话来表达，就是要求改革必须有法可依，重大改革必须要有可以遵循的法律依据。凡是改革方案能通过立法来操作的，就通过制定法律法规来实施，

---

① 习近平：《决胜全面建成小康社会　夺取新时代中国特色社会主义伟大胜利——在中国共产党第十九次全国代表大会上的报告》，人民出版社 2017 年版，第 3 页。

通过改革决策与立法决策的同步和协调进行，保证改革措施得到全面的实施。我们的改革必须是合法改革，不能是违法改革。所以为了保障深圳综合改革有法可依，未来深圳还需要持续推进的"改革立法"建设，为各项改革颁发合法性通行证。同时要加强制度建设，通过立法来巩固前期取得的一些标志性改革成果，充分发挥深圳法治城市示范的叠加作用。坚持改革决策和立法决策相统一，将法治、改革、发展进一步深度融合，创造改革立法建设的"深圳模式"。

运用法治思维和法治方式推进改革创新的实施路径，应努力探索以下法治保障方式：一要坚持以法治凝聚改革共识。改革过程中不可避免地会出现分歧、争论，当出现分歧争论时就需要用法治思维和法治方式凝聚"为什么要改革、改革什么和怎样改革"的共识，要更加重视发挥法治的引导功能和教化作用，还要注意用立法确认改革成果。并不是说立法只是对改革成果作简单、被动的记录，而是通过民主和立法程序升华认识、凝聚共识、完善制度，最终形成具有普遍规范性和约束力的法律法规。二要坚持以立法引领改革。推进改革要牢固确立规则至上的理念和思维。在现有法律没有规定的情况下，要坚持立法先行，先立法后改革，做到立法引领改革，要用法律法规取代和减少"红头文件"，要确保一切改革措施都运行在法治轨道上。三要坚持以立法授权改革。习近平总书记指出，对实践条件还不成熟、需要先行先试的，要按照法定程序作出授权，既不允许随意突破法律红线，也不允许简单以现行法律没有依据为由迟滞改革。改革没有法律依据时，要积极争取上级的授权。① 四要坚持以立法预留改革空间。对有些正在探索推进改革的领域，虽然改革的方向和重大举措确定下来了，但对于具体改革措施和制度设计还不成熟，认识也不一致，这时立法先行就应当具有一定的前瞻性，要为将来进一步的改革预留空间。五要坚持以立法破除改革障碍。对于和改革方案相抵触的条款，要按照法定程序由原来的制定机关作出修改或废止的决定。六要坚持以法律解释满足

---

① 李林、翟国强：《在法治轨道上推动新时代改革开放走得更稳更远》，《光明日报》2019年1月16日第5版。

改革需要。当改革有需要的时候，可以保持法律规定不变的情况下对法律条文的具体适用进一步明确或补充。七要在改革中完善法治，要以立法形式确认改革经验、完善法律制度。深化改革的过程就是不断创新完善法律制度的过程。

值得注意的是，先行先试权是深圳授权改革试验的根本特征。中央通过"一揽子"授权的方式，深圳经济特区拥有了"先行先试"权，要求率先试验、突破和创新，允许深圳进行先行先试、全方位探索。那么"先行先试"和制度创新就成为这一轮改革试验的目标和任务。而先行规定权和变通规定权是"先行先试"权的重要表现形式，也是改革制度创新的主要优势。这些年，深圳相继出台一系列推动改革创新和"先行先试"的政策法规，设定了"先行先试"的免责条款，也就是试错权，这就从法律层面上获得先行先试权并免予追究责任的法律承诺。那么改革创新既然可以免责，是否还应当符合法治原则？这里就涉及一个权力边界问题。不管任何改革，"先行先试"的先行规定和变通规定均应符合法治原则。应把握三个关键：一是合宪原则，必须在现有宪法制度与法律体系框架内推动改革创新；二是不涉及中央的专属立法权，属于全国人大及其常委会绝对保留的立法事项，国务院无权授权，比如属于全国人大及其常委会授予国务院的相对保留事项，国务院不得转授权。三是不违反上位法基本原则。经济特区根据授权制定的法规是可以作出与上位法不一致的规定，但必须在不违反上位法的基本原则的条件下制定。①

同时，现在也强调改革必须有理有据、具有法律依据，为此建议深圳市出台一部《深圳经济特区改革促进条例》，旨在解决改革动力不足和改革形式主义等问题，建议深圳市制定《深圳经济特区改革促进条例》，通过立法把改革腐败和改革试错区分开来，把领导干部终身责任和改革试错区分开来，建立干部激励机制、容错机制、舆论监督机制、干部管理体制，明确改革科学决策程序、改革授权机制以及社会参与机制，等等。

---

① 肖明：《"先行先试"应符合法治原则——从某些行政区域的"促进改革条例"说起》，《法学》2009 年第 10 期。

四　创新扩散上，持续优化央地互动推广机制

深圳综合改革试点，其站位在于国家，为国家的改革开放事业探索出一条全面深化改革、全面扩大开放的新路径，其目标在于示范，为其他城市发展探路、探索可复制经验。如果将深圳综合改革政策试验的运行过程划分为试点与推广两个环节，那么目前，深圳综合改革的各项创新及其扩散既可能发生在综合改革政策试验的试点阶段，也可能发生在综合改革政策试验的推广阶段，或者发生在"试点—推广"的循环往复过程中。因此，为了扩大深圳综合改革发挥"先行示范"效应，未来深圳还需要持续优化创新扩散机制，要在试点过程中加强创新扩散，充分把握好中央授权与地方自主之间的关系，不断优化央地互动推广机制。

一是加快形成区域化改革创新模式。事实上，改革开放40多年进程中不少政府改革创新凸显区域特点并成功地累积经验形成固定的区域化创新模式。例如"温州模式"基础上的政府市场化创新取向、"台州模式"之上的决策民主化探索、"义乌模式"之上的"省管县"机制创新、"苏南模式"的地方政府改革，等等。深圳综合改革并不仅是顶层设计下的试点创新模式，而是中央授权条件下深圳进行自主探索、不断调试的改革试点模式。先行示范区既要先行又要示范，深圳已经在先行上作出了很多探索，下一步要强化总结综合改革经验，汲取实践智慧，把握实践规律、升华实践成果，将深圳做法和发展经验模式化。例如，要形成打造高质量经济体系的深圳模式，全面深化改革的深圳模式、法治城市示范的深圳模式、超大型城市现代化治理的深圳模式，等等。未来要形成各个领域的深圳模式，唯其如此才能达到为国家破解发展难题探新路的目的，才能达到先行示范的目的。

二是优化央地互动推广机制。改革创新不仅仅是对改革的制度创新和体制机制创新，还包括对创新政策的采纳与沟通过程也即扩散过程。事实上，中国改革开放在40多年的历史进程中已经形成了"先试验、后推广"的改革模式。中国政府基于政策试验的"干中学"模式下，往往是由地方政府率先对政策进行试验、创新，然后

央地不断互动学习进行政策反复调试，最后中央从中吸取成功的经验形成规制化的政策在全国范围内施行。① 因此，中央在深圳综合改革创新扩散过程中起着主导性作用。一方面，深圳要增强综合改革的自主性，需要在中央政策鼓励的前提下立足于地方社会需求来主动创新、推动改革，在改革内容上提升更大的创新空间，加快形成新时代全面深化改革的深圳方案，在全国范围内形成更大的影响力。另一方面，也要加强央地互动。有学者进一步分析了创新扩散过程中的央地互动关系，指出："中央政府因缺乏制度创新的整体性知识而依赖于地方政府的知识积累和信息传递，也依赖区域发展来化解地方社会发展困境，但为了控制由过快而超前创新挑战滞后的整体体制所带来的政治风险，中央又需要调控地方政府的创新进程。"② 对于深圳综合改革试点而言，深圳所承担的是区域化改革创新的责任，应主导具有示范和扩散效应的改革制度创新。中央则需要推动全国范围内的有序扩散，将深圳综合改革经验汇入国家政策，及时转换成国家制度发展的内容并加以推广，从而有效回应深圳改革创新的绩效，也让其他地方政府有学习的激励和动力。

---

① 王厚芹、何精华：《中国政府创新扩散过程中的政策变迁模式——央地互动视角下上海自贸区的政策试验研究》，《公共管理学报》2021 年第 3 期。

② 韩福国：《从单点式、区域化到整体性的政府创新何以可能？——基于整体性扩散结构的分析》，《探索》2020 年第 1 期。

第十一章 理论诠释：深圳综合改革的运行机理与先行示范

　　中国综合改革试点路径的主导性力量总体上经历了"地方—国家"的阶段性位移，国家统筹、地方试验的试点式改革是现阶段全面深化改革的总体格局。为了深入回答全面深化改革过程中"如何推动国家统筹、地方试验的试点式改革"这个核心问题，本章深入探讨了深圳综合改革的运行微观机理与先行示范。在指导思想上，习近平总书记关于全面深化改革的重要论述为新征程上深圳综合改革提供了根本遵循。在央地关系模式上，深圳综合改革是一场自上而下、央地共演的改革试验，央地共同施策、央地联动推进、央地合法授权，并通过建立综合授权、清单授权和批量授权的授权机制，用足用好经济特区立法权和设区的市立法权的立法机制以及政治动员、全域参与和多元协调的组织机制，立体诠释了中央和地方之间如何进行相互赋能、相互适应、相互影响、互补互惠，充分展现了上下联动、央地互动、高效协同的全面深化改革机制的有效性。在改革方法论上，深圳综合改革正确处理顶层设计与基层探索的关系，正确处理法治和改革的关系，坚持以"开放倒逼改革"的发展路径，充分运用干部激励和容错纠错制度，在继续推进全面深化改革事业上作出了重要示范引领作用。进入新时代，必须更为准确全面认识中央对于深圳综合改革的战略定位及其先行示范价值意义，在新的历史起点上不负历史重托，发挥战略能动，推进改革发展。

第一节　全面深化改革指导思想：深圳 综合改革根本遵循

习近平总书记强调："我们的改革开放是有方向、有立场、有原则的。"① 党的十八大以来，习近平总书记以马克思主义政治家、思想家、战略家的深刻洞察力、敏锐判断力、理论创造力，深刻把握改革规律，深刻总结改革开放取得的宝贵经验，统筹国内国际两个大局，对全面深化改革提出一系列新理念新思想新战略。习近平总书记关于全面深化改革的重要论述，是我们党在改革理论上的重大升华，是指引全党全国人民开创改革开放新局面的行动指南，为新征程上深圳综合改革提供了根本遵循。

一　全面深化改革系统论的深圳演绎

习近平总书记指出："全面深化改革这项工程极为宏大，零敲碎打调整不行，碎片化修补也不行，必须是全面的系统的改革和改进，是各领域改革和改进的联动和集成，在国家治理体系和治理能力现代化上形成总体效应、取得总体效果。"② 全面深化改革是由若干领域的改革组成的复杂系统工程，包括经济体制、政治体制、文化体制、社会体制和生态文明体制这"五大体制"的改革。深圳综合改革综合改革试点并非单向改革，更非个别领域改革，而是全方位、全领域、全系统、全要素的改革试点。2020 年以来，深圳综合改革按照党中央的决策部署，与中国特色社会主义"五位一体"的总布局相适应，要求深圳立足于要素市场化配置、营商环境、科技创新体制、对外开放、公共服务体制、生态环境和城市空间治理 6 大方面、27 条改革举措和 40 条首批授权事项方面大胆探索，围绕

① 《习近平在广东考察时强调　增强改革的系统性整体性协同性　做到改革不停顿开放不止步》，《人民日报》2012 年 12 月 12 日第 1 版。

② 中共中央文献研究室编：《习近平关于全面深化改革论述摘编》，中央文献出版社 2014 年版，第 27 页。

经济、民主法治、文化、社会、生态、党建等诸多领域进行系统性改革，目的在于通过贯通各领域的全面综合改革试点，高水平为全国制度建设作出重要示范，不断为国家治理现代化贡献深圳的新智慧和新方案。

二 全面深化改革目标论的深圳演绎

习近平总书记指出："全面深化改革的总目标，就是完善和发展中国特色社会主义制度、推进国家治理体系和治理能力现代化。"[①] 全面深化改革的总目标，是改革根本方向与根本路径的有机统一。"完善和发展中国特色社会主义制度"规定了改革的根本方向，即中国特色社会主义道路，"推进国家治理体系和治理能力现代化"规定了在根本方向指引下完善和发展中国特色社会主义制度的鲜明指向和改革的根本路径。党的十八大提出中国特色社会主义道路、理论与制度"三足鼎立"的格局和经济、政治、文化、社会和生态文明建设"五位一体"布局，标志着中国特色社会主义制度进一步完善，这是中国 40 多年改革开放和现代化建设的成果。下一步如何发展中国特色社会主义道路？其根本路径是"推进国家治理体系和治理能力现代化"。进入新时代，中央先后选择不同区域开展全面深化改革的先行试点。先行示范区是深圳率先实现中国特色社会主义现代化的城市实践，是探索社会主义现代化新征程的又一试点。实施深圳综合改革试点则是新时代推动深圳改革开放再出发的又一重大举措，是建设中国特色社会主义先行示范区的关键一招，也是全面深化改革背景下创新改革方式方法的全新探索。实现深圳先行示范区"五个率先"目标需要综合改革试点攻坚突破。展示中国特色社会主义制度优势需要综合改革试点深化探索。创建社会主义现代化强国城市范例需要综合改革试点先行先试。只有全面完成深圳综合改革试点任务，为全国制度建设作出重要示范，才能进一步向世界展示我国改革开放的磅礴伟力、展示中国特色社会主义的光明前景。

---

① 《中共中央关于全面深化改革若干重大问题的决定》，《人民日报》2013 年 11 月 16 日第 1 版。

三　全面深化改革动力论的深圳演绎

习近平总书记强调："改革开放是亿万人民自己的事业，必须坚持尊重人民首创精神，坚持在党的领导下推进。必须坚持人民主体地位和党的领导的统一，紧紧依靠人民推进改革开放。"① 这一论述深刻阐明，只有在加强党的领导和紧紧依靠人民相结合的情况下，才能形成强大的改革动力，打赢全面深化改革这场攻坚战。当代中国改革的成功启动是党的领导和基层群众在互动过程中形成历史合力的结果。一方面，坚持加强党的领导。全面深化改革是一个复杂的系统工程，需要建立更高层面的领导机制。中央成立全面深化改革领导小组，负责改革总体设计、统筹协调、整体推进、督促落实，就是为了更好发挥党总揽全局、协调各方的领导核心作用，保证改革顺利推进和各项改革任务落实。这既说明领导力度是空前的，也表明我们党已经形成了新的改革领导体制。深圳综合改革是一场由党委领导、高规格推进的攻坚克难改革之路。在中央的全面领导、统筹规划下，以深圳综合改革试点为抓手，策划战略战役性改革，推动创造型、引领型改革，强化改革系统集成，加快形成全面深化改革新格局。另一方面，坚持"从群众中来，到群众中去"的群众路线，尊重基层群众的首创精神，这是全面深化改革动力论的学术表达。人民群众是中国共产党的力量源泉，人民立场是中国共产党的根本政治立场。习近平总书记指出："老百姓关心什么、期盼什么，改革就要抓住什么、推进什么，通过改革给人民群众带来更多获得感。"② 要紧紧依靠人民推动改革，以最大公约数的思想方法研究问题、解决问题，聚合众力、融合众智，就将形成强大的改革合力和持久的改革动力。深圳综合改革在改革动力上，坚持加强党的领导和尊重人民首创精神相结合。事实上，也只有把加强党的领导和紧紧依靠人民相结合，才

---

① 中共中央宣传部：《习近平总书记系列重要讲话读本》，人民出版社 2016 年版，第 67—100 页.

② 《习近平主持召开中央全面深化改革领导小组第二十三次会议强调　改革既要往增添发展新动力方向前进也要往维护社会公平正义方向前进》，《人民日报》2016 年 4 月 19 日第 1 版。

能赢得这场改革攻坚战。党的领导为基层探索提供政治保障、指引前进方向，基层实践则推动顶层设计"落地生根"。

第二节　央地关系新模式：深圳综合改革的央地共演机理

改革开放以来中央与地方关系的演进，是以政府与市场、政府与社会关系的深刻变革为基础的。在波澜壮阔的改革进程中，面对经济社会各领域相互关联、复杂且具有多样性的诸多问题，如何通过中央与地方关系适时、动态的调整来适应、引领和推动各领域改革，是 40 多年来中央与地方关系改革面临的基本任务。[①] 就中国之治为什么能成功的举世瞩目话题，有学者运用横向共演理论来解开中国国家主导式经济增长过程的谜团，提出制度和市场互嵌、互动、互塑共同作用的"共演理论"，强调"引导创变"是中国改革的独特发展模式；[②] 也有学者提出，央地纵向共演理论作为理解中国之治深圳样本的新解释框架，认为中央通过经济放权、政治授权和社会赋权极大地增强了深圳在经济、政治和社会领域的自主性，深圳 40 多年的改革开放成功塑造了一条中央持续放权与深圳增量贡献之间正向反馈—双向强化的纵向共演路径。[③] 深圳综合改革的实践探索，彰显了央地共演微观机理，立体诠释了中央和地方之间如何进行相互赋能、相互适应、相互影响、互补互惠关系。

一　深圳综合改革的央地共演过程

深圳经济特区设立之后，中央对深圳进行经济改革、政治和行政体制改革等多轮政策试点、深圳不负众望向上予以高质量的改革绩效反馈和试验贡献递增，并进一步赢得了中央的信任、支持和再

---

① 张斌：《央地关系的演进脉络》，《人民论坛》2018 年第 33 期。
② 洪源远、马亮：《中国如何跳出贫困陷阱》，《读书》2018 年第 10 期。
③ 倪星、郑崇明、原超：《中国之治的深圳样本：一个纵向共演的理论框架》，《政治学研究》2020 年第 4 期。

授权。在多轮政策试点经验基础上，中央再次放权和再次试点，赋予深圳更多的改革权力和先行先试范围。由此，2020 年 10 月 11 日，《深圳建设中国特色社会主义先行示范区综合改革试点实施方案（2020—2025 年）》应运而生。自 2020 年 10 月综合改革试点方案发布以来，深圳综合改革是自上而下、从中央到广东省到深圳市层层推进，并呈现出央地共演的全新改革面貌。在中央与深圳的纵向共演过程中，呈现出一个完整的逻辑链条，即中央提出改革试点期待、进行政策试点，以清单批量授权方式赋予深圳在重要领域和关键环节改革上更多自主权，但不同于以往政策试点的是这一次授权改革采用了综合授权、清单授权和批量授权的授权机制。而深圳积极抓住机遇全市动员、全域参与、全链条链接启动综合改革试点工作，坚持把国家重大改革战略与深圳先行示范区建设的改革需求有机结合，并全程通过视频例会、专题调研、信息传递、绩效反馈、策略互动等方式加强央地协同联动。2021 年 7 月，国家发展改革委发文推广 47 条"深圳经验"。2021 年 10 月，首批 40 条授权事项中 22 条已经正式落地并取得实质进展。2022 年 4 月，深圳综合改革试点首批 40 条授权事项已全面落地实施。深圳综合改革试点一年多的实践进程中，深圳积极向中央进行改革绩效反馈，得到中央充分肯定和信任并给予政治合法性支持和制度复制推广，同时进行深圳改革政策试点的增量式调整。按照阶段性目标计划，到 2025 年，重要领域和关键环节改革取得标志性成果，基本完成试点改革任务，为全国制度建设作出重要示范。由此可见，深圳综合改革是一场自上而下、央地共演的试点改革试验。

二　深圳综合改革的央地共演特征

一是央地共同施策，充分发挥了中央和地方两个积极性。中国特色政策试点的优越性体现在，其特有的央地互动机制在推动组织变革、治理结构优化、制度再设计和治理效能方面能够发挥重要作用。[①]《深圳建设中国特色社会主义先行示范区综合改革试点实施方

① 刘鑫、穆荣平：《基层首创与央地互动：基于四川省职务科技成果权属政策试点的研究》，《中国行政管理》2020 年第 11 期。

案（2020—2025 年）》政策的制定，事实上是一个"央地互动型"政策制定的过程。深圳综合改革是基于深圳制度创新经验基础上，从国家和省、市等层面广泛征集论证试点项目，中央集权下与地方政府进程充分交流互动，经过中央与地方的双向互动与博弈，达致一个互为接受的改革授权清单和改革试点方案。这是一场由中央、广东省和深圳市共同施策、共同导演、共同推动的一个改革政策试验，是一场顶层设计下的改革试点创新，也是一场中央授权下的改革试点创新，呈现出"中央驱动、地方行政主导、央地互动"等特点。

二是央地联动推进，赋予了深圳综合改革先行示范的核心动力。新时代的改革不再局限于一城一域，不再是"单兵突进"。相对于"摸着石头过河"的探索性、实验主义改革，深圳的综合授权改革试点，探索了一条中央顶层设计与地方试点试验紧密结合、上下互动与高效合作的央地协同联动改革模式，这是纵向府际关系演变的新进展，将为全国政策创新和改革试点走出一条新路。其一，深圳综合改革建立了央地协同改革的政策对话沟通、信息传递、互鉴学习机制。深圳综合改革试点实施以来，央地间频繁互动、协同发力，在综合改革内容、实践困难、取得绩效等方面进行了有效畅通政策沟通和反馈。与此同时，地方政府之间也会开展形式多样的横向交流和学习，中央既是深圳经验的验收吸纳者，也是横向政府间学习的推动者，形成央地之间及地方政府间互鉴学习、你追我赶的全面深化改革新格局。另外，通过授权放权实现"上下"协同联动。深圳综合改革央地共演在具体路径上体现为"顶层设计—中央授权—地方试验—反馈指导—制度推广—立法巩固"的央地协同联动改革模式，这是试点改革创新扩散的作用理路，也是增强改革的系统性整体性协同性的创新路径。中央向深圳进行综合授权，深圳开展改革创新试点实验，并频繁与中央互动、向中央反馈授权运行情况。中央基于深圳试点实验进行制度再设计，并将成熟的经验进行提炼和固化形成顶层设计下完备的一套综合改革示范方案，在其他地方政府乃至全国范围进行创新扩散和复制推广，待全国范围内复制推广形成了更加成熟的改革经验时再进行立法巩固。

　　三是央地合法授权，保证了综合改革央地权力配置的灵活性和规范性。综合改革授权清单是央地共演的主要表现形式。其中，正面权力清单表明了深圳综合改革央地共演的制度属性与规范属性，表明中央授权给深圳进行重要领域和关键环节改革具有权力的合法性和规范性来源。而既然这种授权改革是以"清单"的形式来确认，那么表明这种央地授权关系和授权范围也具有变动性特征，在遵循宪法和相关法律法规原则基础上，保留了一定的改革权力配置的灵活性和授权调整的空间，也保证了深圳综合改革的因地制宜变通性和灵活性。

三　深圳综合改革的央地共演机制

　　一是建立了综合授权、清单授权和批量授权的授权机制。深圳综合改革试点突破"一时一地一事一议"传统模式，采用综合授权、清单授权和批量授权等授权机制，这是改革方法论的全新实践。综合授权有别于此前改革试点通常实行的"一事一议、层层审批、逐项审核"的授权方式，是在中央改革顶层设计和战略部署下，以事项清单为形式、采用批量报批的方式来授权深圳推动重点领域和关键环节改革。除明确要报批的事项，其他不再逐项报批，这种方法本身就是重要的改革。首先，综合授权不同于"一事一议"的碎片化单项授权，而是对某个政策领域的全面授权。综合授权改革所开启的授权式治理是"一揽子"的授权，等于是中央政府对深圳市的完全委托，这意味着从功能区的单一授权转向示范区全方位的综合授权。[①] 其次，综合授权主要是"正面清单"，即明确深圳可以做什么，而不是"负面清单"。采取批量授权而非"一事一议"的系统方式，有利于简化改革授权流程，推动粗放型改革向精细化改革转变。再次，确立了"五年一方案、方案加清单"的滚动推进方式，以降低深化改革成本与风险的方式来提高改革的绩效扩散与创新制度辐射力。综合授权、清单授权和批量授权的授权机制同时也保证了深圳改革的自主性和统筹性，在策略上坚持改革的系

---

① 马亮：《深圳综合授权改革的现状、问题与前景》，《特区实践与理论》2021 年第 4 期。

统集成协同高效，有利于实现改革目标集成、政策集成、效果集成。

　　二是建立了用足用好经济特区立法权和设区的市立法权的立法机制。用足用好经济特区立法权和设区的市立法权是中央赋予深圳改革创新的一个关键权力保障。回顾深圳发展历程，拥有特区立法权是深圳特区改革发展的重大优势。特区的最大特点、特区之"特"就在于特区立法权。经济特区立法权是我国地方立法权中一种特殊且重要的表现形式，其根本特征是立法变通权。《中共中央　国务院关于支持深圳建设中国特色社会主义先行示范区的意见》要求深圳用足用好经济特区立法权，在遵循宪法和法律、行政法规基本原则前提下，立足改革创新实践需要，根据授权对法律、行政法规、地方性法规作变通规定。《深圳建设中国特色社会主义先行示范区综合改革试点实施方案（2020—2025年）》亦明确，要用足用好经济特区立法权，充分发挥立法引领和推动作用，为深圳综合改革试点提供强大法治保障。经济特区立法权和设区的市立法权的立法机制，既要服务先行示范区战略定位需要，又要服务于深圳综合改革试点和深化改革开放的需要，在要素市场化配置、创新链产业链融合发展、高水平开放型经济、生态环境和城市空间治理等重要领域深化立法探索，持续强化与深圳综合改革试点相配套的法治保障。

　　三是建立了政治动员、全域参与和多元协调的组织机制。任何一项具体改革都会"牵一发而动全身"。深圳综合改革采取政治动员、全域参与和多元协调等组织机制，而非局部改革的系统方式，重塑改革中的国家、地方与社会的场域建构，有利于更有力地支持深圳全面深化改革的系统集成协同高效，这是增强改革的系统性整体性协同性的组织保障。在推进机制上，探索建立中央统筹、全省动员、全域参与、全链条衔接的机制，形成了"部省市区"联动的改革新格局。在部委层面，由国家发展改革委牵头，统筹组织相关部委对文件试点给予全方位支持和指导，统筹推进深圳综合改革试点涉及法律法规调整工作，统筹协调解决推进中存在的问题。在省级层面，以省委全会规格召开推进会全面动员部署，计划将一批升级行政职权事项委托深圳实施，出台省级层面任务分工方案、支持深圳综合改革试点若干措施等文件，建立健全省级部门特事特办机制和绿色通道制度，为深圳开展综合改革试点创造良好条件。在深圳层面，深圳敏锐识别机会，抓住机遇，大胆突破，坚持以党委全面领导改革的政治轴心，全面动员各区、各涉改单位以及广大党员干部，对标对表试点要求，对准难题的"城墙口"冲锋，深入谋划、大力推进全面改革和基层改革，最大限度提升改革推进强度。

第三节　全面深化改革方法论：深圳综合改革的成功经验

　　坚持正确的方法论是关键的一环。深圳着眼于探索系统集成协同高效的改革新模式、发挥综合授权改革在继续推进全面深化改革事业上的示范引领作用，不断激发深圳综合改革试点作为创新改革方式方法的强大生命力。深圳综合改革实践探索中，也灵活运用改革方法，既先行先试、先易后难，又统筹谋划、协同推进。

一　正确处理顶层设计与基层探索的关系

　　"由上至下"的顶层设计与"由下至上"的基层创新相结合是全面深化改革之深圳样本的重要解释视角。深圳综合改革试点是自上而下与自下而上相结合的重大改革，是央地协同推动重大改革、发挥两个积极性的生动实践。一方面，深圳综合改革遵循了由中央政府提出并主导的"顶层设计"改革推进模式。在中央改革顶层设计和战略部署下，围绕"国家所需""深圳所能""问题所向"，在国家和省、市层面广泛征集改革项目建议，共同开展调查研究论证，以清单批量申请授权方式，赋予深圳在重点领域和关键环节改革上更大的自主权，"一揽子"推出27条改革举措和40条首批授权事项。这是推动深圳"试验田"里育出的"种子"在更大范围"播种"，为宏观大局"稳"、局部地区"闯"、带动全国层面"进"提供经验借鉴。另一方面，深圳综合改革也遵循了"基层首创"政策试点精神，这也是新时代中国推进全面深化改革进程中的重要表征之一。改革步入新时代，深圳基层首创为上级决策者和政策倡导者提供了灵感，是政策、体制演变的动力源。富有首创精神的深圳基层通过自发创新勇于啃改革硬骨头、填补制度空白。例如，2021年，福田区作为全市唯一上榜区荣获"平安中国建设示范县"，也是全市唯一的国家基本公共服务标准化综合试点单位；罗湖区荣获"2021年度中国营商环境百佳示范县市"第一名；盐田区高质量完成国际航行船舶保税燃料油加注综合改革试点项目，高标准实施中国特色和谐劳动关系综合配套试点；等等。面向未来，深圳综合改革更要关注社会需求，高度重视人民群众的合理要求，调动人民群众对各项改革事业的支持和参与改革的热情。要重视自上而下顶层设计和自下而上基层声音的有机结合，既重视改革试点的基层探索，也重视对改革进行统筹规划和顶层设计，提升全面深化改革的系统性、整体性、协同性。此外，还要扩大公众参与面，重视社会组织对改革的推动力量，加快培育作为改革推动者中坚力量的社会组织。

二　正确处理法治和改革的关系

虽然中央给深圳综合改革定调的改革框架赋予了深圳"看似无边界"的创新空间和试错空间，但是法治（法律）是改革创新试错的边界。正确处理法治和改革的关系是改革开放40多年来深圳特区改革成功的最重要经验之一。深圳的奇迹很多大程度上得益于两个权力，深圳特有的用足用好经济特区立法权和设区的市立法权以及各项政策叠加背景下的制度创新与先行先试权，以"法治之轮"保障"改革之轮"，这是深圳改革发展最大的优势。习近平总书记强调："改革与法治如鸟之两翼、车之两轮。要坚持在法治下推进改革，在改革中完善法治。改革和法治是相辅相成、相伴而生的，不可偏废其一或将二者分割开来。"① 事实上，深圳在整个改革过程中，都非常重视运用法治思维和法治方式，从过去"先改革后立法""边改革边立法"，再到今天"用立法引领改革"，深圳在改革

---

① 习近平：《加强党对全面依法治国的领导》，《求是》2019年第4期。

开放最前沿阵地上努力践行"重大改革须于法有据"重大思想，充分发挥了立法对改革的引领和推动作用，让改革决策与立法决策同频共振。深圳牢守科学立法第一法则，坚持于法有据、立法先行和变通创新三大原则，用好用足经济特区立法权以助推改革创新，探索"在法治下推进改革、在改革中完善法治"的深圳特色，通过立法手段为深圳综合改革扫除障碍并注入强大支持力，为改革和法治同步推进、依靠法治增强改革的穿透力提供经验借鉴。

三　坚持以"开放倒逼改革"的发展路径

邓小平指出，对外开放也是改革的内容之一，总的来说，都叫改革。① 深圳改革开放 40 多年形成了一种"以开放倒逼改革"的机制，成功探索出一条"以开放促改革"的"大开发大开放"发展路径。"深圳奇迹"的密码之一是把原来封闭性转变成开放性，发动体制机制革新，通过一步一步改革释放一批一批竞争优势。从深圳综合改革的战略定位来看，深圳综合改革试点工作以及深圳"先行示范区"建设工作都是国家改革开放伟大事业中的开放战略，目的是在更高起点、更高层次、更高目标上推进改革开放，形成全面深化改革、全面扩大开放的新格局。因此，深圳综合改革依然走的是一条全面开发开放与全面深化改革并轨的发展道路。

四　充分运用干部激励和容错纠错制度

建立切实有效的激励约束和容错纠错机制，是新时代推动全面深化改革进程不断深入的重要机制性保证，② 也是激发改革动力的攻坚推进机制。习近平总书记在党的十九大报告中明确提出，要建立激励机制和容错纠错机制，旗帜鲜明为那些敢于担当、踏实做事、不谋私利的干部撑腰鼓劲。深圳综合改革建立了全域参与、以考核晋升为核心的政治激励机制和容错纠错机制，有助于更好地配

---

① 曲青山：《邓小平改革思想及其现实意义》，《人民日报》2014 年 8 月 19 日第 7 版。

② 万庄：《关于完善干部激励约束和容错纠错机制的几点探讨》，《中国行政管理》2018 年第 10 期。

合全面深化改革战略的推进和实施，也有助于发力整治全面从严治党高压下少数干部在深圳改革攻坚战中不担当、不作为现象。一是健全正向政治激励机制。综合改革试点实施以来，深圳高规格召开综合改革试点攻坚推进大会，实施"百名干部破百题"专项行动，设立深圳综合改革试点突出贡献奖，对行动中表现突出且一贯优秀的干部给予通报表扬，并通过优先选拔任用等方式加强结果运用，切实激发全市广大干部投身改革攻坚的热情。各区主动担当、积极作为，对标对表试点要求，深入谋划、大力推进基层改革，积极承担试点任务，主动争取首批授权清单改革事项在本区域率先落地见效，掀起了"想改革、敢改革、善改革"的新热潮。二是探索建立改革容错纠错机制，牢固树立"允许改革有失误，但决不允许不改革"的鲜明导向。过去谈改革不作为，并非地方领导干部不愿意作为，而是因为改革作为缺乏法律基础做支撑，改革缺乏集权来破除改革硬骨头阻力，改革受到"终身责任制"约束，等等。深圳综合改革所建立的容错纠错机制，是宽容干部失误错误、鼓励干部改革创新的重要保障，中央以适度放权和包容失败的胸怀态度来鼓励地方进行改革创新、运行地方进行改革变通，这也是中国特色政策试点的一大特色。例如，2021年出台了《南山区支持改革创新落实容错纠错机制实施办法》，之后又推出首批容错纠错正面清单20条来健全改革激励容错机制，通过菜单式的列举方式，让容错纠错范围一目了然、清晰可见，鼓励激发干部在综合改革的重点领域、关键环节、重点工作中锐意进取、主动担当作为。

第四节　历史重托、战略能动：深圳综合改革的先行示范

推动深圳综合改革试点建设，是发挥好深圳在全国改革开放排头兵作用的重大举措，是支持深圳建设中国特色社会主义先行示范区的关键一招，是坚定不移深化改革开放的重要宣示，也是全面深化改革方式方法的全新探索。深刻领会党中央支持深圳实施综合改

革试点的战略意图发现，深圳综合改革试点站位在于国家、内涵在于综合、核心在于授权、目标在于示范。进入新时代，必须更为准确全面认识中央对于深圳综合改革的战略定位及其先行示范价值意义，在新历史起点上不负历史重托、发挥战略能动、推进改革发展。

一　实施深圳综合改革试点是新时代推动深圳改革开放再出发的又一重大举措

深圳综合改革试点给予了深圳充分的改革探索空间，是具有超前性、开拓性、试验性的改革，是率先涉"深水区"、闯"无人区"的攻坚改革，昭示着深圳改革开放的使命更崇高、责任更重大。一是中国特色社会主义进入新时代要求深圳延续历史使命。深圳是改革开放后党和人民一手缔造的崭新城市，是中国特色社会主义在一张白纸上的精彩演绎，进入新时代，在中央顶层设计和战略部署下实施深圳综合改革试点，一以贯之的是为党和国家事业开路探路的崇高使命，必须争当开拓进取的改革者，不做安于现状的守成者，提振将改革开放进行到底的精气神。二是坚定不移深化改革开放要求深圳当好重要窗口。深圳是中国改革开放的重要起源地和新时代全面深化改革的重要宣示地，面对时代洪流、国家宏愿，更要胸怀"两个大局"，心怀"国之大者"，持续向改革要动力、向开放要活力，继续当好向世界展示我国改革开放成就和国际社会观察我国改革开放的重要窗口。三是应对外部风险挑战要求深圳提高斗争本领。深圳处在改革开放最前沿，面临更为严峻的逆风逆水国际环境，必须切实提高全面深化改革的战略性、前瞻性、针对性，防范化解重大风险，在各种可以预见和难以预见的惊涛骇浪中增强生存力、竞争力、发展力、持续力。

二　实施深圳综合改革试点是建设中国特色社会主义先行示范区的关键一招

深圳先行示范区建设是中国特色社会主义进入新时代的全新课题，要求深圳用好用足综合改革试点这一重要法宝率先破题，为中国特色社会主义为什么"好"作出响亮回答。一是实现深圳先行示范区"五个率先"目标需要综合改革试点攻坚突破。以试点实施为契机，紧紧围绕高质量发展高地、法治城市示范、城市文明典范、民生幸福标杆和可持续发展先锋的战略定位，系统性破解改革难题和体制机制问题，推进治理体系和治理能力现代化，充分释放城市发展潜力活力动力。二是展示中国特色社会主义制度优势需要综合改革试点深化探索。着眼于进一步解放和发展社会生产力、充分释放全社会创造活力，通过试点不断探索完善各项行之有效的制度安排，使改革更加符合经济社会发展新要求、符合人民群众新期待，更加有力地彰显中国特色社会主义制度的强大优势。三是创建社会主义现代化强国城市范例需要综合改革试点先行先试。深圳处于高位过坎的发展阶段，面对各类资源要素约束更紧等现实挑战，需要聚焦社会主义现代化强国目标，提高试点的综合效能，加快成为竞争力、创新力、影响力卓著的全球标杆城市。

三　实施深圳综合改革试点是创新改革方式方法的全新探索

深圳综合改革试点突破了改革的传统模式，确立了"五年一方案、方案加清单"的滚动推进方式，没有先例可循，要求深圳自觉担当为全面深化改革蹚出新路子、积累新经验的使命。一是路径上坚持摸着石头过河和加强顶层设计相结合。在《实施方案》总体框架下，按照党中央改革顶层设计和战略部署，从国家和省、市等层面广泛征集论证试点项目，解放思想、守正创新，既确保改革始终沿着正确的方向和道路前进，又敢于越过因循守旧的"大山"、跨过思维定式的"沟壑"。二是策略上坚持改革的系统集成协同高效。突出改革系统性、整体性、协同性，注重全局和局部相配套、治本和治标相结合，先立后破、有序推进，让各项改革前后呼应、相互配合、积厚成势，实现改革目标集成、政策集成、效果集成。三是保障上坚持在法治轨道上推进改革。持续强化与深圳综合改革试点相配套的法治保障，做好试点与法律法规调整适用的衔接，在法治下推进改革、在改革中完善法治，为改革和法治同步推进、依靠法治增强改革的穿透力提供经验借鉴。

四　实施深圳综合改革试点必须高水平为全国的制度建设作出示范

实施深圳综合改革试点先行示范效应的核心是制度示范，形成面向全国可复制可推广的制度经验。在推进综合改革试点过程中，深圳形成全过程创新生态链、实体经济高质量发展、制度型开放新格局、公共服务供给体制、城市治理体系和治理能力现代化 5 个领域 47 条创新举措和经验做法，经国家发展改革委鼓励向全国复制推广①。面向未来，不断把深圳综合改革试点向纵深推进，全面完成深圳综合改革试点任务，要持续将创新实践转化为制度经验，为全国制度建设作出重要示范，为全面推进社会主义现代化强国建设提供源源不断的参考范例，进一步向世界展示我国改革开放的磅礴伟力、展示中国特色社会主义的光明前景。

---

① 《深圳综合授权改革试点取得阶段性成效》，https：//www. ndrc. gov. cn/fggz/tzgg/ dfggjx/202108/t20210827_1294979. html？ code ＝ &state ＝ 123，2021 年 8 月 27 日。

主要参考文献

中文著作

《邓小平文选》第 3 卷，人民出版社 1993 年版。

习近平：《决胜全面建成小康社会　夺取新时代中国特色社会主义伟大胜利——在中国共产党第十九次全国代表大会上的报告》，人民出版社 2017 年版。

习近平：《论坚持全面依法治国》，中央文献出版社 2020 年版。

白天、李小甘、段亚兵：《深圳精神文明建设（文件集）》，海天出版社 1999 年版。

本书编委会：《中共中央关于坚持和完善中国特色社会主义制度、推进国家治理体系和治理能力现代化若干重大问题的决定》，人民出版社 2019 年版。

本书编委会：《中共中央国务院关于支持深圳建设中国特色社会主义先行示范区的意见》，人民出版社 2019 年版。

本书编写组：《城市基层党建工作问答》，党建读物出版社 2017 年版。

车秀珍等：《深圳生态文明建设之路》，中国社会科学出版社 2018 年版。

陈家喜、黄卫平等：《深圳经济特区的政治发展（1980—2010）》，商务印书馆 2010 年版。

顾平安主编：《简政放权与行政审批制度改革》，国家行政学院出版社 2016 年版。

胡锦：《一核多元：南山社区治理模式创新》，海天出版社 2015 年版。

李丹舟:《新城市·新文化:深圳城市更新背景下文化嵌入机制与路径研究》,中国社会出版社 2019 年版。

李醉吾:《深圳经济特区体制改革的回顾》,《深圳文史》第 2 辑,海天出版社 2000 年版。

欧阳志云等:《面向生态补偿的生态系统生产总值(GEP)和生态资产核算》,科学出版社 2018 年版。

彭立勋:《文化强市建设与城市转型发展:2011 年深圳文化蓝皮书》,中国社会科学出版社 2011 年版。

《中共中央关于全面深化改革若干重大问题的决定》,人民出版社 2013 年版。

《法治政府建设实施纲要 (2021—2025)》,人民出版社 2021 年版。

深圳年鉴编辑委员会:《深圳年鉴 (2001)》,深圳年鉴社 2001 年版。

深圳市史志办公室编:《中国经济特区的建立与发展 深圳卷》,中国党史出版社 1997 年版。

深圳市统计局:《深圳统计年鉴 2021》,中国统计出版社 2021 年版。

王京生:《城市文化"十大愿景"》,中国人民大学出版社 2015 年版。

王京生:《观念的力量》,人民出版社 2012 年版。

王京生:《文化的魅力》,人民出版社 2014 年版。

王京生:《我们需要什么样的文化繁荣》,社会科学文献出版社 2014 年版。

王京生:《中国文化的历史流变与当今的文化选择》,红旗出版社 2014 年版。

王京生编:《文化流动与文化创新研究报告》,广东人民出版社 2016 年版。

王京生等:《"双创"何以深圳强?》,海天出版社 2017 年版。

魏礼群、汪玉凯:《中国行政体制改革报告 (2014—2015)》,社会科学文献出版社 2015 年版。

温诗步编:《深圳文化变革大事》,海天出版社 2008 年版。

吴曼青:《物联网与公共安全》,电子工业出版社 2012 年版。

吴松营、段亚兵：《深圳精神文明建设》，海天出版社 1996 年版。

薛焱：《深圳先行示范区建设研究》，社会科学文献出版社 2021
　　年版。

张军：《深圳奇迹》，东方出版社 2019 年版。

中共中央文献研究室：《邓小平建设有中国特色社会主义论述专题摘
　　编》，中央文献出版社 1995 年版。

中译著作

［英］查尔斯·兰德利：《创意城市：如何打造都市创意生活圈》，
　　杨幼兰译，清华大学出版社 2013 年版。

［美］道格拉斯·C. 诺思：《制度、制度变迁与经济绩效》，杭行
　　译，格致出版社 2008 年版。

［美］博高义：《先行一步：改革中的广东》，凌可丰、宁安华译，
　　广东人民出版社 2008 年版。

［法］尼古拉斯·布里欧：《关系美学》，黄建宏译，金城出版社
　　2013 年版。

［美］乔尔·科特金：《全球城市史》，王旭译，社会科学文献出版
　　社 2010 年版。

［德］乌尔里希·贝克：《风险社会》，何博闻译，译林出版社 2004
　　年版。

中文期刊

习近平：《坚定不移走中国特色社会主义法治道路　为全面建设社会
　　主义现代化国家提供有力法治保障》，《求是》2021 年第 5 期。

习近平：《推进全面依法治国　发挥法治在国家治理体系和治理能力
　　现代化中的积极作用》，《求是》2020 年第 22 期。

安淑新：《促进经济高质量发展的路径研究：一个文献综述》，《当
　　代经济管理》2018 年第 9 期。

本刊编辑部：《如何打开新时代中国经济高质量发展之路》，《财政
　　监督》2018 年第 5 期。

［俄］В. Я. 波尔佳科夫、С. В. 斯捷帕诺夫：《中国的经济特区》，
项国兰编译，《马克思主义与现实》2000 年第 5 期。

陈昊：《"一街一站"让深圳大气治理走向精细化》，《环境》2018
年第 10 期。

陈家喜、焦嘉欣：《制度优势转为治理效能：深圳经济特区 40 年的
发展之道》，《特区实践与理论》2020 年第 4 期。

陈家喜、林电锋：《城市社区的协商治理模式：实践探索与理论反
思——基于深圳市南山区"一核多元"社区治理创新的个案观
察》，《社会治理》2015 年第 1 期。

陈家喜、邱佛梅：《主动式、递阶式、渐进式：政党引领中国式现代
化的展开逻辑》，《科学社会主义》2022 年第 2 期。

陈坚等：《改革开放的启动与"摸着石头过河"》，《共产党员》
2018 年第 19 期。

陈世香、唐玉珍：《政务微信提升公共文化服务效能的模式分析——
深圳"南山文体通"的个案研究》，《图书情报工作》2020 年第
17 期。

董战峰等：《深圳生态环境保护 40 年历程及实践经验》，《中国环境
管理》2020 年第 6 期。

冯俏彬：《我国经济高质量发展的五大特征与五大途径》，《中国党
政干部论坛》2018 年第 1 期。

冯双剑、张佳轩、李哲帅：《以智慧应急推动城市安全发展——华为
"安全智能体"助力提升城市"免疫力"记事》，《中国应急管
理》2021 年第 1 期。

韩福国：《从单点式、区域化到整体性的政府创新何以可能？——基
于整体性扩散结构的分析》，《探索》2020 年第 1 期。

洪源远、马亮：《中国如何跳出贫困陷阱》，《读书》2018 年第
10 期。

黄玲：《从深圳历次修志看深圳历史》，《广东史志》2002 年第
2 期。

金碚：《关于"高质量发展"的经济学研究》，《中国工业经济》
2018 年第 4 期。

金元浦：《创意经济是 5G 背景下粤港澳大湾区综合融会发展的头部经济》，《深圳大学学报》（人文社会科学版）2019 年第 3 期。

李凤亮、潘道远：《文化自信与新时代文化产业的功能定位》，《深圳社会科学》2018 年第 1 期。

李凤亮、谢仁敏：《文化科技融合：现状·业态·路径——2013 年中国文化科技创新发展报告》，《福建论坛》（人文社会科学版）2014 年第 12 期。

李凤亮、宗祖盼：《文化与科技融合创新：演进机理与历史语境》，《中国人民大学学报》2016 年第 4 期。

李蕾蕾、张晗、卢嘉杰等：《旅游表演的文化产业生产模式：深圳华侨城主题公园个案研究》，《旅游科学》2005 年第 19 期。

李冉：《深刻认识和把我以人民为中心的发展思想》，《马克思主义研究》2017 年第 8 期。

林兆木：《关于我国经济高质量发展的几点认识》，《求是》2018 年第 3 期。

刘鑫、穆荣平：《基层首创与央地互动：基于四川省职务科技成果权属政策试点的研究》，《中国行政管理》2020 年第 11 期。

罗梁波：《"互联网＋"时代国家治理现代化的基本场景：使命、格局和框架》，《学术研究》2020 年第 9 期。

马亮：《深圳综合授权改革的现状，问题与前景》，《特区实践与理论》2021 年第 4 期。

毛少莹：《深圳文化产业 40 年发展历程及主要成就》，《深圳社会科学》2020 年第 5 期。

倪星、郑崇明、原超：《中国之治的深圳样本：一个纵向共演的理论框架》，《政治学研究》2020 年第 4 期。

欧玉阳：《深圳特区现状与经济体制改革》，《中南财经政法大学学报》1985 年第 1 期。

任保平、李禹墨：《新时代我国高质量发展评判体系的构建及其转型路径》，《陕西师范大学学报》（哲学社会科学版）2018 年第 3 期。

申海成、陈能军、张蕾：《深圳文化金融全产业链平台构建路径研究》，《现代管理科学》2018 年第 12 期。

万庄：《关于完善干部激励约束和容错纠错机制的几点探讨》，《中国行政管理》2018 年第 10 期。

王厚芹、何精华：《中国政府创新扩散过程中的政策变迁模式——央地互动视角下上海自贸区的政策试验研究》，《公共管理学报》2021 年第 3 期。

王京生：《文化与科技结合的深圳之路》，《艺术百家》2013 年第 1 期。

王为理：《深圳城市文化标签与符码分析》，《南方论丛》2007 年第 3 期。

王阳、洪晓苇、李知然：《德国住房保障制度的演进、形式、特征与启示》，《国际城市规划》2021 年第 4 期。

魏志奇：《社会主要矛盾变化对共享发展的新要求》，《当代世界社会主义问题》2019 年第 1 期。

肖明：《"先行先试"应符合法治原则——从某些行政区域的"促进改革条例"说起》，《法学》2009 年第 10 期。

谢志岿、李卓：《移民文化精神与新兴城市发展：基于深圳经验》，《深圳大学学报》2017 年第 5 期。

杨伟民：《贯彻中央经济工作会议精神推动高质量发展》，《宏观经济管理》2018 年第 2 期。

余斌：《经济高质量发展阶段中的转型升级与挑战》，《中国经贸导刊》2018 年第 3 期。

禹明：《率先实现"劳有厚得"在收入分配制度改革上先行示范》，《特区实践与理论》2020 年第 1 期。

张富文：《论"以人民为中心"思想的基本向度》，《科学社会主义》2017 年第 2 期。

张远新：《习近平关于保障和改善民生的理论创新要论》，《思想理论教育导刊》2020 年第 2 期。

赵宇峰：《城市治理新型态：沟通、参与与共同体》，《中国行政管理》2017 年第 7 期。

周叶中、闫继刚：《论习近平法治思想的原创性贡献》，《中共中央党校（国家行政学院）学报》2021 年第 6 期。

左雨晴：《夜间经济：灯火下的城市发展新风口》，《新产经》2019
　年第 9 期。

中文报纸

习近平：《在深圳经济特区建立 40 周年庆祝大会上的讲话》，《人民
　日报》2020 年 10 月 15 日第 2 版。

《习近平春节前夕赴四川看望慰问各族干部群众》，《人民日报》
　2018 年 2 月 14 日第 2 版。

《习近平主持召开中央全面深化改革委员会第七次会议强调　把稳
　方向突出实效全力攻坚　坚定不移推动落实重大改革举措》，《人
　民日报》2019 年 3 月 20 日第 1 版。

《习近平在广东考察时强调　高举新时代改革开放旗帜　把改革开
　放不断推向深入》，《人民日报》2018 年 10 月 26 日第 1 版。

陈家喜：《把制度优势转为治理绩效》，《光明日报》2020 年 8 月 25
　日第 6 版。

《打造非公党建"深圳标杆"》，《深圳特区报》2022 年 7 月 1 日第
　B11 版。

《谷牧向六届人大常委会第九次会议报告经济特区建设和沿海十四
　个城市进一步开放工作情况》，《人民日报》1985 年 1 月 18 日第
　1 版。

胡键：《改革不停顿　开放不止步——习近平总书记考察广东纪实》，
　《南方日报》2012 年 12 月 13 日第 1 版。

黄玮、程昆：《深圳融媒致敬盛典举行　打造"融媒爆款"秘诀在
　此揭开》，《南方都市报》2019 年 8 月 1 日第 1 版。

解树森：《我市创新司法保障　助力营造国际一流营商环境》，《深
　圳特区报》2022 年 5 月 14 日第 1 版。

兰红光：《习近平在广东考察时强调　增强改革的系统性整体性协同
　性　做到改革不停顿开放不止步》，《人民日报》2012 年 12 月 12
　日第 1 版。

马培贵、何龙：《前海发布 2019 年标志性制度创新成果》，《深圳特区报》2020 年 5 月 8 日第 3 版。

王斗天、肖兵峰：《全国夜经济 罗湖列第八》，《深圳商报》2021 年 12 月 7 日第 3 版。

王伟中：《牢记嘱托 勇担使命 奋力建设好中国特色社会主义先行示范区》，《深圳特区报》2021 年 5 月 6 日第 1 版。

肖意：《习近平总书记对深圳工作作出重要批示》，《深圳特区报》2015 年 1 月 8 日第 1 版。

肖意：《习近平总书记在深圳考察纪实》，《深圳特区报》2012 年 12 月 15 日第 1 版。

徐林、岳宗：《全省动员全力支持深圳建设中国特色社会主义先行示范区》，《南方日报》2019 年 8 月 19 日第 4 版。

张一鎏：《打造东部文化高地 坪山是"认真"的》，《南方都市报》2018 年 11 月 23 日第 SA42 版。

张一鎏：《罗湖获评"夜经济繁荣百佳县市"十佳》，《南方都市报》2021 年 8 月 3 日第 4 版。

外文文献

Florida R. L. , *The Rise of the Creative Class*：*And How It's Transforming work*，*Leisure*，*Community and Everyday Life*，New York：Basic Books，2002.

Howkins J. , *The Creative Economy*：*How People Make Money from Ideas*，London：Penguin，2001.

Landry C. , *The Creative City-A Toolkit for Urban Innovation*，London：Earthscan，2000.

Scott A. , "Entrepreneurship，Innovation and Industrial Development：Geography and the Creative Field Revisited"，*Small Business Economics*，2006.

网络文献

国家发展改革委：《深圳综合授权改革试点取得阶段性成效》，ht-

tps：//www. ndrc. gov. cn/fggz/tzgg/dfggjx/202108/t20210827 _
1294979. html？code = &state = 123，2021 年 8 月 27 日。

国家统计局：《经济社会发展统计图表：第七次全国人口普查超大、
特大城市人口基本情况》，http：//www. qstheory. cn/dukan/qs/
2021 - 09/16/c_1127863567. htm，2022 年 7 月 15 日。

李天军：《深圳南山区桃源街道探索党建引领三区融合基层治理》，ht-
tps：//baijiahao. baidu. com/s？id = 1717469166930882609&wfr = spider&
for = pc，2022 年 7 月 10 日。

龙华区大浪街道办事处：《大浪商业中心推动夜间经济发展》，ht-
tp：//www. szlhq. gov. cn/jdbxxgkml/dljdb/dtxx_124654/gzdt_1246
55/content/post_7871539. html，2020 年 7 月 9 日。

《公共文化服务平台"南山文体通"上线》，南方网，http：//sz.
southcn. com/content/2015 - 11/16/content_136990631. htm，2019
年 8 月 14 日。

坪山美术馆：《啁·啾：来扎营吧！2019 深圳（坪山）公共艺术季
开营啦！》，https：//mp. weixin. qq. com/s/1snR0AW8SBV98UFPl0
jhTw，2022 年 7 月 22 日。

坪山图书馆：《坪山图书馆一周年，周国平馆长"云上讲座"·实
录》，https：//mp. weixin. qq. com/s/7yNsczP6oy9u4jJXdgyUWA，
2020 年 3 月 30 日。

任琦等：《龙岗首个楼宇区域党建联盟在坂田揭牌》，https：//baijia-
hao. baidu. com/s？id = 1707806913886726525&wfr = spider&for =
pc，2022 年 7 月 15 日。

深圳市第七届人民代表大会第一次会议：《政府工作报告》，http：//
www. sz. gov. cn/zfgb/2021/gb1121/content/post_8852606. html，2022 年 4
月 5 日。

深圳市罗湖区工业和信息化局：《罗湖区工业和信息化局 2020 年上
半年工作总结》，http：//www. szlh. gov. cn/lhgyhxxhj/gkmlpt/con-
tent/8/8151/post_8151983. html#12243，2020 年 9 月 29 日。

深圳市前海管理局：《搭建社会信用体系，打造信用建设"前海模
式"》，http：//qh. sz. gov. cn/sygnan/qhzx/dtzx/content/post_85661

90. html，2022 年 7 月 18 日。

深圳市人民政府:《深圳市国民经济和社会发展第十四个五年规划和二○三五年远景目标纲要》，http：//www. sz. gov. cn/cn/xxgk/zfxxgj/ghjh/content/post_8854038. html，2022 年 7 月 20 日。

深圳市生态环境局:《〈"深圳蓝"可持续行动计划（2022—2025年）（第二次征求意见稿）〉》，http：//meeb. sz. gov. cn/hdjlpt/yjzj/answer/17453，2022 年 7 月 23 日。

深圳市生态环境局:《市生态环境局关于印发 2021 年深圳市生态环境保护工作会议讲话材料及〈2021 年深圳市生态环境工作要点的通知〉》，2021 年，深环办〔2021〕10 号。

深圳市生态环境局:《深圳：以碳达峰碳中和为引领推动绿色发展》，http：//meeb. sz. gov. cn/xxgk/qt/hbxw/content/post_9514589. html，2022 年 4 月 5 日。

深圳市生态文明建设考核领导小组办公室:《新形势下生态文明建设考核如何发挥新作用》，http：//www. cecrpa. org. cn/llzh/201909/t20190910_733280. shtml，2021 年 8 月 3 日。

深圳市应急管理局:《深圳全面推进应急管理体系与能力现代化建设》，http：//yjgl. sz. gov. cn/zwgk/xxgkml/qt/yjyw/content/post_8531592. html，2021 年 10 月 20 日。

沈述红:《夜间经济的深圳样本》，http：//www. eeo. com. cn/2019/1105/368817. shtml，2019 年 11 月 5 日。

王金强:《全面依法治国助力中国国际形象塑造》，https：//theory. gmw. cn/2017 – 05/18/content_24520115. htm，2022 年 7 月 21 日。

新华社:《关于加强诉源治理推动矛盾纠纷多元化解的意见》，http：//www. gov. cn/xinwen/2021 – 02/19/content_5587802. htm，2022 年 7 月 21 日。

新华社:《新时代的经济特区"特"在哪儿?》，http：//www. xinhuanet. com/politics/leaders/2020 – 10/15/c_1126612204. htm，2022 年 7 月 19 日。

新浪新闻中心:《深圳涵养"文化绿洲"——写在首届"文博会"

闭幕之际》，http：//news. sina. com. cn/o/2004 – 11 – 24/0440432
7543s. shtml，2022 年 7 月 23 日。

叶淑萍等：《深圳福田区深化"党建 + 物管"改革》，https：//baiji-
ahao. baidu. com/s？id = 1651229167093855539&wfr = spider&for =
pc，2022 年 7 月 16 日。

中共深圳市光明区委组织部：《深圳光明：打造光明科学城党建联
盟，以高质量党建引领区域高质量发展》，http：//static. nfapp.
southcn. com/content/202111/02/c5899178. html？specialTopicId =
5899178，2022 年 7 月 15 日。

中共中央：《法治中国建设规划（2020—2025 年）》，http：//www.
gov. cn/zhengce/2021 – 01/10/content_5578659. htm，2022 年 7 月
23 日。

中华人民共和国生态环境部：《深圳市"无废城市"建设试点工作
总结报告》，https：//www. mee. gov. cn/home/ztbd/2020/wfcsjss-
dgz/sdjz/ldms/202105/t20210518 _ 833252. shtml，2022 年 4 月
18 日。

后　记

改革是决定当代中国命运的关键一招，也是决定实现"两个一百年"奋斗目标、实现中华民族伟大复兴的关键一招。深圳是一座改革之城，进入新时代，作为"先行示范"的标杆城市，深圳在经济、文化、环境、法治、民生、党建等各领域的改革模式和治理思路值得总结。探寻"中国式现代化"的深圳路径，明晰深圳综合改革的模式和未来的方向，有助于全面发挥深圳的"先行示范"效应。

本书是集体智慧的结晶，相关章节的合作者包括深圳大学中国经济特区研究中心副主任李凡教授及其硕士研究生彭卓凡，深圳大学美学与文艺批评研究院李丹舟博士，深圳大学政府管理学院聂伟博士及其硕士研究生余燕琪、郭少青博士及其硕士研究生田璐瑶、冯秀成博士，上海师范大学侯雯晖，武汉大学法学院博士研究生张京，深圳改革开放干部学院陈家喜教授、付汀汀、赵怡霈和陈梦淇，深圳市社会科学院邱佛梅博士。具体而言，每章分工如下：

第一章《把脉定航：新思想引领下的深圳改革开放新格局》，完成者：陈家喜、冯秀成、陈梦淇。

第二章《从试验田到示范区：历史视域下的深圳先行示范区建设》，完成者：陈家喜、冯秀成、赵怡霈。

第三章《从改革先行到全面示范：比较视域下的深圳先行示范区建设》，完成者：陈家喜、冯秀成、付汀汀。

第四章《高质量发展高地：经济领域的先行示范》，完成者：李凡、彭卓凡。

第五章《法治领域改革：全面依法治市的先行示范》，完成者：张京。

第六章《城市文明典范：文化强市的担当作为》，完成者：李丹舟。

第七章《民生幸福标杆：民生服务的追赶超越》，完成者：聂伟、余燕琪。

第八章《美丽中国典范：可持续发展的深圳范本》，完成者：郭少青、田璐瑶。

第九章《先行示范：党建引领超大城市基层治理的深圳实践》，完成者：陈家喜、郭少青。

第十章《试验评估：深圳综合改革的实践探索与现实审视》，完成者：邱佛梅、侯雯晖。

第十一章《理论诠释：深圳综合改革的运行机理与先行示范》，完成者邱佛梅。

本书在编写过程中得到了深圳改革开放干部学院的大力支持，在此致以深切的谢意。

编　者

2022 年 8 月于深圳深港基金小镇